EXERCÍCIOS DE
ARQUITETURA

Simon Unwin tem ajudado os estudantes a pensar como arquitetos há mais de três décadas. Ele é Professor Emérito de Arquitetura da Universidade de Dundee, na Escócia, já lecionou projeto e crítica de arquitetura na Escola Galesa de Arquitetura, na Universidade de Cardiff. Morou no Reino Unido e na Austrália, lecionou ou deu palestras sobre seu trabalho na China, em Israel, na Índia, na Suécia, na Turquia, no Canadá e nos Estados Unidos, além de visitar outras escolas de arquitetura no Reino Unido e no resto da Europa. Seus livros são utilizados em faculdades de arquitetura do mundo inteiro. A obra *A Análise da Arquitetura* já foi traduzida para os idiomas persa, chinês, japonês, espanhol, português e coreano, e atualmente está sendo traduzido para o russo e o árabe. Simon Unwin continua lecionando na Escola Galesa de Arquitetura, em Cardiff.

U62e	Unwin, Simon.
	    Exercícios de arquitetura : aprendendo a pensar como um arquiteto / Simon Unwin ; tradução técnica: Alexandre Salvaterra. – Porto Alegre : Bookman, 2013.
	    x, 212 p. : il. ; 28 cm.
	
	    ISBN 978-85-8260-044-3
	
	    1. Arquitetura. I. Título.
	
	                                                                                                                                                                    CDU 72

Catalogação na publicação: Ana Paula M. Magnus – CRB 10/2052

SIMON UNWIN

EXERCÍCIOS DE
ARQUITETURA
APRENDENDO A PENSAR COMO UM ARQUITETO

Tradução
Alexandre Salvaterra
Arquiteto e Urbanista pela
Universidade Federal do Rio Grande do Sul

2013

Obra originalmente publicada sob o título *Exercises in Architecture*, 1st Edition
ISBN 9780415619097

Copyright © 2012, Routledge
Routledge is an imprint of the Taylor and Francis Group, an informa business.
All Rights Reserved. Authorised translation from the English language edition published by Routledge, a member of the Taylor and Francis Group.

Gerente editorial: *Arysinha Jacques Affonso*

Colaboraram nesta edição:

Coordenadora editorial: *Denise Weber Nowaczyk*

Capa: *VS Digital* (arte sobre capa original)

Leitura final: *Renata Ramisch*

Editoração: *Techbooks*

Reservados todos os direitos de publicação, em língua portuguesa, à
BOOKMAN EDITORA LTDA., uma empresa do GRUPO A EDUCAÇÃO S.A.
Av. Jerônimo de Ornelas, 670 – Santana
90040-340 – Porto Alegre – RS
Fone: (51) 3027-7000   Fax: (51) 3027-7070

É proibida a duplicação ou reprodução deste volume, no todo ou em parte, sob quaisquer formas ou por quaisquer meios (eletrônico, mecânico, gravação, fotocópia, distribuição na Web e outros), sem permissão expressa da Editora.

Unidade São Paulo
Av. Embaixador Macedo Soares, 10.735 – Pavilhão 5 – Cond. Espace Center
Vila Anastácio – 05095-035 – São Paulo – SP
Fone: (11) 3665-1100   Fax: (11) 3667-1333

SAC 0800 703-3444 – www.grupoa.com.br

IMPRESSO NO BRASIL
PRINTED IN BRAZIL
Impresso sob demanda na Meta Brasil a pedido de Grupo A Educação.

para

Merve e Евгения
(o "*eltis*")

*"Instrua-os sobre como a mente do homem se torna
Mil vezes mais bela do que a terra
Na qual ela habita."*

William Wordsworth – *O Prelúdio*, 1805

Sumário

PRELÚDIO: O "ímpeto" de fazer arquitetura	2
INTRODUÇÃO GERAL	3
"Arquiteturando"	3
Analisando como trabalha a mente de um arquiteto	5
O desenho (e suas limitações)	7
Os Exercícios	7
Interlúdios e Observações	8
Materiais e equipamento	8
Use um caderno de croquis	8
Como ter bons resultados	9

Seção Um
FUNDAMENTOS DE ARQUITETURA — 11

EXERCÍCIO 1: A substância sem substância	14
Exercício 1a. Aplicando uma ideia	15
Exercício 1b. O centro	16
Exercício 1c. A identificação de um lugar (pelo objeto)	16
Exercício 1d. Introduzindo a pessoa	17
Exercício 1e. A pessoa no centro	17
Exercício 1f. A identificação do lugar (pela pessoa)	17
Exercício 1g. O círculo de lugar	18
Exercício 1h. O limite	19
EM SEU CADERNO DE CROQUIS...	20
EXERCÍCIO 2: Percepções fugazes	22
Exercício 2a. O contêiner para um falecido	22
Exercício 2b. A pirâmide	23
Exercício 2c. O teatro e a casa	25
INTERLÚDIO: "O Artista está Presente"	27
EM SEU CADERNO DE CROQUIS...	28
UMA OBSERVAÇÃO: Aparência e experiência	29
EXERCÍCIO 3: O eixo (e sua negação)	30
Exercício 3a. O eixo de uma porta	30
Exercício 3b. A divisão em quadrantes	31
Exercício 3c. Relacionando-se com elementos remotos	32

Exercício 3d. O templo 34
    INTERLÚDIO: A Capela do Bosque 35
    EM SEU CADERNO DE CROQUIS... 36
Exercício 3e. Sequências de portas 38
    INTERLÚDIO: Sequências de portas 39
Exercício 3f. Contrapondo/negando o poder do eixo da porta 41
Exercício 3g. Crie uma composição de porta/eixo/foco sem sentido 43
    EM SEU CADERNO DE CROQUIS... 44

RESUMO DA SEÇÃO UM 47

Seção Dois
GEOMETRIA 49

EXERCÍCIO 4: Alinhamento 51
Exercício 4a. As geometrias do mundo e da pessoa 51
Exercício 4b. Geometrias alinhadas 52
Exercício 4c. A arquitetura como um instrumento de alinhamento 53
    EM SEU CADERNO DE CROQUIS... 54

EXERCÍCIO 5: Antropometria 56
Exercício 5a. Uma cama de tamanho suficiente 56
Exercício 5b. Alguns pontos-chave das medidas 58
    EM SEU CADERNO DE CROQUIS... 59

EXERCÍCIO 6: A geometria social 60
Exercício 6a. A geometria social de uma casa circular 60
Exercício 6b. Outras situações em que a arquitetura define a geometria social 62
    INTERLÚDIO: O púlpito 64
    EM SEU CADERNO DE CROQUIS... 65

EXERCÍCIO 7: A geometria da construção 66
Exercício 7a. A forma e a geometria dos componentes da construção 66
Exercício 7b. Colocando uma cobertura ou um segundo pavimento sobre suas paredes ... 68
Exercício 7c. Paredes paralelas 69
    INTERLÚDIO: Uma casa galesa 70
    UMA OBSERVAÇÃO: Estudando o círculo 71
Exercício 7d. Agora reprojete a casa circular... 72
    INTERLÚDIO: A casa na árvore da tribo Korowai; a Casa Farnsworth 74
    EM SEU CADERNO DE CROQUIS... 76
    INTERLÚDIO: Uma forma clássica, com inúmeras variações e ampliações .. 79
Exercício 7e. Cobrindo espaços maiores 80
    EM SEU CADERNO DE CROQUIS... 83
    INTERLÚDIO: Um conflito na geometria da construção (por uma razão) –
       A Capela do Bosque, de Asplund (novamente) 84

UMA OBSERVAÇÃO: Posturas em relação à geometria da construção	85
Exercício 7f. Transcendendo a geometria da construção	92
EM SEU CADERNO DE CROQUIS...	93

EXERCÍCIO 8: A geometria do planejamento ... 95
   Exercício 8a. Paredes paralelas ... 95
   Exercício 8b. Edificações com múltiplos cômodos ... 97
      UMA OBSERVAÇÃO: Geometrias harmonizadas por meio da ortogonalidade ... 99
      INTERLÚDIO: Modificando a geometria do planejamento e sua forma ortogonal ... 100
   Exercício 8c. Espaços com colunas/a planta livre ... 104
      EM SEU CADERNO DE CROQUIS... ... 106

EXERCÍCIO 9: A geometria ideal ... 109
   Exercício 9a. Um espaço quadrado ... 109
   Exercício 9b. Ampliando o quadrado ... 111
   Exercício 9c. O cubo ... 113
   Exercício 9d. Problemas com a espessura da parede ... 113
      EM SEU CADERNO DE CROQUIS... ... 115
      INTERLÚDIO: A esfera ... 120

EXERCÍCIO 10: Simetria e assimetria ... 122
   Exercício 10a. O eixo de simetria ... 122
      UMA OBSERVAÇÃO: A (im)possibilidade da perfeição? ... 124
      INTERLÚDIO: Casa em Grelha de Nove Quadrados ... 128
   Exercício 10b. Subvertendo a simetria axial ... 131
      EM SEU CADERNO DE CROQUIS... ... 135

EXERCÍCIO 11: Brincando com a geometria ... 137
   Exercício 11a. A sobreposição de geometrias ... 137
   Exercício 11 b. Distorcendo a geometria ... 140
   Exercício 11c. Rompendo com a geometria ideal ... 141
   Exercício 11d. Geometrias mais complexas ... 144
   Exercício 11e. Distorcendo a geometria ... 148
      EM SEU CADERNO DE CROQUIS... ... 150
      INTERLÚDIO: Utilizando um computador para criar formas complexas (baseadas na matemática) ... 152

RESUMO DA SEÇÃO DOIS ... 153

Seção Três
PASSANDO AO MUNDO REAL ... 155

EXERCÍCIO 12: Criando lugares na paisagem ... 157
   Exercício 12a. A preparação ... 157
   Exercício 12b. Identifique um lugar por opção e ocupação ... 160
      EM SEU CADERNO DE CROQUIS ... 161
      INTERLÚDIO: Uluru (Rochedo de Ayer) ... 165

Exercício 12c. (Comece a) melhorar seu lugar de alguma maneira	166
Exercício 12d. Criando um novo lugar em áreas abertas	168
INTERLÚDIO: Richard Long	169
Exercício 12e. O círculo de lugar	170
Exercício 12f. (Comece a) modificar seu círculo de lugar (para torná-lo mais forte ou mais confortável)	171
Exercício 12g. Criando lugares com pessoas	175
INTERLÚDIO: A criação de um lugar na paisagem pelas tribos aborígenes australianas	178
INTERLÚDIO: Ettore Sottsass	180
Exercício 12h. A antropometria	181
Exercício 12i. A geometria da construção	182
Exercício 12j. Respondendo aos condicionantes	184
INTERLÚDIO: O acampamento de Nick	188
Exercício 12k. Delimitando atmosferas	190
Exercício 12l. Estabelecendo regras para o uso do espaço	192
Exercício 12m. Experimente o tempo como um elemento da arquitetura	195
EM SEU CADERNO DE CROQUIS...	197
EM SEU CADERNO DE CROQUIS...	200
RESUMO DA SEÇÃO TRÊS	201
POSLÚDIO: Desenhando plantas baixas e cortes	203
AGRADECIMENTOS	206
BIBLIOGRAFIA RECOMENDADA	207
ÍNDICE	209

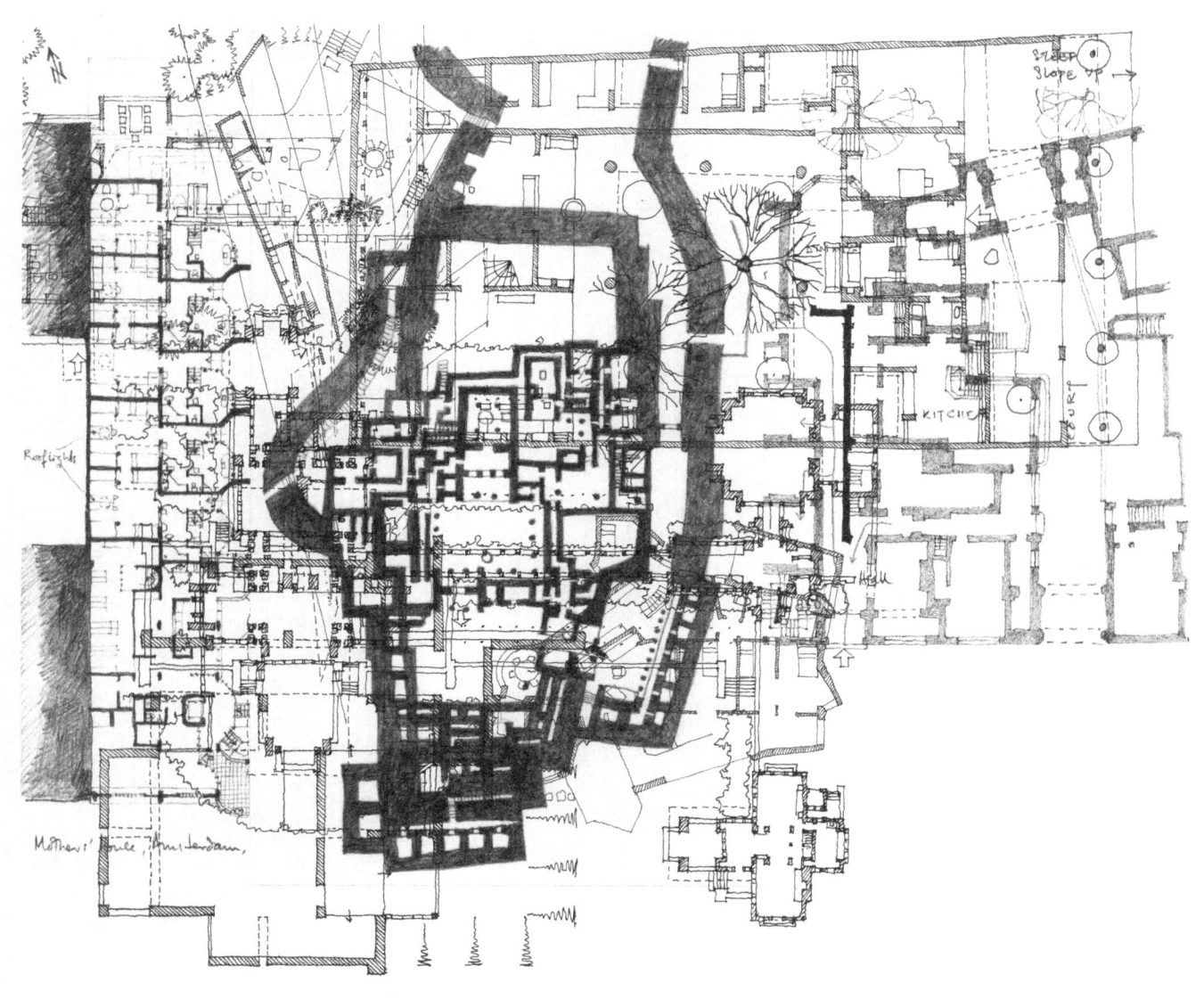

EXERCÍCIOS DE ARQUITETURA
aprendendo a pensar como um arquiteto

PRELÚDIO: O "ímpeto" de fazer arquitetura

corte

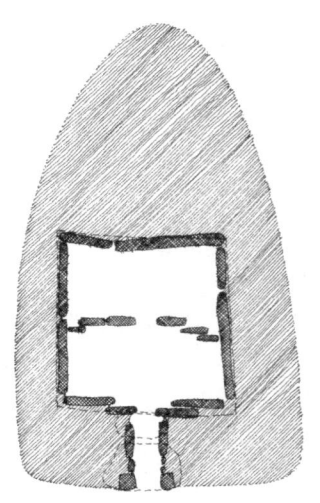
planta baixa

Para se desenvolver como arquiteto, você precisa se conscientizar dos poderes dos elementos da arquitetura: o poder que uma área de terreno tem de estabelecer um lugar para uma cerimônia ou apresentação; o poder de uma parede para separar um lugar de outro; o poder de proteção ou sombra de uma cobertura; o poder de uma porta de dar acesso...

Provavelmente você jamais questionou a existência desses elementos da arquitetura. Eles fazem parte de nosso cotidiano. Contudo, são as ferramentas do arquiteto por excelência.

Crescemos rodeados pelos produtos da arquitetura – cômodos, jardins, lojas, escolas, cidades, etc. Eles estruturam nossas vidas, mas os tratamos como se fossem parte do mundo natural. Aceitamos como algo banal o fato de que uma parede nos impede de passar de um lugar para outro, enquanto uma porta nos deixa passar. Sabemos que nossa casa nos protege física e psicologicamente, mas não pensamos de maneira consciente sobre isso.

Como arquiteto, você precisa ultrapassar essa barreira perceptual imposta pela familiaridade e pela aceitação passiva e se tornar ciente dos poderes das paredes e janelas, portas e coberturas, pisos e soleiras. Você precisa se conscientizar a respeito das maneiras como pode usar esses elementos para estabelecer a matriz espacial dentro da qual as pessoas vivem.

Os poderes dos elementos da arquitetura são primitivos. Os animais também os usam. Os seres humanos provavelmente já os utilizavam antes do desenvolvimento da linguagem verbal. De certa maneira, eles constituem uma espécie de "linguagem" própria, a linguagem do espaço. Essa linguagem não tem palavras, mas ainda assim é uma forma de comunicação. Ela nos fala sobre como os espaços acomodam diferentes atividades; sobre quem se apropriou de quais espaços; sobre limites e relações; sobre regras espaciais para fazer as coisas. A arquitetura, assim como a poesia, pode até mesmo sugerir respostas emocionais: excitação, medo, curiosidade, alienação, temor, constrangimento, adoração, privilégio, etc. A arquitetura pode transformar o modo como você se comporta, quem pensa que é e como se relaciona com as outras pessoas.

Veja este exemplo. Os três desenhos apresentados mostram um dólmen no Vale do Loire, na França. Ele foi construído há cerca de cinco mil e quinhentos anos. Chama-se La Bajoulière e é composto de lajes de pedra muito grandes e extremamente pesadas.

O que se ganhou com o esforço descomunal que foi investido nessa construção? O dólmen La Bajoulière foi coberto por um monte de terra, então o que se conseguiu não foi um belo ornamento na paisagem. O que sua construção fez foi criar um espaço escuro e misterioso, separado de tudo – um antídoto para as assustadoras incertezas do mundo. Ele era seguro o suficiente para manter no exterior os animais perigosos e para abrigar os espíritos rebeldes e os deuses ciumentos.

O arquiteto e os construtores de La Bajoulière criaram um lugar (nesse caso, uma caverna artificial) que não existia. Este é o "ímpeto" de fazer arquitetura: o desejo de modificar o mundo, de rearranjar algumas de suas partes, a fim de estabelecer lugares que possam dar abrigo à vida (e também à morte).

INTRODUÇÃO GERAL

Não é fácil começar a aprender a fazer arquitetura. Você tem uma noção do que ela é – o projeto de edificações –, mas, quando começa a tentar, é como se o chão simplesmente desaparecesse sob seus pés. Fazer arquitetura é diferente – *extremamente* diferente – de (provavelmente) tudo o que você já fez de modo consciente. Digo fazer "de modo consciente" porque uma das maneiras de pegar o jeito de projetar em arquitetura consiste em descobrir ou despertar o arquiteto que você já é: o arquiteto que costumava fazer cavernas sob as mesas e casinhas no alto das árvores, que às vezes ainda se aconchega em volta de uma fogueira ou se senta à borda de um precipício. Os exercícios a seguir irão ajudá-lo ao fornecer uma base, ou um chão (literal e metaforicamente), a partir da qual você poderá construir.

"Arquiteturando"

Você já é um arquiteto, mas gostaria de explorar o que isso significa. Você deseja melhorar suas habilidades de projetar arquitetura e, então, precisa de prática. Este livro tem alguns exercícios que lhe ajudarão a entender o que significa ser arquiteto, como começar a pensar em termos de arquitetura e a desenvolver sua destreza e fluência nessa arte magnífica e sutil.

O primeiro passo é perceber que a arquitetura é uma prática. Aqueles que não são arquitetos profissionais talvez tendam a tratar as edificações mais como produtos da natureza do que o

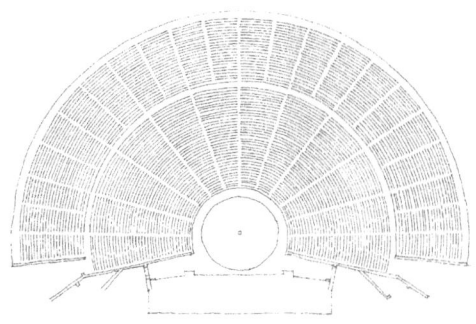

Por meio da arquitetura, a mente estabelece a matriz espacial para as coisas que fazemos. Ao dar forma a um teatro, os arquitetos da Grécia Antiga estabeleciam um lugar para apresentações e relações entre os atores, o público, a paisagem e os deuses.

resultado de mentes cheias de ideias. A mídia apresenta os prédios como objetos para serem observados, apreciados ou, geralmente, criticados. Contudo, você tem de pensar na arquitetura de maneira diferente – como algo que você *faz*, e não que simplesmente usa ou olha. Há edificações e até mesmo cidades do futuro que jamais serão concretizadas sem que primeiro pensemos nelas. Há brechas no tecido construído do mundo que estão aguardando para serem preenchidas por sua imaginação. Você não é um mero espectador da arquitetura, você é um ator.

Ainda que a arquitetura seja uma das coisas mais fundamentais que nós fazemos no mundo em que vivemos, ela é representada em nosso idioma apenas por meio de um substantivo. "Projetar", "desenhar", "edificar" são palavras que não transmitem o que significaria – se houvesse tal verbo – "arquiteturar".

Aliás, e talvez isso não seja um mero acaso, os gregos antigos tinham um verbo que significa fazer arquitetura – άρχιτεκτονέω. Esse verbo significa "dar forma a" ou "configurar", como na frase: *dar forma a* uma casa, com seus lugares para cozinhar, comer e dormir; *dar forma a* um teatro, desenhando um círculo no solo circundado de

4   EXERCÍCIOS DE ARQUITETURA

A essência da arquitetura consiste em dar forma a uma parte do mundo, estabelecê-la como um lugar e administrar as relações espaciais.

Um exemplo: uma menina "arquitetura" seu mundo

É um dia de sol no início do outono. Uma menina (vamos chamá-la de Eva) decidiu vender as maçãs do jardim de sua casa. Ela coloca um carrinho cheio de maçãs no lado de fora do portão e se senta em uma mesa próxima, aguardando a passagem dos pedestres. Esse é um exemplo do "arquiteto" que existe dentro de todos nós. A pequena composição de elementos feita por Eva tem mais sutilezas do que poderíamos notar à primeira vista. Os elementos estão distribuídos adjacentes ao portão, mas sem obstruir a passagem, em um local onde ela pode facilmente retornar para a segurança de seu território familiar (definido pela cerca viva do jardim) a fim de buscar mais maçãs ou, quem sabe, beber um copo d'água, e onde seus pais podem vigiá-la (lá fora, no mundo ameaçador). Além do carrinho com maçãs, a menina tem uma cadeirinha e uma mesinha com uma caixa cheia de sacolas de plástico e um grande copo para colocar seu dinheiro. Ela distribuiu esses elementos mínimos ao longo do passeio, de modo a pontuar, mas não bloquear, a passagem das pessoas. Suas costas estão protegidas pela cerca viva. Ela também está à sombra de uma árvore plantada no

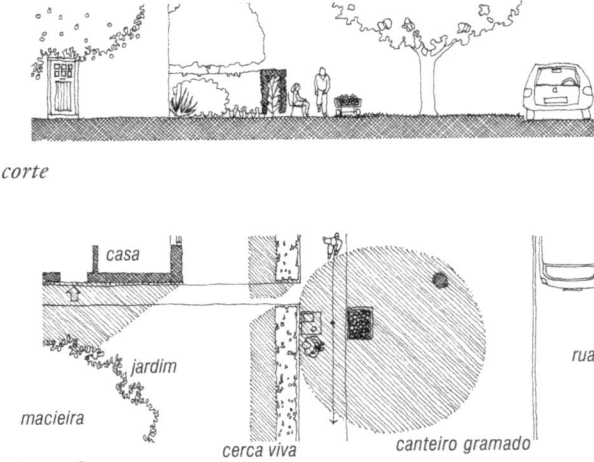

corte

planta baixa

canteiro gramado ao longo da rua. Portões (e soleiras) sempre são locais de relação, onde encontramos visitantes e nos despedimos. Construindo com base nesses elementos – e aproveitando outras coisas que já estavam lá – Eva estabeleceu ("arquiteturou", deu forma, configurou) uma loja rudimentar (para vender maçãs). Durante um breve período, ela mudou o mundo (ainda que seja uma parte minúscula dele) e a si própria (tornando-se uma arquiteta e comerciante). Este é o poder da arquitetura.

assentos para os espectadores; ou *dar forma a* uma cidade, lançando suas ruas, praças e muros; *dar forma ao* templo de um deus, etc.

Poderíamos (e de fato podemos) usar o verbo "projetar" para todas essas atividades, mas, de certo modo, "arquiteturar" evoca algo mais profundo, uma relação mais primordial com o mundo, na qual uma mente estabelece uma relação proativa com seu entorno e confere sentido (*dá forma*) a tais espaços, organizando-os (estruturando-os, construindo-os, compondo-os, moldando-os e até mesmo escavando-os) de modo a criar espaços que possam ser ocupados e utilizados. Nesse sentido, a arquitetura não é meramente a arte que trata da aparência cosmética das edificações ou a tecnologia preocupada com sua construção; ela é fundamental a nossa existência. Não podemos viver no mundo sem ocupá-lo e, pelo menos tentar, conferir-lhe algum sentido em termos de lugares nos quais fazemos nossas atividades. A arquitetura é filosófica (sem palavras); ela é o meio pelo qual criamos a matriz espacial para praticamente tudo o que fazemos. Quando entendemos isso, os desafios e a responsabilidade de ser um arquiteto se tornam fascinantes, mas também intimidantes.

A arquitetura, é claro, também trata de muitas outras coisas – especialmente da construção de edificações (paredes, coberturas, etc.) e da aparência estética e simbólica dos resultados, preocupações muito importantes –, mas ela começa quando configuramos lugares para que possam ser ocupados e utilizados. Configurar, nesse sentido, inclui tanto reconhecer as possibilidades das coisas que já estão presentes (neste exemplo, o passeio, a cerca viva, o portão, a árvore, etc.) como fazer adaptações nelas e adicionar outros elementos (o carrinho com maçãs, a mesa, a cadeira, etc.). Posteriormente – se a Secretaria Municipal de Planejamento Urbano permitir –, Eva talvez queira agregar paredes e um telhado a seu espaço configurado e ter uma loja permanente. Então ela terá de se preocupar com sua construção e seu aspecto.

Todos nós "arquiteturamos" nosso mundo – o ambiente físico (e filosófico) no qual vivemos – de alguma maneira, mesmo que estejamos apenas montando um acampamento temporário ou distribuindo os móveis de um recinto. O livro que você tem em mãos (juntamente com seu volume complementar, *A Análise da Arquitetura*) trata de como sua capacidade inata de "arquiteturar" pode ser desenvolvida para um nível mais sofisticado, com o qual você talvez se sinta mais bem equipado e confiante, não apenas para "arquiteturar" seu próprio mundo como também para oferecer seus serviços (profissionais) de arquitetura aos outros.

Analisando como trabalha a mente de um arquiteto

Como uma mente que gostaria de assumir os desafios e as responsabilidades de "arquiteturar" os mundos das outras pessoas e está disposta a isso, você também deve se tornar um estudioso da forma como funcionam as mentes de seus colegas arquitetos. Você pode aprender muito sobre o funcionamento e o poder da arquitetura por meio da análise de exemplos (como demonstramos no livro *Twenty Buildings Every Architect Should Understand*). Contudo, como a arquitetura é uma prática, uma compreensão de seu funcionamento e seus poderes apenas pode ser adquirida por meio da prática e de repetidas tentativas. Não é possível aprender a falar um idioma, a andar de bicicleta, a tocar violino ou a desenhar simplesmente lendo como fazê-lo ou seguindo instruções diagramáticas; é preciso praticar – riscar, rabiscar, esboçar e apagar – até nos tornarmos fluentes ou proficientes. O mesmo vale para a arquitetura: quanto mais você pratica, mais hábil sua mente se torna e mais estratégias e recursos você passa a dominar. É com essa ideia em mente que lhe serão oferecidos alguns exercícios para despertar e desenvolver sua capacidade de fazer arquitetura, que já está presente, inata, latente, dormente.

Os exercícios a seguir buscam ajudá-lo a praticar e desenvolver sua capacidade de pensar e agir como um arquiteto. Eles são equivalentes aos tipos de exercícios que você faria para desenvolver sua habilidade de usar um idioma ou a matemática, ou que você talvez tivesse de fazer para aprender a fazer música ou a compor. A linguagem, a matemática, a música e a arquitetura são diferentes modos de pensamento e criatividade, mas, ao mesmo tempo, são todos análogos. Todas essas "linguagens" são meios de conferir sentido ao mundo, e elas exigem a prática intelectual para que se alcance a fluência e a proficiência. Um idioma opera por meio de palavras e conceitos; a matemática, com números, medidas e cálculos; a música, com sons estruturados, tempo e emoções.

A arquitetura lida com o solo, o espaço, a luz e muitos outros elementos, cavando e edificando.

Embora às vezes as pessoas combinem esses diferentes meios, cada um deles tem sua própria esfera intelectual, exige que o cérebro trabalhe de determinada maneira e, portanto, exige sua prática específica. Você não pode, por exemplo, aprender a projetar em arquitetura por meio da escrita, assim como não poderia aprender matemática tocando uma flauta. As dimensões da prática devem ser apropriadas ao meio que você quer dominar.

A norma nas faculdades de arquitetura é propor exercícios nos quais os estudantes devem projetar um determinado tipo de edificação, uma obra de arquitetura que atenda a um programa de necessidades específico, seja de uma escola, um teatro, um museu, uma casa ou qualquer outro prédio. Isso reflete a situação do "mundo real", no qual os arquitetos geralmente são contratados para projetar edificações com uma identidade e um programa de necessidades predeterminados. Isso também reflete a antiquíssima ideia de que a arquitetura deriva principalmente da função. No entanto, a arquitetura consiste em mais do que identidade e função. Ela é uma "linguagem" rica e variada que tem dimensões que extrapolam as questões pragmáticas. Os exercícios deste livro têm como objetivo evidenciar algumas das ricas dimensões da arquitetura. Eles não ignoram as dimensões da função e identidade, mas também não apresentam desafios simplesmente pedindo que você projete um tipo específico de edificação. Os exercícios que propomos poderão ser considerados como de apoio: exercícios que você faz para se preparar para projetos mais ortodoxos ou desenvolve paralelamente a eles.

Os exercícios a seguir se baseiam em algumas premissas: a arquitetura é fundamentalmente uma arte humana preocupada com a vida das pessoas, suas experiências e seus instrumentos; os seres humanos não são meros espectadores das "apresentações" da arquitetura, mas seus ingredientes vitais – propagadores, modificadores, usuários e participantes.

Estes exercícios não foram feitos para persuadi-lo a projetar de uma maneira específica, mas para auxiliá-lo a se tornar ciente, por meio da exploração e experimentação, das várias dimensões da arquitetura. A duração de cada um deles dependerá de você. Alguns levarão pouco mais de alguns minutos; outros provavelmente ocuparão mais de um dia. Você se beneficiará muito da repetição de alguns exercícios, pois a cada vez que os fizer, descobrirá outras sutilezas. Os exercícios devem ajudá-lo a pensar normalmente como um arquiteto.

Na arquitetura, não há respostas certas (embora talvez possamos dizer que há muitas respostas "erradas"). Como já foi dito, fazer arquitetura não é como fazer cálculos matemáticos. Você pode repetir cada exercício diversas vezes, e em cada uma delas obter respostas distintas, mas igualmente boas. E isso é algo que você deveria fazer. Para ser um arquiteto, você não pode ser reticente quanto à criatividade; deve gostar de fazer as coisas de outras maneiras. Os exercícios são oportunidades. Se você considerá-los tarefas maçantes, talvez deva dedicar seu tempo em outra atividade. A arquitetura é uma arte sutil e difícil. Ela exige dedicação e envolve sofrimento. A capacidade de "arquiteturar" não é uma habilidade que pode ser desenvolvida a níveis sofisticados de modo rápido e fácil.

O desenho (e suas limitações)

O desenho é essencial para um arquiteto. Não é possível ser um arquiteto sem saber desenhar, mesmo que a aquisição dessa capacidade lhe seja uma tarefa árdua e você resista a sua prática. O desenho, contudo, é uma abstração; seja no papel ou em um monitor de computador, desenhar reduz muitas dimensões a apenas duas. Isso pode ser um problema quando você está aprendendo a projetar em arquitetura, que opera fundamentalmente em três dimensões (ou quatro, se você incluir o tempo). Por esse motivo, os exercícios deste livro lhe pedem para trabalhar com materiais concretos, como blocos de construção (daqueles de criança) e uma prancheta ou objetos recolhidos da natureza.

Aprender a fazer arquitetura envolve um tipo específico de aprendizado. Não é uma questão de aprender um conjunto de conhecimentos específico – como talvez seja o caso quando aprendemos os fatos históricos – nem se trata de aprender determinado método a ser seguido para se obter um resultado previsível – como seguir uma receita para o preparo de um prato ou usar uma fórmula matemática para fazer um cálculo. Aprender a fazer arquitetura é semelhante a aprender um idioma – permitir que nossa mente (intelecto e imaginação) gradualmente sinta o que poderia fazer com determinado meio. Então não fique frustrado quando encontrar uma dificuldade. Aprender a fazer arquitetura não é uma questão de seguir instruções. Ainda que fosse possível dar instruções para a produção de determinados tipos de obras de arquitetura, tal método diminuiria a contribuição de sua imaginação pessoal.

As crianças pequenas primeiro aprendem a linguagem como um instrumento – elas a usam para fazer coisas: pedir mais comida; pedir que alguém abra a porta; pedir que peguem seu ursinho de pelúcia que caiu no chão, etc. Pense na arquitetura da mesma maneira. Pense sobre para o que uma parede, porta, janela ou cobertura *poderiam servir*. Considere isso antes de pensar sobre com que material ela poderia ser feita ou qual aspecto ela poderia ter.

Os exercícios

Os exercícios a seguir foram divididos em três seções: Fundamentos de Arquitetura, A Geometria e Passando ao Mundo Real. Cada seção contém diversos exercícios, que, por sua vez, estão divididos em uma série de tarefas. Há 12 exercícios no total e cerca de 60 tarefas que os compõem.

A seção "Fundamentos de Arquitetura" lida com o desejo básico da arquitetura: estabelecer (ou identificar) um lugar.

A seção "A Geometria" lida com os vários tipos de geometria da arquitetura, como é discutido nos capítulos Geometrias Reais e A Geometria Ideal do livro *A Análise da Arquitetura* (Bookman, 2013).

Passando ao Mundo Real pede que você pegue as lições aprendidas nas primeiras duas seções e as aplique em situações reais, fazendo lugares (temporários) na paisagem.

Interlúdios e observações

Intercalados entre os exercícios, você também encontrará Interlúdios e Observações, breves capítulos adicionais que ilustram e discutem com mais detalhes algumas questões gerais que surgem dos exercícios. Os Interlúdios ampliam e aprofundam os temas tratados, por meio da análise de exemplos específicos. As observações introduzem algumas questões teóricas pertinentes a seus exercícios relacionados.

Você já viu o Prelúdio no início do livro. No fim, há um breve Poslúdio sobre o desenho.

Materiais e equipamento

Todos os materiais e o equipamento necessários para cada um dos exercícios serão listados nos momentos adequados. Os exercícios das seções Fundamentos de Arquitetura e A Geometria serão feitos com o uso de blocos de construção simples e um tabuleiro. Já os exercícios da seção "Passando ao Mundo Real" devem ser feitos com o uso dos próprios materiais encontrados na paisagem que você puder utilizar.

Use um caderno de croquis

Você também precisará de um bom caderno de croquis – como aquele descrito no livro *A Análise da Arquitetura* – no qual poderá anotar ideias, registrar projetos e refletir sobre eles, experimentar com esboços e guardar informações de diversas fontes que podem ser relevantes para seu trabalho. Usar um caderno é uma atividade séria e prazerosa. Cada um descobre sua maneira preferida de fazê-lo. Porém, pelo menos no início, o uso de um caderno de croquis exige comprometimento. Aprendemos a fazer as coisas de modo mais eficiente quando envolvemos nossas mentes e corpos com o meio com o qual queremos trabalhar e descobrimos por conta própria o que podemos fazer com ele, mais do que seguindo instruções orais ou visuais de como fazê-las (ainda que ouvir e observar também ajudem). É isso que as crianças pequenas fazem com a linguagem. Elas coletam palavras e ideias em suas mentes e então as reúnem para tentar falar. Gradualmente sua linguagem se torna mais sofisticada.

Você precisa fazer algo semelhante para aprender a "linguagem" da arquitetura. Assim como uma criança faz com ideias e palavras, você deve coletar as ideias de arquitetura e as formas pelas quais elas se manifestam para experimentá-las em seu trabalho. Entretanto, ao contrário da criança que está aprendendo uma linguagem, você não pode fazer isso meramente usando sua mente. A arquitetura depende de uma manifestação física, uma representação. Você precisa de uma "arena" com a qual possa se envolver fisicamente.

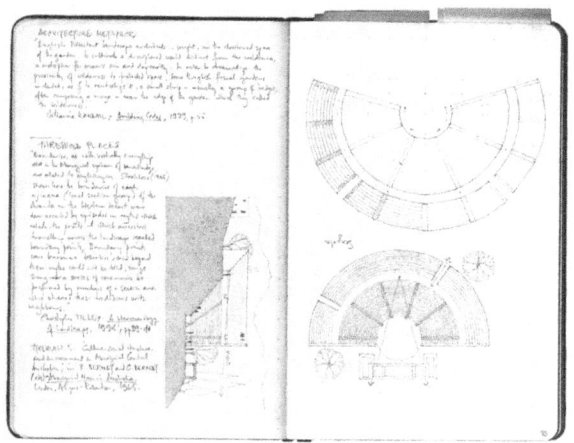

Você pode baixar alguns de meus cadernos de croquis no site www.bookman.com.br

É impossível, contudo, construir todas as ideias de arquitetura que você encontrar ou tiver, mas, em geral, pode desenhá-las. Um simples caderno é uma boa "arena" na qual podemos coletar e experimentar as ideias e formas da arquitetura. Ao se envolver com a arquitetura dessa maneira, você desenvolverá sua percepção de seus poderes e de suas possibilidades. O uso de um caderno de croquis deve se tornar um hábito que você manterá ao longo de toda a sua carreira.

Neste livro, você será incentivado a dar continuidade aos exercícios propostos (e reforçá-los) com o registro de exemplos pertinentes em seu caderno de croquis e com a experimentação das ideias que apresentaremos.

Como ter bons resultados

O poeta norte-americano Alfred Joyce Kilmer (1886–1918) escreveu: "Creio que jamais verei um poema tão belo quanto uma árvore". Embora ele não tenha negado totalmente que alguém – talvez ele – possa escrever "um poema tão belo quanto uma árvore", essa frase de efeito talvez seja interpretada como se sugerisse que é improvável que a criatividade humana algum dia pudesse alcançar a beleza da natureza. Deixando de lado o sofisma de que o poema em si poderia ser considerado parte da natureza (e que, portanto, os poemas são criações naturais!), essa sugestão, para um arquiteto, não deveria ser aceita com tanta facilidade.

Você pode gostar de um filme, uma música ou uma história de detetive, mas, se pensar bem, provavelmente concordará comigo que o que apreciou realmente é a capacidade de criação de outra mente humana. Você tem um misto de prazer e sofrimento ao ver o que outra mente como a sua conseguiu fazer. Você pode se entreter com a maneira engenhosa pela qual Sherlock Holmes (ou o doutor Gregory House, do seriado *House*) resolve um caso, mas, ao mesmo tempo (e talvez de modo subliminar), aprecia mais a capacidade de bolar uma história do escritor Arthur Conan Doyle (ou do escritor e diretor David Shore). Talvez você ria com os diálogos entre Juan Antonio e Vicky, no filme *Vicky Cristina Barcelona*, mas é o escritor Woody Allen que merece a maior parte dos aplausos. Ou, quem sabe, você fique encantado com a sensualidade de um trio da ópera *Cosi FanTutte*, mas, na verdade, também estará admirando a sutiliza e a espirituosidade da composição de Mozart. Você pode se encantar com o imaginário do filme *Nostalgia*, mas também estará impressionado com a imaginação e direção de Tarkovsky.

A apreciação estética das obras de arte criativas mascara uma profunda celebração da sagacidade, inteligência, imaginação, capacidade crítica, criatividade, engenhosidade, habilidade intelectual da mente humana. O mesmo pode ser dito da apreciação de um argumento filosófico bem elaborado, uma experiência científica produtiva, um programa de computador econômico e eficiente, uma estratégia impiedosa e elegante em uma partida de xadrez e, é claro, uma obra de arquitetura concebida de maneira bela, poética e criativa.

Mistura, composição, direção, invenção, engenhosidade, estratégia – todas essas palavras podem ser sinônimos de arquitetura. Elas compõem seu desafio. Espera-se que você produza poemas de arquitetura mais belos do que árvores. E isso significa celebrar e apreciar a capacidade de criação de sua própria mente.

Apreciar a capacidade de criação de sua mente não é uma atividade passiva. Significa encher sua imaginação com o que as outras pessoas já fizeram. Significa ser produtivo e generoso com as ideias. Significa entender as condições culturais e físicas com as quais você está trabalhando. Significa ter rigor no modo de analisar as coisas. Significa ter cuidado e consideração ao apresentar suas ideias aos demais. Significa ter autocrítica e estar disposto a refazer algo diversas vezes, até que você sinta que chegou a uma boa resposta.

Não há um método para produzir grandes obras de arquitetura. Tudo o que estes exercícios podem fazer é conduzi-lo a áreas nas quais você talvez comece a perceber como a arquitetura funciona e ajudá-lo a descobrir parte de seu potencial ilimitado. A excelência depende de você, mas entender o que é possível pode ajudar.

Este livro de exercícios deve ser lido em conjunto com os demais volumes da série – *A Análise da Arquitetura; An Architecture Notebook; Doorway; Twenty Buildings Every Architect Should Understand* – assim como outros, alguns dos quais podem ser encontrados na Bibliografia Recomendada, no final deste livro.

A arquitetura vai muito além do que é possível incluir nos poucos exercícios a seguir. Espero, contudo, que eles lhe ajudem pelo menos a começar a pensar como um arquiteto.

Simon Unwin, setembro de 2011

Seção Um
FUNDAMENTOS DE ARQUITETURA

Seção Um
FUNDAMENTOS DE ARQUITETURA

Estes primeiros exercícios exploram as bases da arquitetura. Eles envolverão atividades práticas; portanto, você deve se preparar para encontrar aquele velho conjunto de blocos de construção com que brincava quando era criança. Você também precisará de um caderno e um lápis apontado.

A arquitetura se origina na mente, mas seus produtos são (ou pelo menos pretendem ser) reais. A intenção do arquiteto é construir edificações reais, com materiais reais, em condições reais, para acomodar pessoas reais. Para começar a desenvolver sua competência em arquitetura, é necessário que sua experiência seja, na medida do possível, uma atividade tanto física como intelectual. Até certo ponto, isso pode ser feito construindo maquetes, mas também significa ir a espaços abertos – à praia ou a um bosque – coletar e reunir material, criar lugares reais (isso será pedido no conjunto final de exercícios deste livro).

Mesmo assim, devido à natureza cara e demorada da construção, logo se torna complicado transformar todas as ideias em realidade. Você precisará se tornar um arquiteto proficiente antes de encontrar alguém disposto a fazer um bom investimento para transformar suas ideias em edificações reais. Assim, é preciso que aprenda arquitetura de maneira abstrata. Você precisará entender a relação entre a realidade – inclusive a realidade imaginada de suas ideias arquitetônicas – e sua representação por meio de maquetes e desenhos. Isso envolve uma prática tanto intelectual quanto manual.

Os dois objetivos deste primeiro conjunto de exercícios são, portanto, explorar os fundamentos da arquitetura jogando com materiais reais – seus blocos – e aprender sobre aquilo a que damos forma com a arquitetura.

O desenvolvimento do ser humano envolve reconhecer e dar forma a muitas coisas e aprender como fazer isso. Vivemos limitados pelas formas. A primeira forma que encontramos provavelmente é o rosto de nossa mãe, com sua correta distribuição de olhos, nariz e boca. Logo aprendemos que o som pode ter forma em uma melodia ou canção de ninar, com sua correta distribuição de notas no ritmo. Nossos dias seguem um padrão de dormir e despertar que gradualmente passa a corresponder ao dia e à noite. Aos poucos percebemos que os pensamentos podem adquirir forma na linguagem, por meio das palavras ou frases. Podemos aprender a desenhar, primeiro rabiscando, mas depois desenvolvendo a habilidade de representar um gato, uma casa, o rosto de nossa mãe... Em certo momento, aprendemos a escrever, dando uma forma visível à nossa linguagem com um alfabeto de letras e um vocabulário de palavras. A "substância" a que damos forma em cada um desses casos é muito diferente. Em uma melodia, é o som de uma voz; na linguagem, é o pensamento expresso em um som configurado por palavras e frases; em

um desenho, é a forma visual representada em traços bidimensionais sobre um papel.
Há muitos outros exemplos da vida adulta. Damos forma à quantidade por meio de números e aprendemos as regras da matemática. Podemos representar as formas visuais não apenas de maneira bidimensional, como no desenho ou na pintura, mas também tridimensional, como na escultura, modelando com argila e esculpindo em madeira ou pedra. O movimento assume forma na dança ou na ginástica. A passagem do tempo assume forma em relógios e calendários. Quando seguimos uma receita, damos forma aos alimentos. Quando tricotamos um pulôver, damos forma à lã. Quando queremos fazer alguém rir, contamos situações em forma de uma piada. Os mapas dão forma aos leiautes das cidades e terrenos. Damos forma à nossa compreensão do funcionamento da natureza por meio da ciência. Os jornalistas dão forma a eventos caóticos ao transformá-los em reportagens. A moral assume forma na religião e na filosofia, e é estabelecida como lei. As relações sociais tomam forma por meio da amizade e da estrutura das organizações. Tentamos até mesmo dar forma aos conflitos nas regras de jogos ou estratégias militares.

Essa lista está longe de estar completa; a vida envolve dar forma a diversas coisas. Entendemos nosso mundo ao darmos forma a ele. Mas a arquitetura dá forma a quê? A resposta pode parecer óbvia: edificações. Mas os exercícios a seguir mostrarão que não é tão simples assim. A arquitetura tem muitas substâncias.

Materiais

Você precisará de seu antigo conjunto de blocos de construção, de preferência aqueles blocos que não se conectam. Você poderia realizar alguns dos próximos exercícios com blocos que se conectam (como Lego); porém, como estes impõem regras geométricas rígidas e podem ficar presos de maneiras que desafiam a gravidade, você terá mais flexibilidade e obterá uma noção de estrutura mais realista se utilizar blocos simples de madeira (estes também têm sua predisposição geométrica – embora não tão rígida –, mas falaremos sobre isso mais adiante). Como solo para sua construção, você vai precisar de uma tábua – uma prancheta grande ou uma prancheta de desenho pequena servirá.

Você também vai precisar de um modelo de pessoa, o menor boneco articulado que encontrar (daqueles utilizados por artistas como modelo – dois ou três seria melhor).

Não se preocupe se estes exercícios parecerem uma maneira infantil de aprender arquitetura; você pode aprender muitas coisas sobre as substâncias e o funcionamento da arquitetura com materiais simples. O boneco articulado, contudo, é essencial.

EXERCÍCIO 1: A substância sem substância

Neste exercício, você começará a explorar as atividades de dar forma e criar lugares, que são a base de toda a arquitetura. O exercício introduz as duas substâncias fundamentais da arquitetura: o material e o espaço. Você achará familiar a ideia de dar forma ao material – argila, papelão, blocos de construção... –, mas a ideia de dar forma ao espaço talvez pareça um pouco estranha.

Tendemos a ver o mundo como uma coleção de objetos, coisas físicas que podemos ver e provavelmente tocar: um livro, uma árvore, um automóvel, uma folha, um blusão, um oceano, um sanduíche... Tais objetos consistem em materiais físicos: papel, madeira, metal, celulose, lã, água, pão, queijo... As edificações são feitas de materiais físicos: pedra, tijolo, vidro, concreto, madeira, titânio, cobre... e também podemos vê-las como objetos. Mas a primeira coisa que devemos entender sobre arquitetura (e a mais complicada) é que com ela damos forma tanto ao material físico quanto ao espaço.

A atividade de dar forma é intelectual e física. Simplificando: você tem uma ideia do que quer fazer, escolhe seu material e aplica sua ideia a ele. Por exemplo: tem a ideia de fazer o modelo de um cavalo, escolhe argila e molda a argila na forma de um cavalo. Mas como você pode aplicar uma ideia a um espaço, que não tem substância?

O primeiro exercício irá ajudá-lo a entender ideias espaciais e como se pode dar forma ao espaço. Com isso, você dará um importante passo à frente. O exercício mostrará como é possível dar ao espaço o equivalente arquitetônico do significado; como se cria um "lugar".

EXERCÍCIO 1a. Aplicando uma ideia.

Pegue seus blocos de construção e uma prancheta retangular – 300 mm por 400 mm está bom. Comece brincando como fazia quando era criança. Vire os blocos sobre a prancheta.

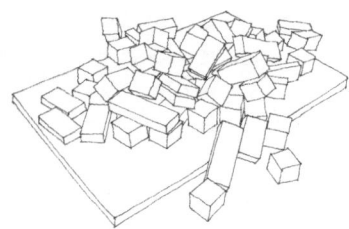

Sua pilha de blocos tem apenas a forma resultante da maneira como caíram. Agora, faça a primeira coisa que uma criança é estimulada a fazer pelos pais: construa a torre mais alta que conseguir.

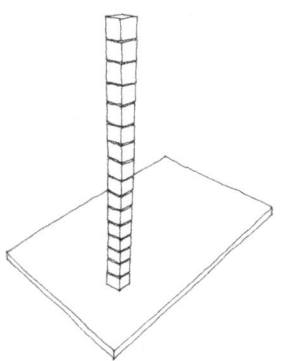

Essa é sua primeira ideia de arquitetura. Pode não ser original, mas ainda assim é poderosa. A torre nunca poderia ter se construído sozinha. Nem o acaso, nem quaisquer dos processos naturais com os quais o universo opera poderiam produzi-la.

A torre é uma manifestação da capacidade que sua mente tem de conferir forma: ter uma ideia e, com a destreza de sua mão, aplicar essa ideia a um material físico – nesse caso, seus blocos de construção.

Ainda que essa atividade seja um lugar-comum, é surpreendente. Quando você era criança, o poder manifesto em sua torre provavelmente o afetou de tal forma – sua capacidade de impor seu desejo à matéria – que você a demoliu, dando risada, fazendo com que os blocos voltassem ao seu estado amorfo (e se outra criança construía uma torre, é possível que você tenha sido malvado o suficiente para demoli-la também).

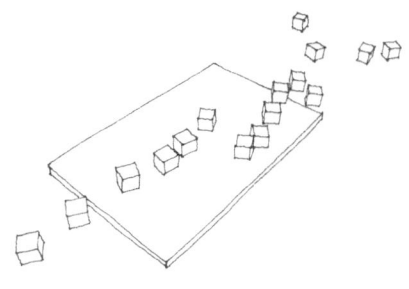

EXERCÍCIO 1b. O centro.

Você construiu sua torre como um objeto material, mas ela se encontrava em um *espaço*, o espaço definido pela prancheta. Você pode começar a entender o espaço como uma substância da arquitetura ao pensar no poder de colocar um objeto em um local específico.

    Você provavelmente construiu sua torre perto do centro da prancheta, ainda que sem pensar exatamente em sua localização. Agora meça o centro exato da prancheta (a maneira mais fácil é riscar duas diagonais) e reconstrua sua torre sobre ele.

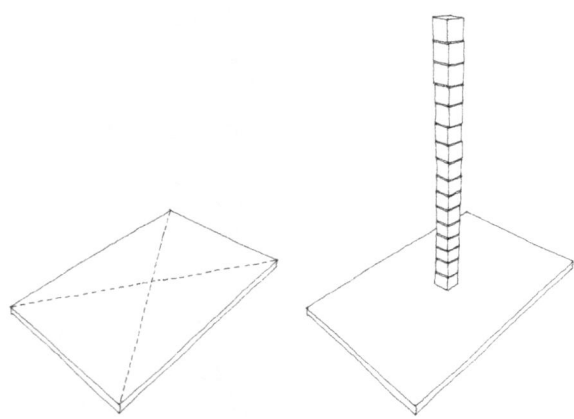

    Sua torre agora adquiriu uma presença especial, mais poderosa. O centro é uma localização privilegiada; há apenas um entre os diversos locais que NÃO são o centro. O centro de um espaço possui uma força peculiar.

EXERCÍCIO 1c. A identificação de um lugar (pelo objeto).

Você construiu sua torre no espaço artificial de uma prancheta retangular com um centro mensurável. Agora imagine que sua torre é um obelisco em um campo plano e sem árvores (imaginar as ideias em contextos reais é essencial para a arquitetura). Nessa situação, sem um centro definido e mensurável a ser ocupado, sua torre estabelece seu próprio centro.

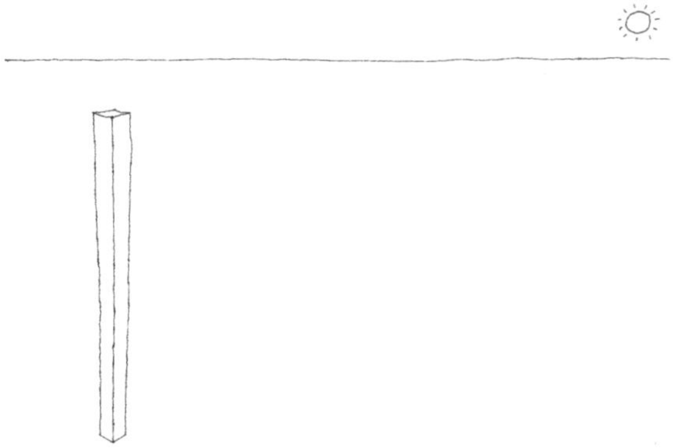

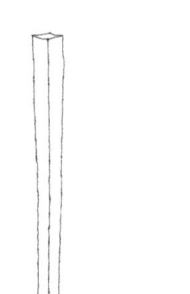

    Sua torre dá à paisagem um centro que não existia ali. Marca um lugar, um local específico no contexto anteriormente amorfo. Ela estabelece um ponto de referência em relação ao qual você pode saber onde está.

    Pare de imaginar. Volte sua atenção à torre no centro de sua prancheta.

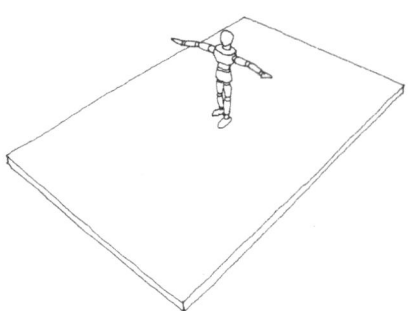

EXERCÍCIO 1d. Introduzindo a pessoa.

Pegue, então, seu "calunga" – um pequeno boneco articulado será perfeito. Coloque-o de pé na prancheta, voltado para a torre. Você não está fazendo isso para conferir escala a ela (embora isso também ocorra), mas para representar a relação entre a torre e a pessoa.

Coloque-se no lugar da pessoa (a empatia também é essencial na arquitetura). Você está olhando para essa torre que ocupa o centro de seu mundo. A torre é o objeto de sua atenção.

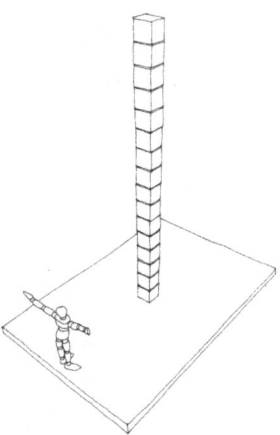

Talvez você a esteja admirando, atraído por sua manifestação de poder. Talvez você a adore. Talvez você suspeite de sua arrogância e queira desafiar sua autoridade lhe atirando pedras ou demolindo-a.

EXERCÍCIO 1e. A pessoa no centro.

Destrua a torre... Remova os objetos e coloque a pessoa (você mesmo) em seu lugar, bem no centro da prancheta.

Agora é a pessoa (você) que ocupa a posição privilegiada.

EXERCÍCIO 1f. A identificação do lugar (pela pessoa).

Agora, como você fez anteriormente com a torre, imagine-se naquele campo plano e sem árvores.

Você também (como a torre) estabelece um centro na paisagem. Também torna um lugar identificável. Mas você é um centro vivo, que se move, precisa de espaço para fazer coisas, viver, dançar. Você precisa de espaço.

A pessoa é essencial para o espaço arquitetônico. A torre que você construiu apenas representava sua presença como seu criador.

Quando o arquiteto norueguês Sverre Fehn quis ilustrar a ideia de "Homem e espaço" (ou "Homem e cômodo"), ele fez um croqui como este (à esquerda, 1996). Você pode ver o original reproduzido em Fjeld – The Pattern of Thoughts, 2009, p. 286.

EXERCÍCIO 1g. O círculo de lugar.

Usando o centro que você já marcou em sua prancheta, desenhe o maior círculo possível.

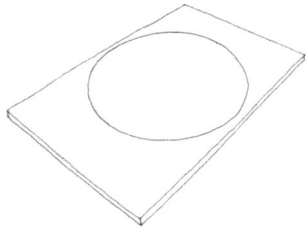

Essa é sua segunda ideia de arquitetura.
O círculo de lugar é essencial para a arquitetura. É a antítese da torre vista como um objeto. Até mesmo a torre gera um círculo de lugar em sua volta (veja *A Análise da Arquitetura*, Geometrias Reais).

Agora coloque a pessoa no centro do círculo.

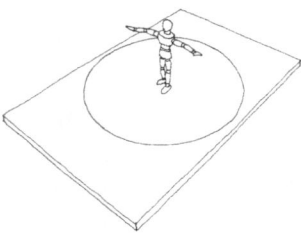

Esse círculo não é apenas um formato geométrico abstrato (como você fazia nas aulas de geometria). Ele delimita um espaço que pertence à pessoa. O círculo identifica um lugar, mas não da mesma maneira que a torre. Ele *delimita* o espaço, e a pessoa ocupa o espaço delimitado como um lugar para viver (não como um espectador). O círculo define, literalmente, a *circunstância* da pessoa, que não é mais um espectador (como era da torre), mas um ingrediente, um participante nessa obra rudimentar de arquitetura.

Ao desenhar o círculo no solo (a prancheta), você começou a dar forma ao espaço – a substância que não tem substância. Ao delimitar um lugar, seu círculo estabelece uma linha – um limite – entre um interior específico e todos os outros lugares – o exterior em geral. A delimitação de um lugar é fundamental para a arquitetura. O espaço delimitado, seja um mero círculo desenhado na areia ou as paredes de um edifício em escala real, faz a mediação entre o conteúdo – os usuários e suas atividades – e o contexto – o exterior em geral.

O círculo no solo define um limite e faz uma afirmação de posse do espaço que, no mundo real, talvez precise ser defendido. Os círculos de lugar podem ser pequenos como o pires de uma xícara de chá ou grandes como um país. Em nossas casas, temos nossos próprios círculos de lugar. Entendemos o mundo onde vivemos em termos de círculos de lugares.

EXERCÍCIO 1h. O limite.

Além de estabelecer um limite, a linha do círculo define uma fronteira – uma interface em que você passa de fora para dentro e vice-versa. Considerando sua sugestão emocional, a fronteira, ou o limite, é, no mínimo, tão poderoso quanto o centro em termos de arquitetura.

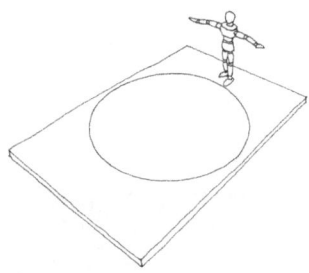

Coloque a pessoa do lado de fora do círculo, voltada para dentro.

Use novamente sua imaginação para desempenhar um papel. Imagine como é ficar em pé no limite, atravessar a linha, entrar no círculo, caminhar dentro dele e, então, posicionar-se bem no centro. Imagine a diferença entre estar fora, estar dentro e o estado estranho e ambíguo de estar em um ponto de transição, sobre a linha, nem dentro, nem fora. A arquitetura lida com essas três posições básicas.

Faça isso adotando diferentes personalidades. Reconheça o círculo como um instrumento de relação social. Entre nele, em primeiro lugar, como a pessoa que o desenhou e afirma ser seu usuário de direito. Assuma, então, o papel de um convidado que visita o círculo de outra pessoa, talvez esperando a permissão para entrar. Depois entre como um estranho suspeito, um invasor, um ladrão, alguém que pretende atacar e tomar o círculo para si... Posicione-se fora do círculo como alguém cuja entrada é negada, que é excluído, exilado.

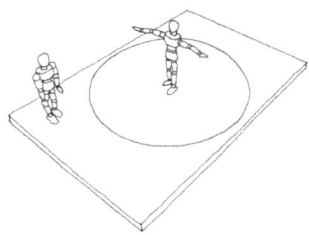

Observe uma pessoa privilegiada – um sacerdote, um "nobre", um homem (ou mulher)... cuja entrada *é* permitida – atravessar a linha. Olhe fixamente para a pessoa que agora está isolada do mundo pelo círculo. Imagine-se como aquela pessoa privilegiada sendo observada. Perceba as várias emoções provocadas por sua relação com essa obra simples de arquitetura (a mais simples possível?). Reconheça que desenhar um círculo no solo pode ser um ato político e provocador – dar forma ao espaço para a ocupação humana sempre é. Você está começando a testemunhar alguns dos poderes da arquitetura e perceber as possibilidades de manipular as pessoas.

EM SEU CADERNO DE CROQUIS...

Em seu caderno de croquis... colete círculos de lugar. Registre-os em desenhos simples com anotações que descrevam onde estão, como são definidos, o que ou qual atividade contêm (um círculo de lugar precisa ter conteúdo). Os círculos de lugar não precisam ser perfeitamente circulares. Além disso, podem ser minúsculos ou enormes.

Tente se lembrar de círculos de lugar: talvez o círculo que você desenhava com giz na calçada para jogar bolinhas de gude com seus amigos, ou o círculo que formava com seus colegas para assistir a uma briga no pátio da escola.

Repare nos círculos de lugar que estão em seu entorno, ao perambular, ou que são representados pela mídia. Pare para desenhar cada um em seu caderno de croquis. Desenhe o máximo que puder, mas também anote características que não podem ser facilmente desenhadas: a relação entre um círculo de lugar (talvez um círculo de pedras antigas) e um elemento distante da paisagem, variações de consistência ou textura do solo (como o *green* em um campo de golfe, que é o círculo de lugar em torno do buraco e sua bandeira).

Considere outras maneiras como os círculos de lugar se formam além do desenho de uma linha no solo; por exemplo, a copa de uma árvore, a temperatura (em torno de uma fogueira), o som (em torno de um alto-falante ou de um músico), o cheiro (em torno de um prato com ensopado cozinhando no forno ou de uma pessoa

Formamos um círculo de lugar quando sentamos juntos em volta de uma fogueira.

Uma vela gera um círculo (ou esfera) de lugar em torno de si própria, com sua luz.

SEÇÃO UM – FUNDAMENTOS DE ARQUITETURA   **21**

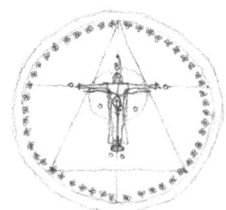

Em 3 de junho de 2011, o jornal The Guardian (Reino Unido) publicou uma grande fotografia de um exorcismo que havia sido realizado recentemente na Colômbia. Este desenho representa o leiaute. A pessoa "possuída" foi "crucificada" no chão, cercada por um círculo de lugar delimitado por flores e uma linha de cinzas.

particularmente mal-cheirosa), a luz (em torno de uma vela ou projetada por um refletor), a Internet sem fio (em torno de um roteador).

Preste atenção nos círculos de lugar concêntricos (como o círculo de uma apresentação – *orkestra* – de um teatro da Grécia Antiga, cercado pelo círculo maior das arquibancadas onde o público sentava) ou que se sobrepõem (como o círculo de lugar de um café ao ar livre, que se sobrepõe e inclui os círculos de lugar de um grupo de mesas, e cada uma se sobrepõe e inclui os círculos de lugar de cada um dos contextos individuais).

Repare nos círculos de lugar que têm um significado pessoal para você e naqueles que têm uma importância pública – sua família lembrará onde e quando seu gato foi enterrado, e muitos fãs lembrarão onde e quando a Inglaterra ganhou uma partida de críquete contra a Austrália (por exemplo, no Sydney Cricket Ground, em janeiro de 2011).

Este exercício com o caderno não tem limite de tempo. Você pode colecionar círculos de lugar por décadas. É essencial que você, como arquiteto, possa ver o mundo em termos de círculos de lugar e entender como e por que eles se formam. O estabelecimento desses círculos faz parte da atividade essencial de um arquiteto.

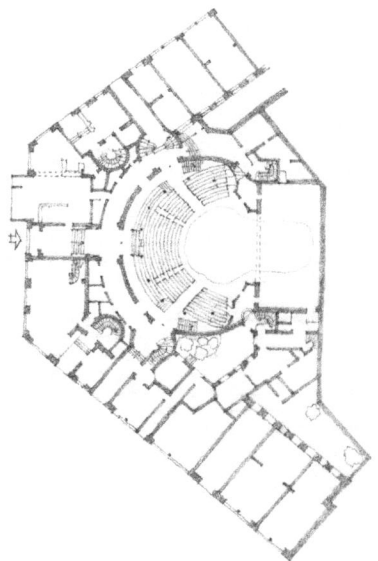

Um teatro delimita um círculo de lugar para uma apresentação. Esta é a planta baixa do teatro parisiense Bouffes du Nord, do século XIX, que foi reformado na década de 1980 pelo diretor Peter Brook. Ele transformou o teatro com arco de proscênio em um teatro onde o público senta em volta de uma arena (veja Andrew Todd e Jean-Guy Lecat – The Open Circle, 2003).

EXERCÍCIO 2: Percepções fugazes

Juntos, a torre e o círculo (do Exercício 1) constituem o "Big Bang" da arquitetura. Eles manifestam o "momento" em que a mente aplica uma ideia ao mundo natural (força seu desejo sobre ele). Quando a mente começa a intervir, o mundo é modificado. A torre e o círculo tornam o lugar identificável de maneiras diferentes, mas juntos eles constituem as substâncias recíprocas da arquitetura: a matéria (o material físico) e o espaço (habitável).

No Exercício 2, veremos como a percepção de uma obra de arquitetura pode se alternar entre a percepção da matéria e a do espaço.

EXERCÍCIO 2a. O contêiner para um falecido.

Um dos tipos mais antigos de edificação permanente é a câmara mortuária. Podemos usá-la neste exercício como um exemplo simples de como a matéria e o espaço trabalham juntos na arquitetura.

Primeiramente, deite seu boneco articulado, como se fosse um cadáver, no centro do círculo que já desenhou em sua prancheta (*1*).

"Desenhe" um "círculo" com "pedras" eretas (blocos) em torno do corpo. O cadáver não precisará de espaço para se mover, então coloque o círculo de pedras próximo ao corpo, deslocando-as quando necessário (*2*). Esse "círculo" de pedras emoldura o corpo. Faça uma cobertura com pedras maiores (*3*), encerrando o corpo.

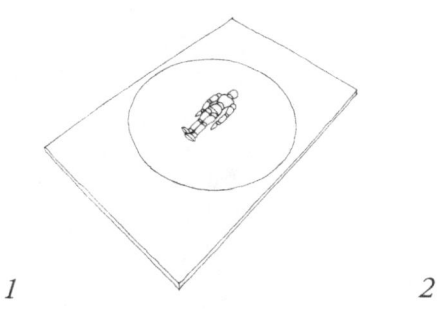

1

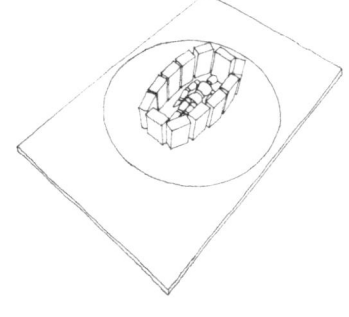

2

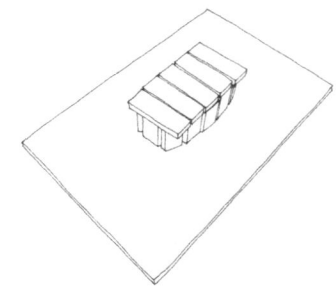

3

Seção um – Fundamentos de arquitetura   **23**

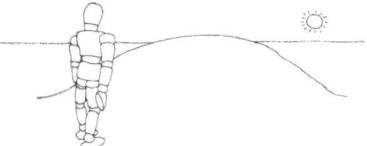

"Quando encontramos um monte no bosque, com 1,80 metro de comprimento por 90 centímetros de largura, em forma piramidal e feito com uma pá, paramos, sérios, e algo em nós diz: alguém foi enterrado aqui. Isso é arquitetura."
Adolf Loos – Architecture, 1910.

Posicione outra pessoa (viva) na prancheta, voltada para a câmara mortuária.

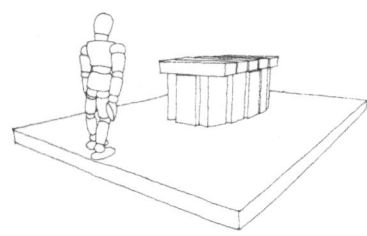

Essa pessoa vê sua construção de pedras como um objeto sobre o solo.

Você dispôs as pedras para dar forma ao espaço – a substância sem substância. Seu propósito era definir um lugar interior, um espaço fechado para ser ocupado – nesse caso, por um falecido. Porém, a pessoa que está do lado de fora vê a câmara mortuária como um objeto; ela o vê como um material físico ao qual se deu forma. Essa é uma alternância característica na percepção das obras de arquitetura. Você vive em sua casa e faz muitas coisas em seus espaços; mas do lado de fora ou em sua imaginação, você e as outras pessoas veem a casa como um objeto.

Logo adiante discutiremos sobre como dar forma ao espaço para os vivos, mas, por enquanto, continuaremos com a arquitetura para os mortos.

EXERCÍCIO 2b. A pirâmide.

Muitas câmaras mortuárias antigas eram cobertas com terra, o que sugere que seus arquitetos não as consideravam tanto como objetos, mas como espaços interiores, como cavernas artificiais em colinas artificiais. Mesmo assim, um monte pode ser visto em uma paisagem como um objeto, e sua mente (de arquiteto) talvez passe a se questionar sobre o aspecto visual. A atenção se volta do objetivo principal de dar forma a um pequeno espaço para abrigar um cadáver para o de dar uma forma apropriada à aparência externa do túmulo.

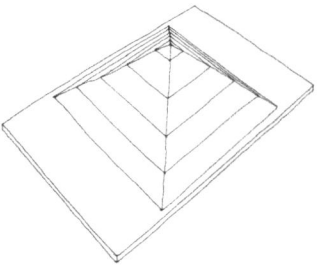

Talvez você decida, por exemplo, como os antigos egípcios, fazer seu monte na forma geométrica ideal de uma pirâmide quadrilátera, construída com blocos de pedra afeiçoada.

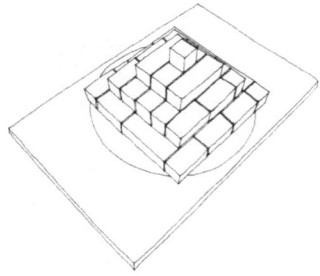

Mas a pirâmide pode ser desmontada, até revelar a câmara que se encontra em seu centro...

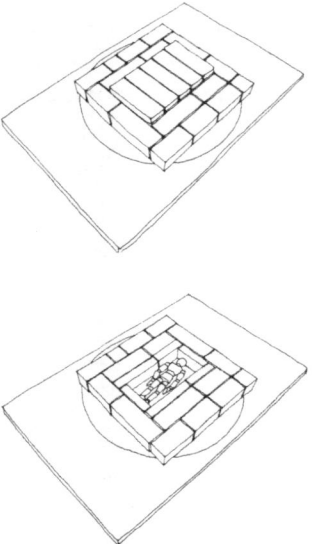

...e o círculo imaginário em torno do corpo...

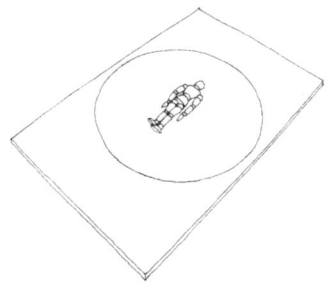

...a partir do qual a obra de arquitetura – a pirâmide com sua câmara mortuária – começou.

Na pirâmide, a matéria sólida assumiu uma forma geométrica ideal, mas sua arquitetura depende do espaço para o cadáver que se encontra no centro. Perceba que, na forma desse espaço, o círculo deformado da câmara mortuária se transformou em um retângulo (como o quadrado em volta da mesa em "O Artista está Presente", de Marina Abramovic – veja a página 27). Há uma ressonância formal entre a pessoa, o mundo e os processos de edificação que se manifestam no retângulo. Na arquitetura, o círculo de lugar com frequência é transformado em um retângulo. Em exercícios posteriores, analisaremos com mais profundidade a relação entre o retângulo, a pessoa e os processos de edificação.

A câmara mortuária e a pirâmide eram lugares para os mortos. Agora começaremos a explorar como se dá forma (configura) ao espaço para os vivos.

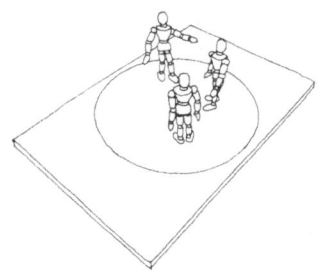

EXERCÍCIO 2c. O teatro e a casa.

Comece novamente com o círculo. Dessa vez, em vez de um cadáver estático em seu centro, ocupe-o com pessoas interagindo.

O espaço dentro do círculo se torna uma arena para a vida aberta à observação pública: um lugar para apresentações (a *orkestra* de um teatro grego antigo), para luta (o *dojo* para o sumô) ou talvez para ritual, debate aberto ou julgamentos.

Depois, comece a transformar o círculo em um lugar privado e protegido – uma casa. Imaginemos que esse lugar esteja em um clima úmido e frio – coloque, então, uma fogueira no centro do círculo e as pessoas sentadas em volta, socializando.

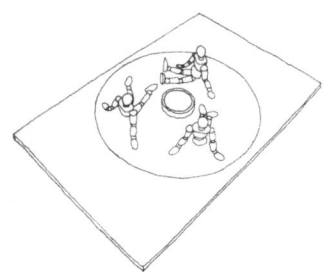

A fogueira cria um foco para a vida no círculo; o fogo será útil tanto para cozinhar quanto para manter as pessoas aquecidas. A arena começa a se tornar um enclave exclusivo e confortável, um lar. Você pode imaginar, no escuro, o hemisfério de luz e calor que emana do fogo, com as pessoas sentadas dentro do círculo.

Os moradores dessa casa rudimentar precisarão de privacidade e um pouco mais de espaço que o cadáver, então construa uma parede protetora que seja no mínimo do tamanho do círculo desenhado em sua prancheta. O cadáver fica imóvel, mas seus moradores vivos irão entrar e sair da casa; então você precisará deixar em sua parede uma abertura para uma porta.

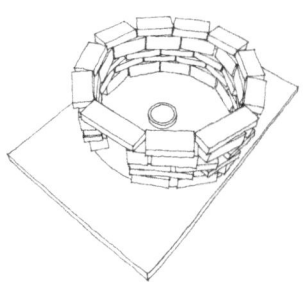

Agora pense em uma maneira simples de organizar o interior para acomodar as atividades dos moradores.

Aqui (*1*) coloquei duas camas, uma de cada lado da fogueira central, e uma mesa para que os moradores coloquem suas coisas. Repare que cada objeto cria seu próprio "círculo de lugar" dentro do círculo de lugar maior, que é fechado pelas paredes. Juntos, eles estabelecem um sistema de regras espaciais (como a quadra ou campo onde acontece um jogo) que sugere, se não determina, como o espaço deve ser usado. Esses círculos de lugar se relacionam e interagem entre si: tem a "sua cama" e "a cama da outra pessoa"; a mesa está ao alcance das duas. O fogo irradia seu calor sobre as camas, mas é contido pelas paredes. Repare também que a porta estabelece seu próprio lugar de limite/entrada.

É claro que a porta terá sua folha, e a casa, uma cobertura para protegê-la do mau tempo. Em uma casa circular, a cobertura pode ser uma estrutura cônica de galhos unidos e cobertos com sapé (*2*).

Com a cobertura, a casa (*3*), assim como a câmara mortuária, pode ser vista de duas maneiras: um morador a vê como um lugar interior, um refúgio no qual pode se retirar do mundo e dormir aquecido e em segurança; uma pessoa observando do lado de fora a vê como um objeto na paisagem e começa a se questionar se é bonita e o que poderia fazer para melhorá-la (em qualquer aspecto). A arquitetura opera em ambas as percepções, dando forma ao espaço e ao objeto.

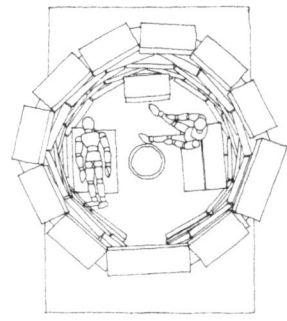

1

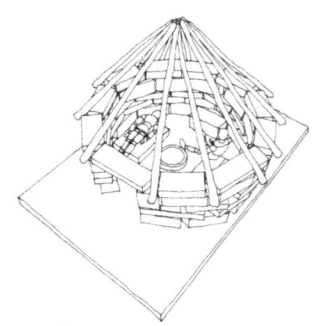

2

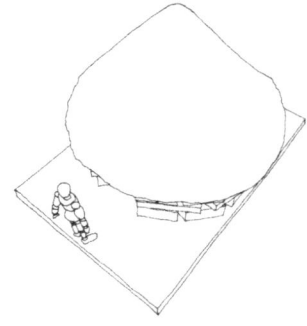

3

INTERLÚDIO: "O Artista está Presente"

De março a maio de 2010, a artista Marina Abramovic fez uma "apresentação" no átrio do Museu de Arte Moderna de Nova York (MOMA). Intitulada "O Artista está Presente", é um bom exemplo dos poderes arquitetônicos explorados no Exercício 1. Você encontrará algumas fotografias em www.moma.org/visit/calendar/exhibitions/965 (novembro de 2010).

    O equivalente de Abramovic para sua prancheta era o chão do átrio (1). Nele, ela desenhou um grande quadrado delimitado por uma linha branca (2). Esse quadrado identificava um lugar da mesma maneira que seu círculo (3). No centro, Ambramovic havia colocado uma mesa – como um altar –, um lugar para meditação, comunhão e relação (4). Uma cadeira foi colocada em cada lado da mesa; ela se sentou em uma delas; em sua frente havia outra cadeira e uma abertura na linha de fronteira, abrindo uma "porta" – um limite – para seu "território" (5). Os visitantes eram convidados a entrar e se sentar de frente para ela, um de cada vez, enquanto os outros esperavam fora do espaço demarcado (6). Cada um podia sentar com ela por quanto tempo quisesse ou enquanto pudesse resistir ao seu olhar impassível (e implacável).

    Quaisquer que sejam os outros significados dessa obra, seu contexto evocava os poderes arquitetônicos de fronteira, centro e limite. O quadrado delimitava a "apresentação", criando uma área "sagrada" em volta do "altar" (mesa). Os espectadores e visitantes que esperavam eram mantidos do lado de fora (excluídos) pela linha branca. A mesa, por meio da qual cada visitante comungava silenciosamente com a artista, ocupava o centro. O limite identificava a entrada, provocando impacto nos visitantes à medida que cada um o ultrapassava e se aproximava da mesa para sentar de frente para Abramovic. O próprio "cenário" era cercado por luzes fortes. A artista sentou-se à sua mesa, impassível, por três meses, durante os horários em que o MOMA fica aberto. Centenas de visitantes se sujeitaram ao seu olhar, ou desafiaram-no. Alguns choraram.

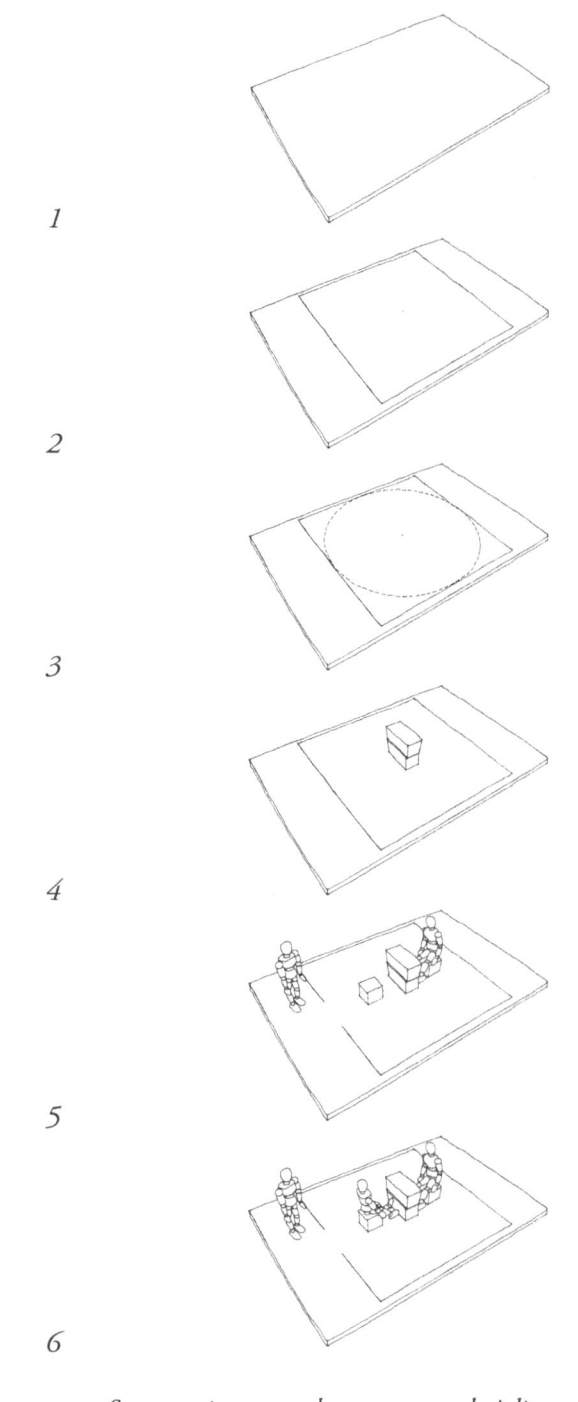

1

2

3

4

5

6

    Se a arquitetura pode ser comparada à linguagem, então o leiaute de Abramovic pode ser visto como um equivalente arquitetônico – embora um pouco mais complexo por causa do "altar" e da porta – da frase "o gato sentou no capacho".

EM SEU CADERNO DE CROQUIS...

Em seu caderno de croquis... colete exemplos de percepções fugazes. Encontre uma moradia bem pequena – uma edificação de um só cômodo onde alguém vive. Pode ser sua própria casa ou alguma que você encontrar em um livro. Você precisará, no entanto, ser capaz de identificar como o espaço da casa é utilizado. Faça um desenho cuidadoso, em planta, de como o espaço da casa é distribuído: desenhe os móveis, os tapetes, as roupas de cama... com a maior precisão possível (de tamanho e posição). Anote em seu desenho como as várias áreas são ou podem ser aproveitadas – um lugar para preparar alimentos, armazenar combustível, dormir, lavar roupas... Descreva como é a vida nesse espaço.

Agora desenhe a mesma moradia como um objeto no espaço, apoiado no solo (como uma elevação ou um desenho tridimensional). Novamente, faça o desenho da maneira mais precisa que conseguir, preste atenção às proporções das diferentes partes e inclua toques decorativos. Você também pode registrar as diferentes cores e texturas dos materiais empregados na edificação.

Pergunte-se qual dos dois desenhos ilustra melhor a "arquitetura" da edificação. A resposta deve ser "os dois". Porém, o desenho do "objeto" representa apenas a aparência externa e a planta baixa ilustra como é a vida na casa. A arquitetura trabalha com ambos.

Você pode fazer o mesmo exercício com diferentes edificações, por exemplo, um pequeno templo ou uma capela.

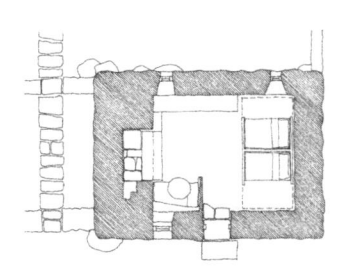

Esta pequena cabana no País de Gales foi construída como uma moradia: um refúgio protegido do mau tempo e das outras pessoas. Dentro de suas paredes e debaixo de sua cobertura há um cômodo organizado em lugares para cozinhar, comer, dormir... todos distribuídos em relação à entrada, à lareira e às três janelas pequenas.

A cabana pode ser considerada bonita ou não. Foi construída sem pretensões, de forma objetiva, levando em consideração as necessidades dos moradores e os materiais disponíveis, sem preocupação com o aspecto externo.

A cabana abaixo, por outro lado, foi projetada com um nível maior de preocupação com o aspecto externo. Por isso (alguns diriam) é mais representativa como uma obra de "arquitetura" que a outra. Porém (outros responderiam), há sim arquitetura na organização espacial da cabana do País de Gales.

UMA OBSERVAÇÃO: Aparência e experiência

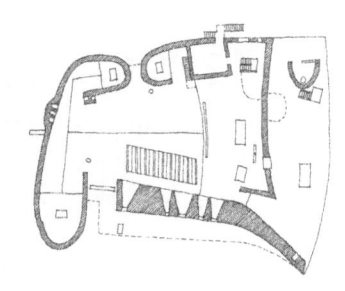

Há arquitetura tanto na organização do espaço quanto na composição da forma externa. Em relação à aparência externa, a pessoa é apenas um espectador. Já em relação à organização espacial, a pessoa é o ingrediente principal, o "artista no palco".

[Você deve reconhecer a edificação acima. Você também deve saber quem a projetou, onde fica e quando foi construída. Caso não saiba, poderá descobrir em qualquer livro sobre a história da arquitetura do século XX.]

Às vezes pode parecer que a arquitetura se preocupa sobretudo com a aparência das edificações, tanto interna quando externa. É certo que a mídia parece retratá-la assim, e as fotografias nas revistas e livros de história da arquitetura reforçam essa maneira de vê-la. Contudo, a estética de uma edificação não se restringe a seu aspecto visual. Ela envolve as reações pessoais às formas do espaço. A experiência de uma pessoa com o espaço inclui reações emocionais – estar "no centro", "no limite", "excluído" ou "incluído"... – e o uso pragmático dos espaços para propósitos específicos. Os exercícios a seguir mostrarão que a arquitetura, como o meio pelo qual configuramos tanto o espaço quanto a matéria física, tem aspectos ricos e mais diversos que a forma material visível: aspectos que influenciam, ou até determinam, a maneira como nos relacionamos com o espaço, como nos comportamos e socializamos em várias circunstâncias.

O próximo exercício, que está relacionado com os anteriores, apresenta um dos recursos espaciais mais poderosos e empregados pela arquitetura – o eixo. Embora envolva a visão, esse recurso tem mais a ver com as relações do que com as aparências.

EXERCÍCIO 3: O eixo (e sua negação)

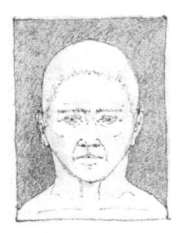

Você talvez tenha percebido que o que tem feito até agora nestes exercícios sofre influência de diferentes tipos de geometria. Voltaremos a eles mais adiante, mas antes trataremos de mais um: o eixo. É provável que você o tenha visto aparecer em suas maquetes de blocos (e no contexto de "O Artista está Presente" de Abramovic). Depois do centro e do limite, o eixo é um recurso fundamental na arquitetura. Embora possa ser visto na forma material – como na linha que desce pelo centro de um corpo humano ou na elevação frontal (no pórtico) de um templo clássico – o eixo, formado pelo alinhamento entre a porta e o olho (a linha de visão), pertence antes de tudo ao espaço.

A forma externa do corpo humano tem um eixo em seu meio – com um pé, uma perna, um testículo, um mamilo, um ombro, um braço, uma mão, uma narina, um olho, uma orelha... de cada lado. Mas seu eixo mais poderoso é aquele que sai dos olhos – a linha de visão. Esta é um eixo no espaço.

EXERCÍCIO 3a. O eixo de uma porta.

A porta da casa estabelece um lugar de transição entre o mundo externo e o refúgio interno. Seu limite está voltado tanto para dentro quanto para fora.

Posicione a pessoa em pé, do lado de fora, voltada para dentro.

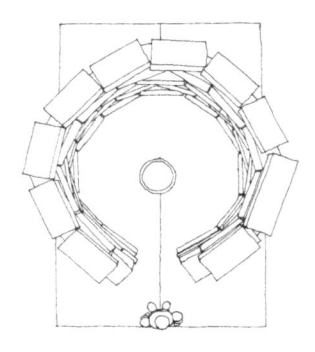

Sua linha de visão, atravessando a abertura da porta, estabelece um eixo que a conecta com a lareira que se encontra no centro do círculo.

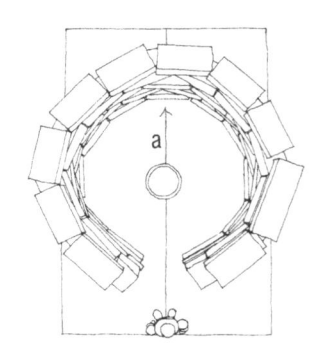

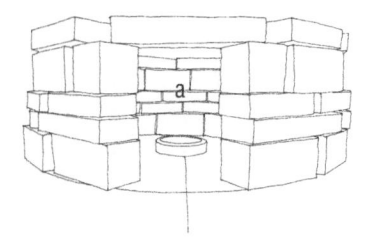

A abertura da porta – um fulcro entre as duas – funciona como a mira de um rifle. O eixo também ultrapassa a lareira e atinge a parede, definindo uma posição importante (a) no lado diretamente oposto à porta. Para a pessoa que se encontra no exterior, a porta emoldura essa posição importante, como um quadro.

A porta faz o espaço da casa assumir uma forma mais complexa. Colaborando com a visão da pessoa, ela acrescenta ao círculo uma linha invisível – o eixo – com seu centro. Esse eixo é a linha de visão que define um segundo lugar privilegiado (além do centro) na parede que se encontra no lado oposto à porta.

A porta e seu eixo geram uma hierarquia de lugares dentro da casa. Havia uma hierarquia semelhante em "O Artista está Presente", de Abramovic (veja a página 27):

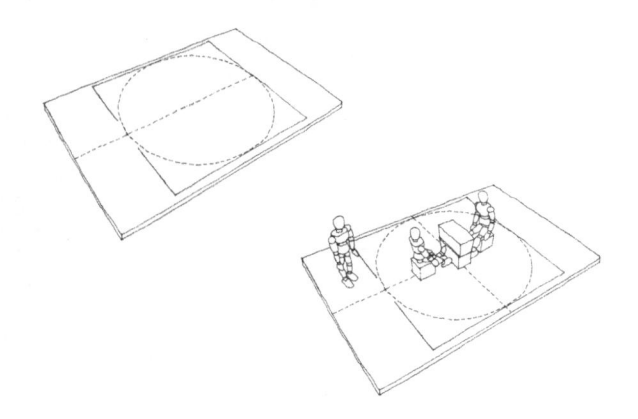

EXERCÍCIO 3b. A divisão em quadrantes.

O eixo, em sua casa e em "O Artista está Presente", também é uma linha de passagem pela qual a pessoa entra (ou deseja entrar) no círculo de lugar. O eixo formado pela porta e a visão introduz uma linha dinâmica, uma linha de movimento no círculo ou quadrado (ambos centralizados) essencialmente estático. Na casa (embora a lareira seja um obstáculo), essa linha dinâmica termina na parede diretamente oposta à porta. Em "O Artista está Presente", a linha dinâmica termina na própria artista, sentada à mesa em seu "trono", esperando.

O eixo desempenha uma terceira função na forma espacial do interior de sua casa. Ele divide o espaço em duas metades – esquerda e direita – sugerindo que há um segundo eixo em ângulo reto a ele.

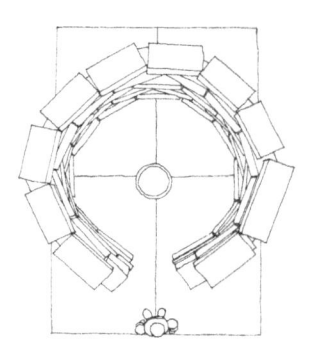

A distribuição dos lugares dentro da casa está relacionada com esses dois eixos; as camas ficam uma de cada lado, e a mesa fica em uma posição importante, oposta à porta.

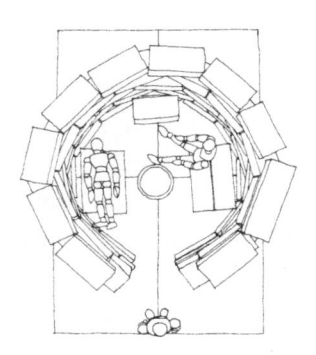

A lareira permanece em sua posição central. Os dois eixos, introduzidos no círculo da casa pela porta, criam uma estrutura espacial para a organização do interior em lugares secundários. A estrutura dos eixos confere à organização do espaço uma aparente "ordem" – uma harmonia espacial talvez comparável à harmonia de uma corda principal na música, a sintaxe de uma frase simples ou o equilíbrio de uma equação matemática.

EXERCÍCIO 3c. Relacionando-se com elementos remotos.

Remova os móveis da casa. Posicione a pessoa (você) junto à parede, olhando diretamente para fora da porta.

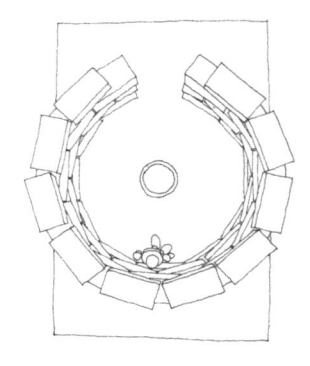

Agora o eixo opera na direção oposta. Está voltado para fora, ultrapassando inclusive a borda de sua prancheta (seu mundo) e indo em direção ao horizonte.

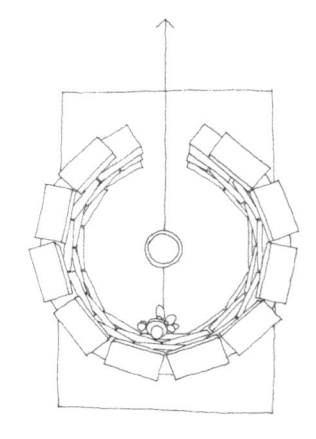

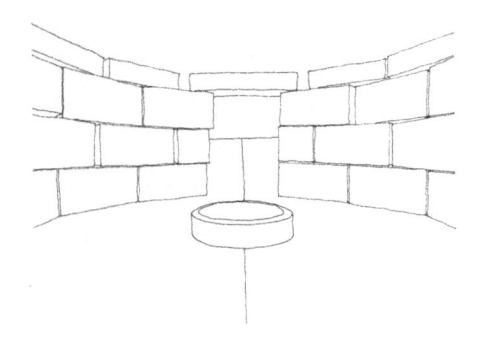

O retângulo da porta emoldura o "quadro" do mundo que está do lado de fora, e o eixo se prolonga até o horizonte.

Esse eixo, gerado por seu olho e a porta juntos, pode estabelecer um vínculo entre o interior de sua casa – você, a lareira... – e algo que se encontra distante, um objeto...

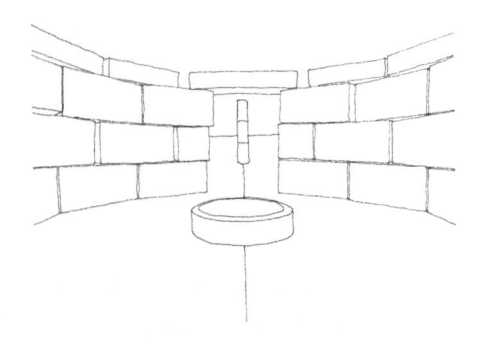

...uma montanha ou talvez o sol que nasce ou se põe no horizonte.

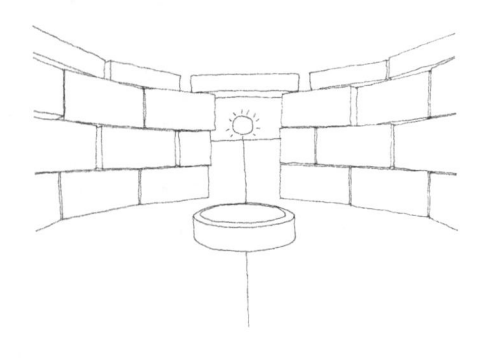

A casa, com sua porta, torna-se um instrumento de associação. Estica um "dedo" invisível para tocar em algo considerado importante, mas remoto. A moldura da porta, com seu eixo, aumenta a importância do elemento remoto. Permite que a influência dele penetre no núcleo da casa.

O eixo permite que a forma dada ao espaço pela arquitetura tenha uma dimensão que ultrapassa os limites das paredes, de modo infinito.

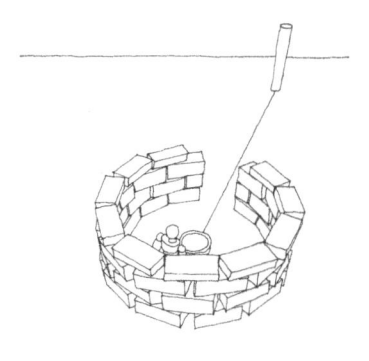

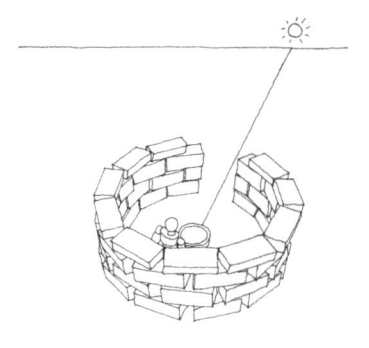

EXERCÍCIO 3d. O templo.

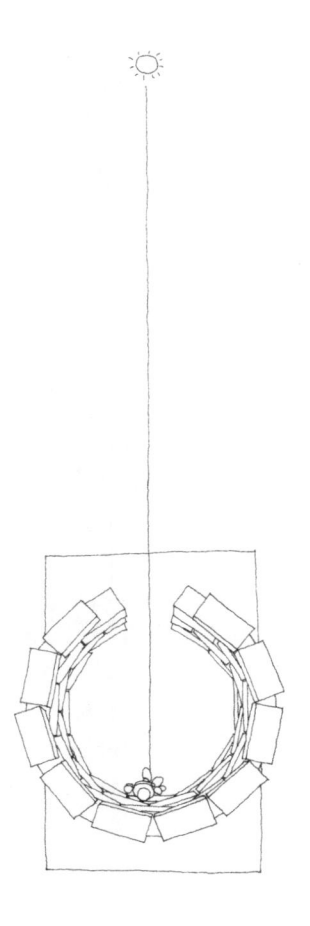

Remova a lareira, veja a pessoa como um rei ou uma deusa, e você terá transformado a casa, o refúgio doméstico, em uma sala do trono ou um templo. Substitua seu rei ou sua deusa por um altar – um lugar de meditação, comunhão, relação – frequentado por um sacerdote, e você terá transformado a casa em uma capela para oração, para a súplica aos deuses. Sua posição, tanto do lado de dentro quanto de fora, pode ser definida por sua relação com o eixo.

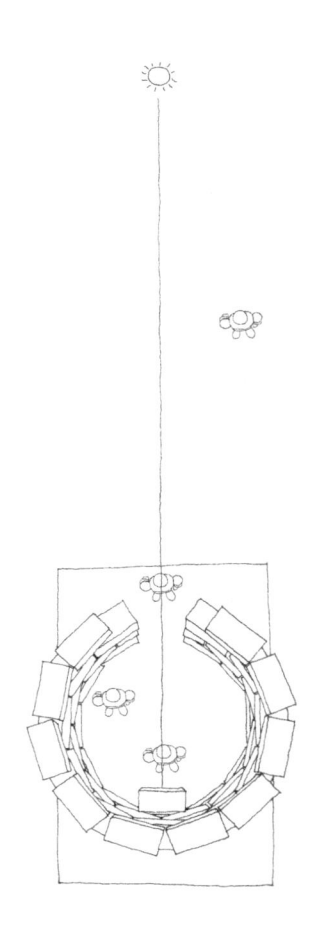

O simples recurso de ter um espaço fechado com uma porta voltada para certa direção estabeleceu um vínculo entre a pessoa (seja um rei ou deus) e os elementos remotos. Ele estabeleceu um centro e um eixo em relação aos quais a pessoa sabe onde está. Criou uma hierarquia espacial que parte do exterior, passando pelos limites do espaço, para dentro, para um centro e o altar posicionado no lado oposto à porta. Essa é a matriz espacial que encontramos nos prédios de muitas religiões.

INTERLÚDIO: A Capela do Bosque

A Capela do Bosque situa-se no terreno do Crematório do Bosque, na periferia de Estocolmo, na Suécia. Ela foi projetada por Erik Gunnar Asplund, e construída por volta de 1918.

Embora a edificação possua elementos que ainda não foram mencionados nestes exercícios — colunas, fechamento retangular (em vez de circular) com paredes, pórtico e degraus (em volta do núcleo circular da planta) — você pode ver, na planta, que o desenho é um exercício que envolve centro, círculo de lugar e eixo. A pessoa também é um ingrediente essencial na arquitetura da edificação. Ela é posicionada como o defunto (em um ataúde ou catafalco retangular), o enlutado (sentado em um círculo ou de pé, despedindo-se, no centro) e o sacerdote ou encarregado (falando, no altar).

A edificação é uma clareira formal na floresta, delimitada por um círculo de colunas (como um antigo círculo de pedras verticais). Cria-se um eixo, alinhado com o sol poente a oeste, entre porta e um altar em seu próprio nicho, que lembra uma lareira, na parede oposta. Nesse eixo também está o centro do círculo, marcando o eixo vertical, em direção ao céu, e a posição genérica do enlutado que se despede. O catafalco se localiza entre o altar e o eixo vertical.

A aparência externa da capela é uma mescla de "pirâmide" (com sua alusão aos túmulos do Egito antigo), "templo" (no pórtico com colunas distribuídas simetricamente) e "cabana no bosque" (um pouco de lar e refúgio). Mas a Capela do Bosque também ilustra o potencial poético de alguns dos recursos simples com os quais podemos dar forma ao espaço por meio da arquitetura.

Você pode fazer uma representação aproximada da forma espacial básica do interior da Capela do Bosque utilizando seus blocos e sua prancheta (à direita). Você também pode ocupá-lo com um corpo, um enlutado e um sacerdote, cada um em seu respectivo lugar. A forma espacial é como o tabuleiro de um "jogo" sério e formal (o funeral), e as pessoas fazem o papel de jogadores/peças.

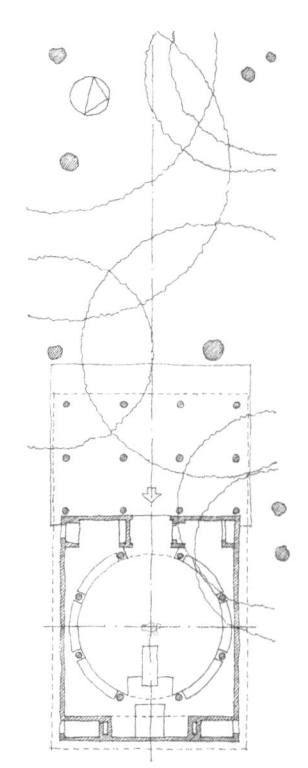

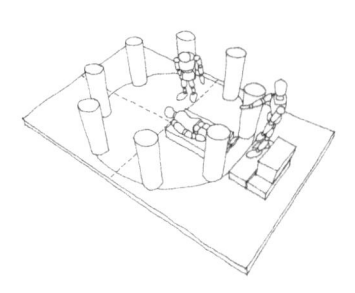

[A Capela do Bosque é um dos Estudos de Caso de *A Análise da Arquitetura*.]

EM SEU CADERNO DE CROQUIS...

Em seu caderno de croquis... colete exemplos de eixo no espaço. Analise, por meio do redesenho de plantas, como outros arquitetos (do passado e do presente) aplicaram o eixo ao leiaute espacial de suas edificações. Preste atenção às diferentes composições de centro, círculo, fechamento, porta e eixo. Analise como essas composições fazem com que as pessoas ocupem diferentes posições (por exemplo, dentro, fora, no centro, no limite, no eixo, no foco...) e como estas afetam ou se relacionam com o papel representado (ou papéis representados) pela pessoa e as emoções que ela pode sentir.

Crie também suas próprias composições. Por meio do desenho, jogue com diferentes composições de centro, círculo, fechamento, porta e eixo. Estabeleça hierarquias; experimente diferentes organizações; reflita sobre as possíveis relações entre a pessoa e essas organizações. Imagine-se como um diretor de cinema manipulando a identidade e as emoções dos atores, mas em vez de utilizar o roteiro e instruções verbais, você está usando sugestões espaciais promovidas por suas composições arquitetônicas.

O círculo, o centro, o fechamento, a porta e o eixo têm desempenhado, ao longo da história, um papel importante nas formas espaciais de edificações religiosas de todos os credos. Os desenhos desta e da próxima página mostram as plantas de seis construções de diferentes períodos da história e ideologias (embora tais rótulos sejam discutíveis...). Stonehenge era,

1 Stonehenge, Salisbury, c. 3000 a.C.

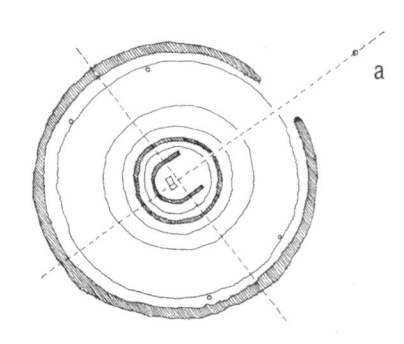

Stonehenge é formado por vários círculos concêntricos: seis círculos de pedras de diferentes tamanhos cercados por um sétimo, que é uma área escavada, um fosso. O "círculo" menor tem uma abertura em forma de ferradura de frente para o eixo principal, o nascente do sol durante o solstício de verão – marcado pela pedra Hele (a) e a grande avenida de acesso – e o poente do sol durante o solstício de inverno. Embora os círculos sejam permeáveis (formados por pedras espaçadas, não por paredes), as portas (e, consequentemente, os limites) entre eles são sugeridas no eixo de acesso. Perto do centro desses círculos – mas não exatamente nele – encontra-se uma pedra que parece ser um altar. Sua posição deslocada permite que o centro geométrico seja ocupado por uma pessoa – talvez o sacerdote ou santo encarregado da cerimônia ou ritual.

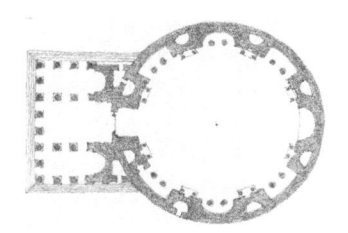

2 Panteon, Roma, c. 126 d.C.

aparentemente, um templo para rituais pagãos; o Panteon costumava acomodar uma religião panteísta, mas se tornou uma edificação cristã; a Cúpula da Rocha é islâmica, mas também é sagrada para cristãos e judeus; a Basílica de São Pedro é católica romana; a Vila Rotonda foi construída em um contexto cristão, mas pode ser interpretada como um templo ao ser humano, e a Capela da Faculdade Fitzwilliam é uma pequena capela cristã que pertence a uma universidade. Cada edificação oferece um ponto (unificador) de referência (*datum*) para determinado público ou comunidade de pessoas – tribos da idade da pedra, romanos, muçulmanos, católicos romanos, a humanidade, os estudantes de uma faculdade de Cambridge.

Todas essas comunidades (e outras) tiraram partido dos recursos arquitetônicos de círculo de lugar, centro, fechamento, porta e eixo ao configurarem os espaços para ocupação e ritual. Porém, cada uma dessas edificações emprega tais recursos de maneira diferente e obtém efeitos distintos.

Utilizando diagramas (como o que fiz para Stonehenge), analise cada edificação. Pense principalmente sobre o que foi posicionado no centro de cada uma e por quê. Pense também sobre como os outros recursos (círculo, fechamento, porta, eixo) contribuem para a forma total que é dada ao espaço em cada exemplo.

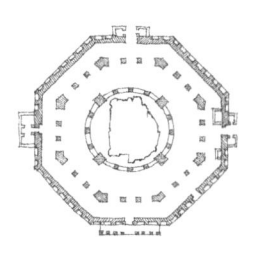

3 Cúpula da Rocha, Jerusalém, c.690

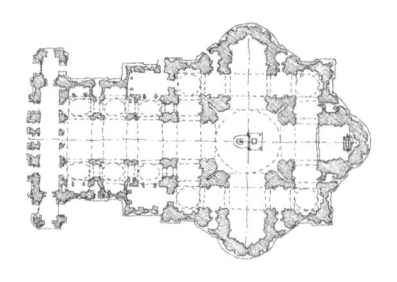

4 Basílica de São Pedro, Roma, 1506–1626

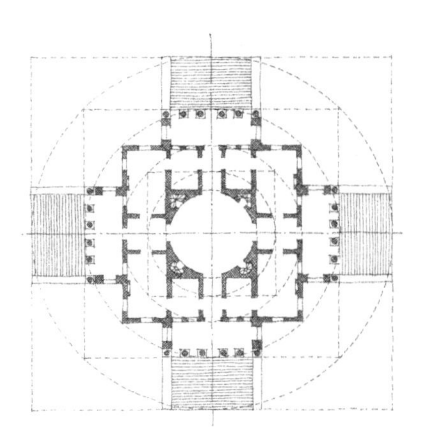

5 Vila Rotonda, Vicenza, 1591

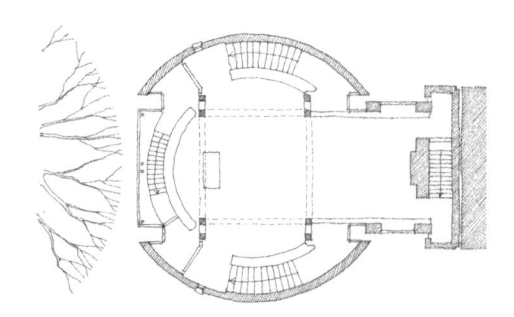

6 Capela da Faculdade Fitzwilliam, Cambridge, 1991

(Estas plantas não estão na mesma escala.)

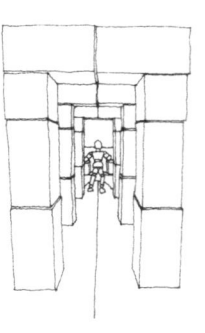

EXERCÍCIO 3e. Sequências de portas.

Faça uma linha com três portas que definem um eixo. O eixo gerado por uma porta juntamente com a linha de visão de uma pessoa pode ser reforçado se houver uma sequência de portas em um eixo compartilhado.

Já falamos anteriormente neste exercício que uma porta estabelece um eixo que pode relacionar um objeto ou pessoa importante a outro (*1*). Para a pessoa de pé do lado de fora da porta, o objeto ou a pessoa do outro lado existe em "outro mundo" e, portanto, são conferidos a ela maior importância e mistério. Esse caráter sagrado pode ser aprimorado e reforçado se o objeto ou pessoa importante estiver separado não apenas por uma porta, mas por uma sequência (*2*).

A sequência de portas cria uma hierarquia de *status* entre o objeto ou pessoa importante (talvez uma rainha ou a representação de um deus) e o suplicante. Também cria uma sequência de "mundos" intermediários de *status*, que cresce proporcionalmente à proximidade do foco importante.

As portas também podem representar uma sequência de barreiras (psicológicas ou reais) através das quais talvez passem apenas pessoas de certo *status*.

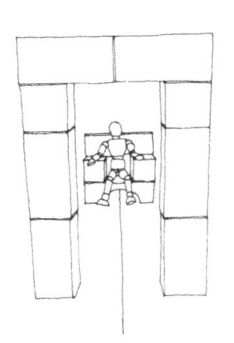

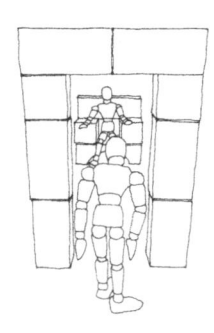

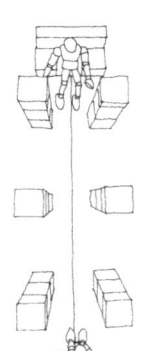

INTERLÚDIO: Sequências de portas

Sequências de portas alinhadas sugerem uma progressão em estágios hierárquicos em direção a um objetivo ou estado remoto, ou podem simbolizar uma regressão com retornos cada vez mais profundos da psique. Elas provocam sentimentos de reverência e aspiração. Há sequências de portas em edificações – templos e palácios – de diferentes épocas e culturas. A visão de uma sequência de portas pode ser convidativa, desafiadora, proibitiva... Pode sugerir uma sequência de espaços que você é convidado a explorar, desafiado a atingir ou proibido de entrar.

Um exemplo do poder simbólico de uma sequência de portas está em um pequeno templo que faz parte do complexo de edificações do Egito Antigo em Carnac (1). No templo de Osíris Hek-Djet, há uma linha de portas através das quais uma pessoa, talvez apenas um sacerdote privilegiado, podia passar fisicamente. Elas levam a uma câmara que dá acesso a uma câmara interior – o apogeu da rota. Ao lado, paralelamente, há outra sequência de portas – uma imagem esculpida na superfície da parede de pedra maciça que parece nos levar à mesma câmara interior. Essa é uma sequência de portas de extensão ilusória (em função da perspectiva) através da qual talvez passem apenas as almas dos mortos.

As sequências de portas também podem ser encontradas em edificações ainda mais antigas. Seu poder deve ter sido descoberto em tempos pré-históricos. Elas são evidentes, por exemplo, em algumas câmaras mortuárias neolíticas (2). Parecem estar associadas a ideias de estágios progressivos até atingir um estado de transcendência, como ocorria nos templos antigos (muito mais imponentes) na ilha de Malta, como Tarxien (3). As sequências de portas culminam em um altar delimitado por seu próprio nicho ou porta. Até mesmo alguns altares têm a forma de uma miniatura de porta (4), indicando que a própria porta era considerada importante espiritualmente. Algumas das portas neste templo têm soleiras muito altas, indicando que atravessá-las era visto como uma espécie de teste ou ritual de passagem. O limite (como no do círculo de presença) era sentido como uma transição de um estado de espírito para outro.

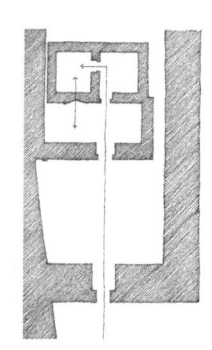

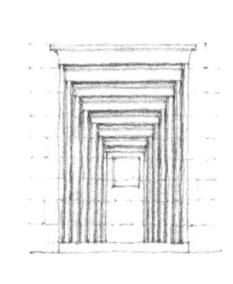

1 Templo de Osíris Hek-Djet, Carnac, c. 900 a.C.

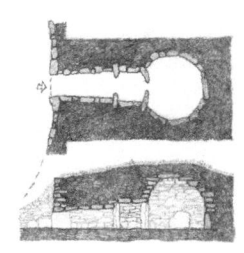

2 Câmara mortuária de Cairn O'Get, Escócia, c. 3000 a.C.
3 Templo Tarxien, Malta, c. 3000 a.C.

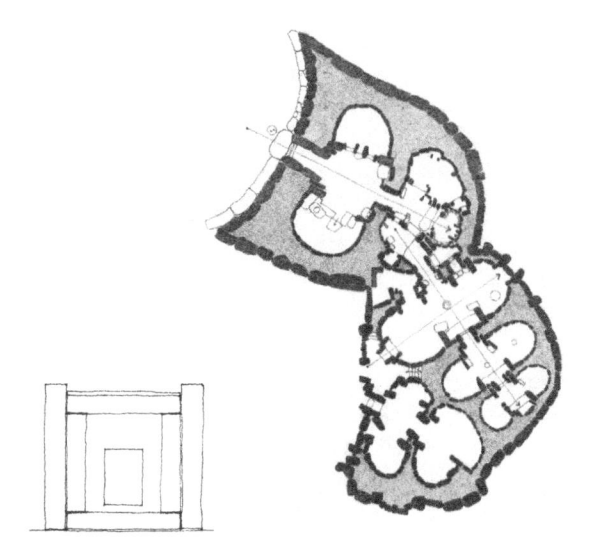

4 Um altar na forma de uma pequena porta

40 EXERCÍCIOS DE ARQUITETURA

1

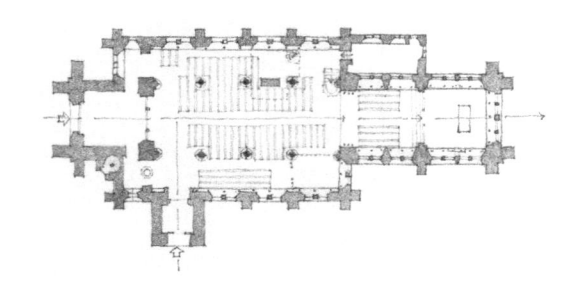

Uma progressão semelhante de portas e limites espaciais estrutura a organização da rota processional da porta oeste para o altar em uma igreja cristã (1).

As sequências de portas podem estar associadas tanto à emergência quanto à penetração. A longa sequência de sete portas no Templo de Ramsés II (2) pode ser interpretada como a indicação de estágios progressivos até o apogeu: uma oitava porta falsa; mas também pode ser interpretada como uma sequência pela qual passa o espírito do faraó ressuscitado ao sair da falsa porta para reentrar no mundo dos vivos.

Às vezes, quando o Príncipe de Gales faz discursos televisionados no Palácio de Saint James, em Londres, ele fica de pé sobre um pódio junto a uma porta (3). Atrás dele há uma sequência de portas alinhadas cujo eixo foca um trono. É como se o Príncipe tivesse emergido de seu mundo real enclausurado e duplamente separado para falar com seus súditos.

As sequências de portas não sugerem necessariamente uma progressão hierárquica. Elas também podem representar transições de um cômodo ou "mundo" para outro, em uma sequência.

Na Casa Petworth, na Inglaterra (4), há uma longa sequência de cômodos com portas em linha reta. Elas estão alinhadas ao longo de uma extremidade dos cômodos adjacentes às janelas, deixando a parte principal de cada cômodo disponível para ser ocupada (como um círculo de lugar). As portas nos conduzem por uma sequência de recintos de diferentes caracteres e conteúdos.

O compositor Frédéric Chopin passou uma temporada no apartamento de um monastério em Valldemossa, na ilha de Majorca (5). Aqui a sequência de portas nos leva de um corredor monástico despojado e austero, passando por um pequeno vestíbulo, para o apartamento principal, e então passando por uma varanda para um belo e ensolarado jardim formal, com uma vista panorâmica elevada do impressionante cenário do norte de Majorca.

[Para mais informações sobre os poderes e a fenomenologia da porta, veja Doorway, Routledge, 2007.]

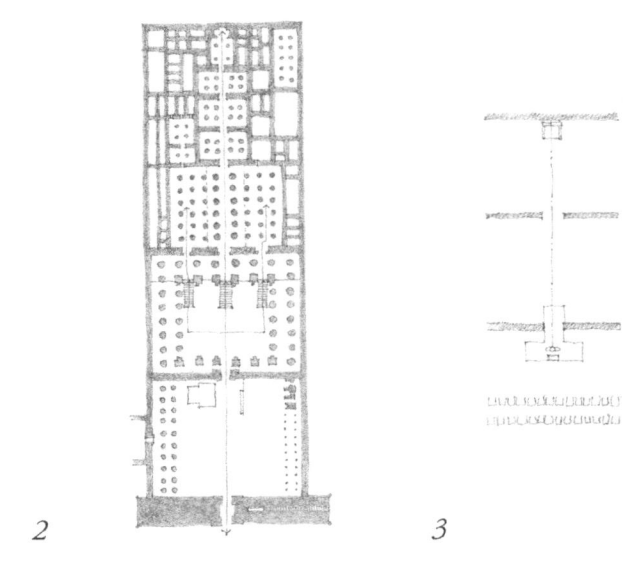

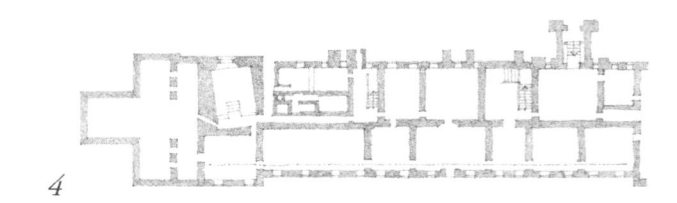

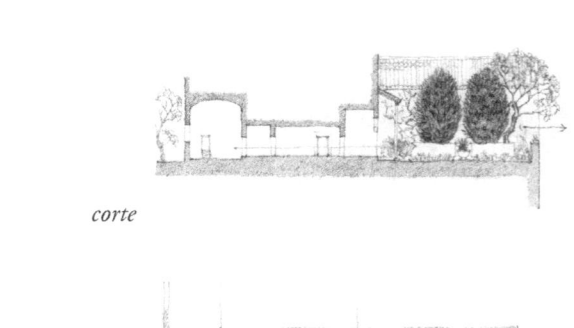

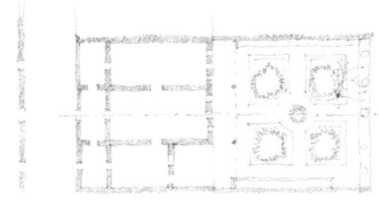

2 *3*

4

corte

5 planta baixa

EXERCÍCIO 3f. Contrapondo/negando o poder do eixo da porta.

O eixo da porta é, por si só, poderoso e, portanto, associado à ideia de poder. Pode focar a atenção em um objeto ou personagem particular, cuja importância aparente é, então, destacada. Ele geralmente é associado a um limite, ou uma sequência de limites, que pontua a experiência da pessoa no espaço, talvez como desafios ou transições momentâneas de um lugar ou estado para outro.

Contudo, há momentos em que você – o arquiteto – talvez queira controlar, reduzir, negar o poder do eixo da porta. Como em todas as disciplinas criativas, as coisas podem se tornar mais interessantes quando uma ideia forte e aparentemente dominante ou um tema é desafiado, subvertido, desencorajado.

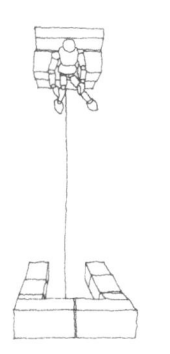

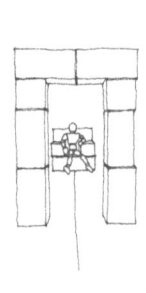

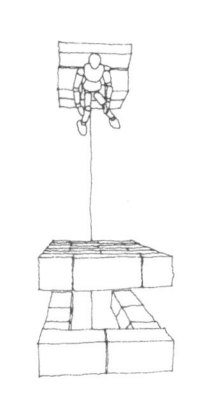

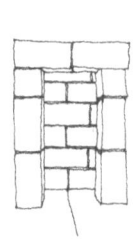

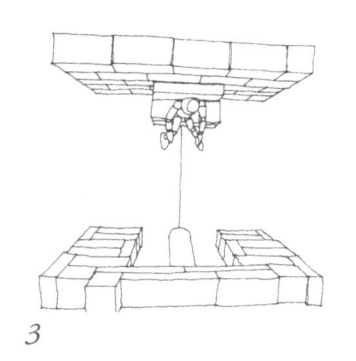

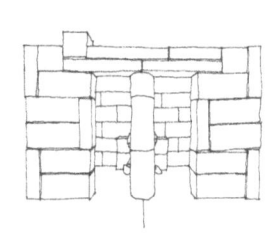

A relação entre a porta, o eixo e o objeto de atenção (deus, personagem, altar, obra de arte...) é um tema dominante em muitas obras de arquitetura (*1*). A primeira forma de romper essa relação (e a mais óbvia) é bloqueá-la: seja com uma parede (*2*), que pode estar dentro ou fora, ou mesmo inserindo uma coluna no centro da porta (*3*). Nessa organização, o visitante (a pessoa, você se aproximando da porta) não pode mais ver, ou vê apenas parcialmente, o objeto de atenção através da porta, e ao entrar, precisa seguir um percurso que desvia do eixo. Embora o bloqueio seja um método de organização do espaço para negar o eixo da porta, não é o único.

Pode-se evitar o posicionamento do objeto de atenção no eixo dominante, colocando-o em um lado (*1*) ou talvez em um canto (*2*). Pode-se até colocá-lo em um canto ao lado da porta (*3*). Cada uma dessas organizações, que desviam da aderência ao eixo principal da porta, resulta em uma relação diferente entre a pessoa (visitante do espaço – imagine-se no lugar dele) e o objeto de atenção.

Repare como, devido às organizações assimétricas nas ilustrações *2* e *3*, o desenho do "trono" foi alterado para torná-lo também assimétrico. Já em *4*, o trono permanece simétrico, estabelecendo seu próprio eixo (e o de seu ocupante) em contraponto ao da porta. A ilustração *4* é, então, sutilmente diferente da *2*.

Muitas permutações podem ser feitas, e cada uma tem suas próprias sutilezas em termos das relações entre: a pessoa (visitante), a porta e seu eixo, o cômodo e o(s) objeto(s) de atenção dentro dele. Na prancheta onde desenhou um eixo, faça com seus blocos o máximo de permutações que conseguir, registrando cada uma em uma planta baixa desenhada em seu caderno.

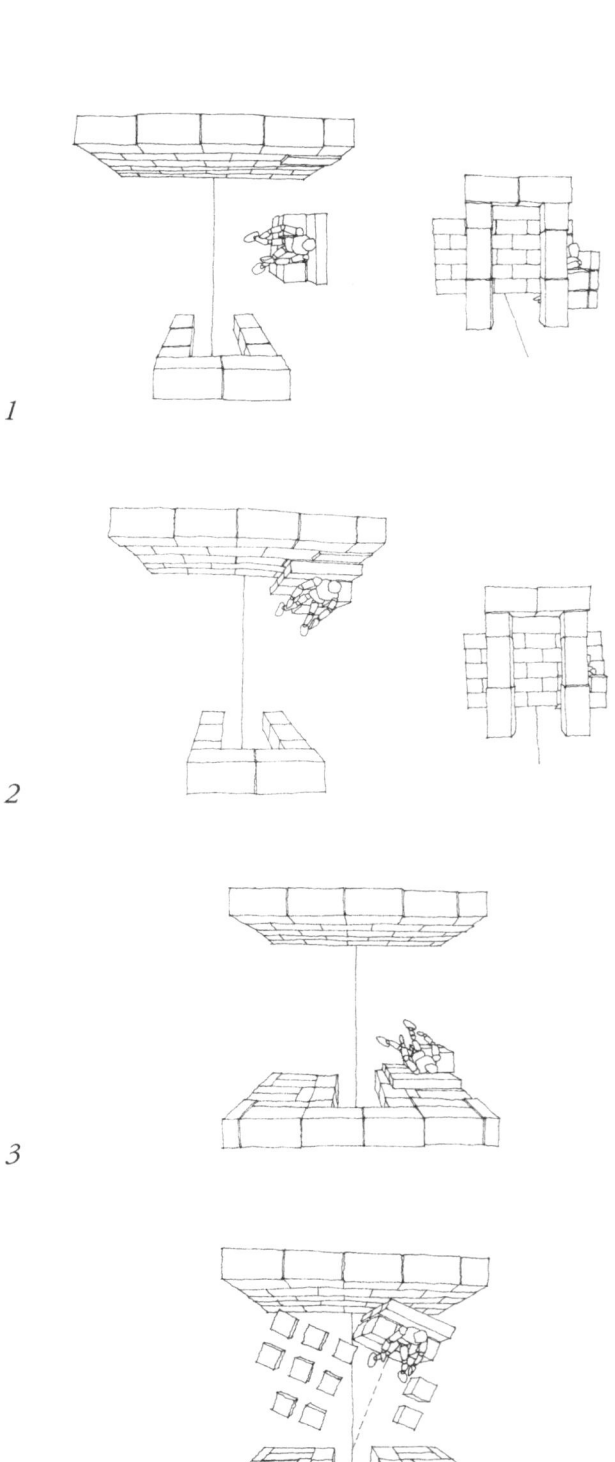

1

2

3

4

Não faria sentido: 1. situar o objeto de atenção de maneira que bloqueasse a porta; 2. colocar o objeto de atenção voltado para a parede ou 3. para um canto; 4. fazer a porta de maneira que não desse acesso ao cômodo. Tente criar outras organizações que não façam sentido para esses elementos.

EXERCÍCIO 3g. Crie uma composição de porta/eixo/foco sem sentido.

Você pode utilizar as paredes como instrumentos para manipular (jogar com) as relações entre a pessoa, a porta, o eixo, o cômodo e o objeto de atenção. Alguns exemplos "sem sentido" estão nas ilustrações ao lado.

Esse jogo com as relações espaciais entre os elementos se assemelha a um exercício gramatical, visto que não há apenas uma estrutura correta para uma frase. Algumas organizações são simples e diretas; outras são complexas e sutis, mas todas – como na língua – devem fazer sentido (exceto por alguma razão poética contrária). Algumas organizações podem ser "erradas" porque não fazem sentido. Assim como na língua, o sentido é algo que você precisa aprender a reconhecer e julgar.

Fazer algo sem sentido pode ajudá-lo a entender e reconhecer o sentido. No caso deste exercício, o objetivo é desenvolver seu entendimento sobre organizações espaciais. As crianças já têm esse entendimento intuitivamente – por exemplo, quando reconhecem a importância de sentar na cabeceira da mesa ou ultrapassam, de propósito, um limite para desafiar a autoridade dos pais. Para se tornar um arquiteto, você precisa desenvolver esse entendimento de maneira consciente, a fim de poder utilizá-lo de formas diversas e sutis.

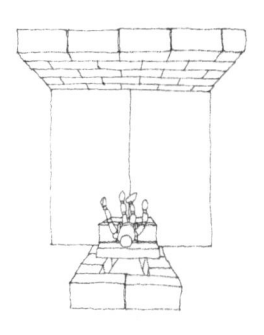

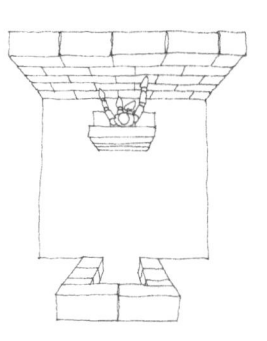

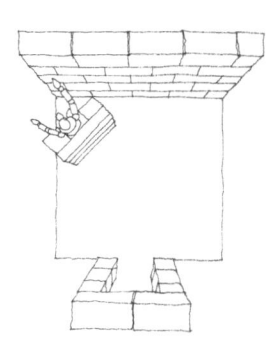

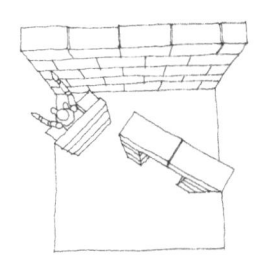

EM SEU CADERNO DE CROQUIS...

Em seu caderno de croquis... colete exemplos nos quais um arquiteto contradisse (contrapôs, distorceu, negou, deformou, evitou...) um eixo no espaço. Procure exemplos em edificações que você frequenta, mas também em periódicos e livros de arquitetura. Contradizer um eixo não é o mesmo que ignorá-lo. Você está procurando pela intenção consciente do arquiteto de definir um eixo e depois desviar dele, deformar um eixo que já existe ou resolver dois eixos que não estão alinhados ou congruentes. Isso talvez envolva querer negar o poder implícito do eixo ou permitir que outra força ou influência o deforme ou distorça. Veja alguns exemplos.

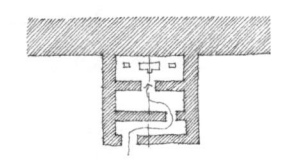

No Egito Antigo, alguns templos mortuários eram construídos com portas que desviavam do eixo do altar (acima, à esquerda). Isso talvez tenha sido feito para evitar que o altar fosse visível do lado externo (para romper uma linha de visão) ou que os espíritos escapassem para o mundo dos vivos (interromper uma linha de passagem).

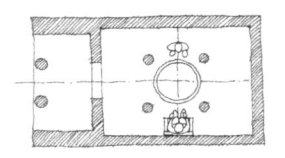

O trono de um rei, na Grécia Antiga, ficava em um lado do eixo da porta. Isso talvez tenha sido feito para evitar uma relação de confronto com algo sagrado para onde o eixo estava orientado ou evitar, com a entrada de um visitante, o ofuscamento pela luz forte da porta.

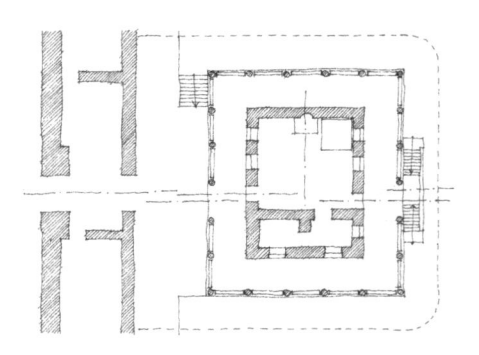

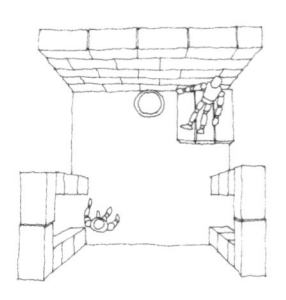

A ideia de espaço pode estar relacionada tanto à noção ideológica quanto à filosófica. No Salão de Audiências do Palácio Topkapi, em Istambul, a relação entre o sultão e o suplicante é controlada pela organização dos eixos das portas. Ninguém ocupa o eixo (associado a poder): o sultão – o objeto de atenção – e o suplicante se localizam em cantos. Apenas a lareira é posicionada no eixo central do Salão. (veja Porta, páginas 54–55).

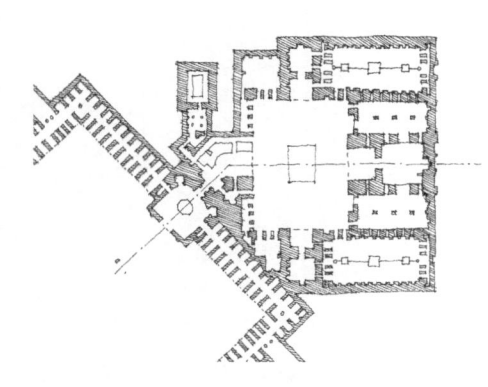

Seção um – Fundamentos de arquitetura

Em Isfahan, o eixo da praça principal deforma-se para se encontrar com o da grande mesquita, que indica a direção de Meca.

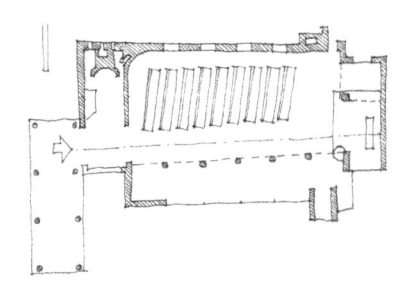

Há um jogo sutil de eixos na Capela do Cemitério de Erik Bryggman, em Turku, na Finlândia. O eixo da porta e do altar desvia sutilmente do ângulo reto. Os bancos se afastam do altar e desse eixo e estão distribuídos em apenas um lado, permitindo a visão dos jardins externos.

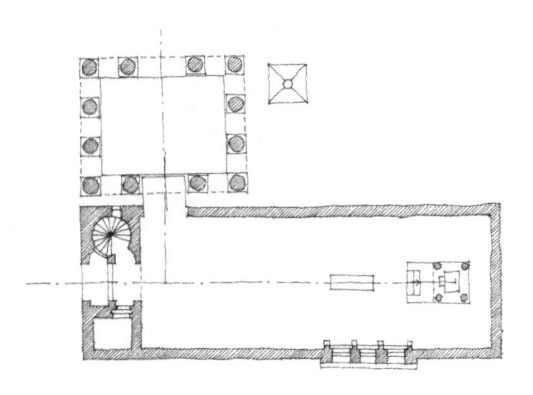

O acesso de muitas igrejas fica de um lado – geralmente o sul – do eixo principal do altar. Na Capela da Ressurreição de Sigurd Lewerentz, em Estocolmo, o acesso é pelo lado norte, associado à morte. A saída é por outra porta, ao longo do eixo, voltada para o sol poente.

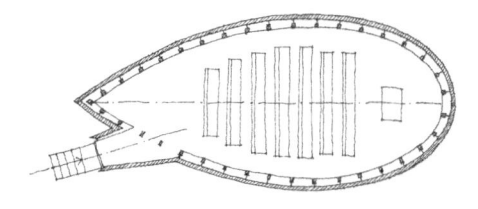

O formato de gota de lágrima da capela de São Benedito, projetada por Peter Zumthor, na Suíça, está relacionado ao eixo do altar e dos bancos. A porta desvia desse eixo.

46 EXERCÍCIOS DE ARQUITETURA

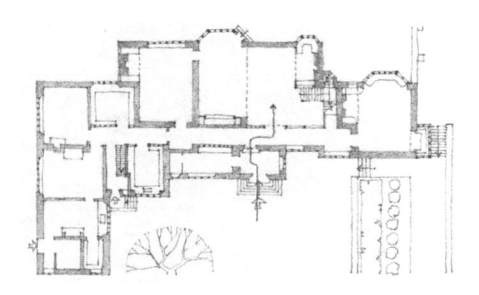

Quando M. H. Baillie Scott, um arquiteto do movimento Artes e Ofícios, projetou Blackwell, uma casa no Distrito dos Lagos, na Inglaterra, ele poderia ter feito a entrada de maneira que as portas compartilhassem um único eixo entre o pátio interno e o cômodo principal. Em vez disso, ele deslocou do eixo as portas subsequentes à primeira (a porta principal externa) tornando a experiência de entrada do visitante menos formal, menos imponente, mais parecida com a entrada de uma casa medieval inglesa.

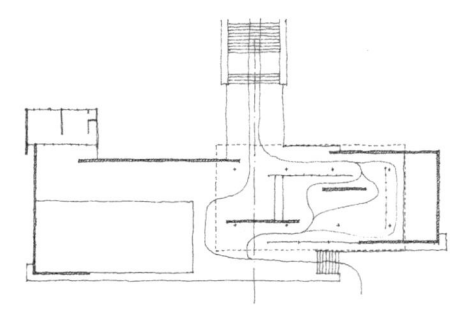

Em seu Pavilhão de Barcelona, Mies van der Rohe contradisse o eixo (negou-lhe seu poder), "riscando-o" com uma parede. Isso teve o efeito de assegurar que os visitantes iriam passear por seu simples labirinto de espaços. (O Pavilhão de Barcelona é um dos temas de análise em Twenty Buildings Every Achitect Should Understand.)

RESUMO DA SEÇÃO UM

Nos exercícios desta primeira seção, vimos que o objetivo da arquitetura é dar forma – configurar. Por meio da arquitetura, damos forma à matéria e ao espaço – a "substância sem substância". Nossa tendência é pensar que dar forma à matéria é fazer objetos: moldamos a argila para fazer uma escultura, damos forma de pão a uma massa, organizamos soldados em linhas de defesa. Mas a arquitetura é mais complexa. Ela também dá forma ao espaço – o intangível.

Se considerarmos uma edificação como um objeto, a pessoa assumirá o papel de espectador, admirando ou odiando aquilo que vê. Quando a arquitetura dá forma ao espaço, a pessoa é um ingrediente, que passa por diversas experiências e completa a arquitetura com sua presença e seu ponto de vista.

Quando pensamos em edificações como objetos, a arquitetura trabalha com a aparência, a composição tridimensional (escultórica)... talvez haja alusões ou associações simbólicas (por exemplo, edificações que "parecem" pirâmides, templos, cabanas ou amebas). Quando entendemos que a arquitetura é capaz de dar forma ao espaço, estamos estabelecendo a matriz espacial na qual a vida acontece. A arquitetura do espaço acomoda a pessoa e estabelece uma estrutura de comportamentos, relações e experiências.

Com os blocos de construção que utilizou até agora, você percebeu o poder do centro, do círculo de lugar e do limite. Também viu como os olhos e a porta, juntos, projetam um eixo que estabelece um vínculo entre elementos próximos e remotos, entre a pessoa e algo que está no interior da edificação ou distante.

Ao trabalhar com o espaço, a arquitetura é filosófica, ou seja, ela dá sentido às coisas. Em suas maquetes, você viu duas maneiras de dar forma ao espaço que estabelecem uma matriz por meio da qual conferimos sentido a nossas vidas. A lareira forma um centro em volta do qual a vida acontece. A casa, com seus móveis, oferece o leiaute que dá sentido, na questão espacial, ao que fazemos em nosso dia a dia. O leiaute da planta baixa de uma edificação é uma descrição manifesta no espaço de um estilo de vida. Esse é um tipo de filosofia pragmática, cotidiana e não verbal. A organização pragmática dos lugares se relaciona com as atividades, cerimônias e relações e lhes fornece uma estrutura.

No templo, com seu eixo (seja Stonehenge ou a Capela da Faculdade Fitzwilliam), a forma espacial alcança o nível de um credo religioso. Ela oferece uma filosofia de imponência com a qual se pode dar sentido a elementos espirituais. O centro fornece um foco de atenção – talvez um altar –, um ponto de referência que o restante do mundo pode identificar. O círculo define uma área sagrada dentro da qual são feitas as cerimônias. O eixo relaciona o centro ou altar adjacente a um elemento remoto e cria um ponto de referência que permite à pessoa saber onde ela está. O limite estabelecido por uma porta, ainda que faça uma distinção entre o interior e o exterior, estimula um impacto (que sugere respeito) de transição entre mundo cotidiano externo e lugar especial (sagrado) interno. O limite também define a linha entre a inclusão (ser um membro) e a exclusão (não ser um membro, ser um estrangeiro, um forasteiro, um exilado...).

Nestes primeiros exercícios, vimos que as portas são poderosas. Nós as alinhamos para criar uma hierarquia de espaços ou uma sequência de lugares diferentes que levam a pessoa a uma série de experiências (cômodos). As portas atormentam e nos fazem ir adiante; elas estimulam a aspiração – querer ir de um lugar ao próximo, e assim por diante.

Também vimos que o eixo de uma porta ou as sequências de portas alinhadas podem ser excessivamente fortes, obrigando sua contraposição por meio de bloqueios, negações ou desvios.

Na Seção Um, vimos a geometria existencial do círculo de lugar, do centro e do eixo. Na próxima seção, experimentaremos as várias geometrias da arquitetura e os conflitos e harmonias que podem surgir entre elas.

Seção Dois
GEOMETRIA

Seção Dois
GEOMETRIA

Este segundo grupo de exercícios foca as diferentes geometrias que afetam a arquitetura. Cada um dos ingredientes da arquitetura tem sua própria geometria. O mundo em que os produtos de arquitetura são construídos tem, em sua interpretação mais comum, uma geometria de seis direções. Estas, no hemisfério sul, são: leste (onde o sol nasce), norte (onde, ao meio-dia, o sol está em seu ponto mais alto), oeste (onde o sol se põe) e sul (onde o sol nunca incide) – para o hemisfério norte, inverta as descrições de norte e sul. Além disso, existem as direções verticais para baixo (a direção pra a qual a gravidade exerce sua força) e para cima (a direção do céu).

Podemos interpretar que a pessoa que vive na superfície da Terra também pode ter seis direções: frente (ou para frente), costas (ou para trás), esquerda (para o lado), direita (para o lado), para baixo e para cima. A pessoa projeta o eixo – a partir de seus olhos – da linha de visão e, se for capaz de se mover, o da linha de passagem. Embora as pessoas tenham diferentes formatos e tamanhos, a maioria está em uma faixa bastante limitada. O alcance do movimento de uma pessoa – passo, subida ou descida de degrau, alcance, envergadura, palmo... – também apresenta uma faixa de variação bastante limitada. Tudo isso constitui a geometria da pessoa.

Quando as pessoas se reúnem em grupos, elas formam padrões. Isso é geometria social. Ao estabelecer as estruturas para as atividades humanas, a arquitetura pode responder a essa geometria social com formas físicas e espaciais ou defini-la.

A forma construída por meio da qual a arquitetura é materializada, e que (geralmente) é a interface entre a pessoa e o mundo, também tem suas geometrias. Estas serão exploradas nos exercícios a seguir, mas incluem principalmente a geometria da construção (as maneiras como as formas, propriedades e características dos materiais de construção podem influenciar as formas construídas com eles) e a geometria do planejamento relacionada.

A aspiração à geometria ideal – a imposição de figuras perfeitamente geométricas (quadrado, círculo, cubo, esfera, etc.) em formas de arquitetura – será o tema dos exercícios posteriores nesta seção.

Algumas das geometrias reais já foram mencionadas nestes exercícios: o círculo e seu centro, as quatro direções horizontais associadas ao eixo (a linha de visão), a geometria da pessoa. Uma discussão mais aprofundada sobre as várias geometrias que afetam a arquitetura pode ser encontrada no livro A Análise da Arquitetura ("Geometrias Reais").

Às vezes, essas geometrias da arquitetura estão em harmonia; em outras, entram em conflito. Em uma obra de arquitetura, é raro atingir uma harmonia entre todos os diferentes tipos de geometria. No momento apropriado, discutiremos alguns exemplos onde isso de fato ocorre.

EXERCÍCIO 4: Alinhamento

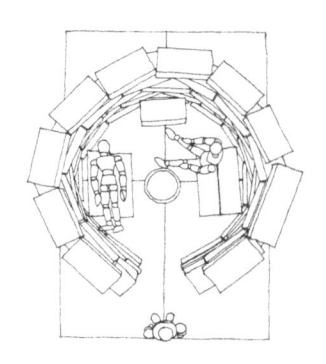

Neste exercício, utilizando a prancheta, os blocos e o(s) boneco(s) articulado(s), você irá modelar as geometrias do mundo e da pessoa. Também irá sentir algumas das restrições ou dos condicionantes que a geometria da construção impõe (isto é, transformar as obras de arquitetura em formas físicas – materiais e espaciais – reais). Seus simples blocos de construção não são materiais de construção de verdade, mas compartilham algumas características com os materiais patenteados disponíveis para a construção de edificações reais que devem se manter em pé sob a força da gravidade. A característica principal desses blocos é relativa a sua geometria: sua forma retangular (bem definida), suas dimensões padronizadas e suas proporções simples de 1:1, 1:2, 1:3...

Podemos utilizar a casa circular construída no Exercício 2 para explorar os diferentes tipos de geometria que disputam a atenção e dominância na arquitetura.

EXERCÍCIO 4a. As geometrias do mundo e da pessoa.

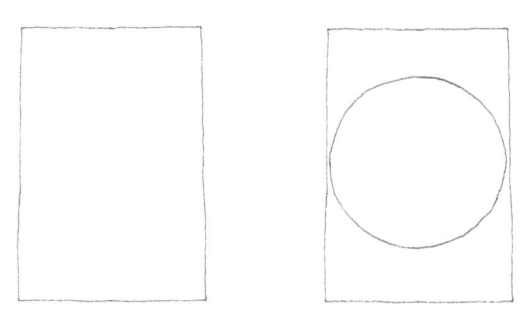

Sem a casa, sua prancheta tem sua própria geometria. Tem quatro lados, é retangular, seus lados opostos são paralelos, suas quinas formam ângulos retos, é plana e horizontal.

Sua prancheta também tem um centro, em volta do qual um círculo de lugar pode ser desenhado.

Com os dois eixos indicando os quatro pontos cardeais, sua prancheta pode ser vista como um diagrama simples do mundo.

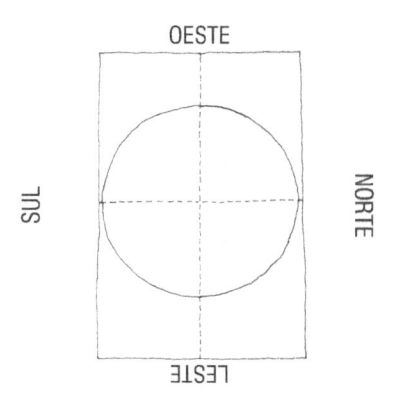

Seu boneco articulado, que representa a pessoa, também tem sua geometria.

A pessoa tem quatro vistas: frontal (ou anterior), traseira (ou posterior) e lateral (esquerda e direita), que projetam eixos em cada uma das quatro direções. Ela também tem uma "direção para cima", para o céu, e uma para baixo, contra o solo – a direção da força da gravidade.

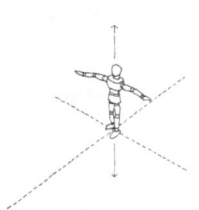

A pessoa tem seu próprio centro móvel, em torno do qual seu círculo de lugar deve ser desenhado.

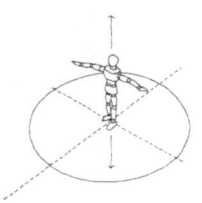

EXERCÍCIO 4b. Geometrias alinhadas.

Posicione a pessoa (seu boneco articulado) no centro da prancheta, alinhando sua geometria à da prancheta.

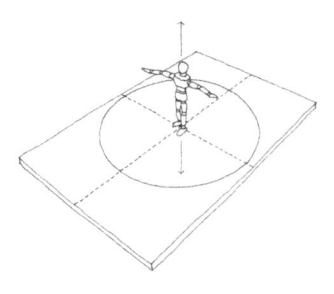

Esse alinhamento entre a pessoa e a prancheta pode ser obtido com a pessoa em pé ou deitada.

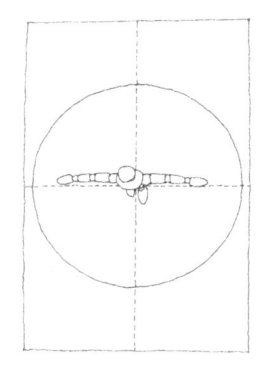

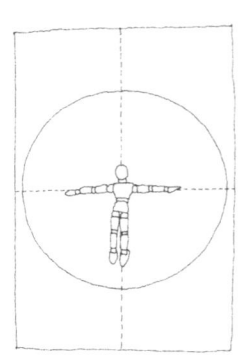

Os centros, eixos e círculos de lugar da pessoa e da prancheta coincidem.

Assim, uma vez que a prancheta é uma representação simples do mundo, podemos perceber que há situações nas quais a geometria

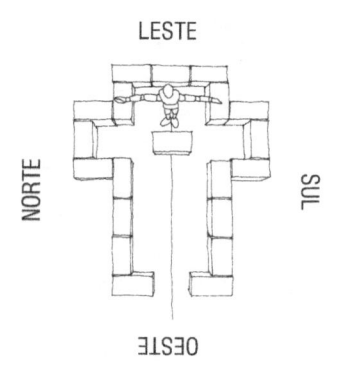

Uma igreja cristã é um alinhamento da geometria do crucifixo – que representa a geometria da pessoa –, a geometria do altar, a da edificação e, como a edificação à esquerda tem seu eixo principal com orientação leste-oeste, a geometria do mundo.

da pessoa pode ser alinhada com a do mundo (poderíamos dizer que interpretamos o mundo à nossa volta em termos de nossa própria geometria).

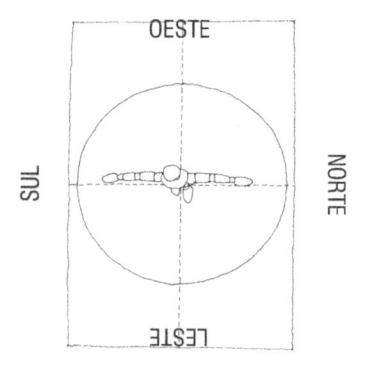

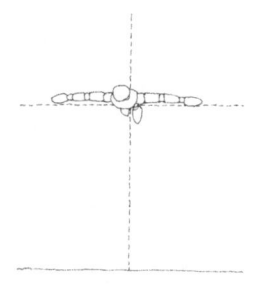

EXERCÍCIO 4c. A arquitetura como um instrumento de alinhamento.

Você pode perceber, então, que quando reconstrói sua parede em volta do círculo de lugar e deixa uma porta de acesso, está criando um instrumento que registra fisicamente e reforça o alinhamento entre a geometria horizontal de quatro direções da pessoa e a geometria horizontal de quatro direções que conferimos ao mundo.

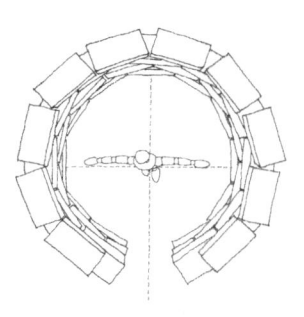

Esse alinhamento de geometrias pode acontecer entre a pessoa e os pontos cardeais – norte, sul, leste, oeste –, mas também pode ocorrer em relação a outras referências: o mar e seu horizonte distante, um muro (o Muro das Lamentações em Jerusalém, por exemplo), um foco remoto (o Ka'ba, em Meca, por exemplo) ou simplesmente a rua de sua casa.

Porém, enquanto a pessoa irá se mover ali dentro ou sair, a geometria da edificação permanece como um registro e uma lembrança daquele alinhamento.

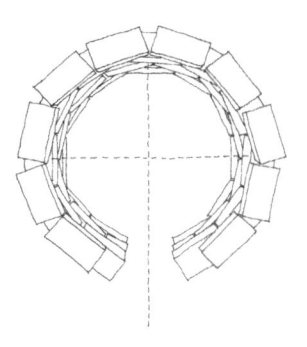

EM SEU CADERNO DE CROQUIS...

Em seu caderno de croquis... colete exemplos nos quais a arquitetura atua como um instrumento de alinhamento. Você deve desenhar seus exemplos em plantas baixas – simplificadas, se preferir. Seus exemplos devem incluir situações nas quais a arquitetura alinha a pessoa com o mundo, e outras nas quais a arquitetura alinha a pessoa com outro elemento. Você pode encontrar alguns exemplos em livros sobre a história da arquitetura, mas também deve encontrar alguns mais recentes, como em revistas atuais de arquitetura, e exemplos de seu próprio cotidiano.

Você provavelmente já foi afetado pelo poder de alinhamento da arquitetura em seu dia a dia com mais frequência do que percebe de maneira consciente. Sua casa, por exemplo, pode estar alinhada, por meio da orientação de sua porta principal e das janelas, com o sol ao norte (sul, no hemisfério norte), uma vista do mar e seu horizonte distante, a via pública lá fora... Você também é afetado pelo poder de alinhamento da arquitetura sempre que senta em uma sala de aula, um auditório, um teatro, um cinema ou até uma sala de jantar.

A criação de lugares e o alinhamento (orientação) são dois poderes fundamentais da arquitetura. Não é à toa que você também os encontra em obras monumentais da arquitetura pública. Esses poderes pertencem a igrejas, mesquitas e templos de todas as religiões e credos. Também se encontram em palácios, parlamentos, fábricas e outros locais de trabalho.

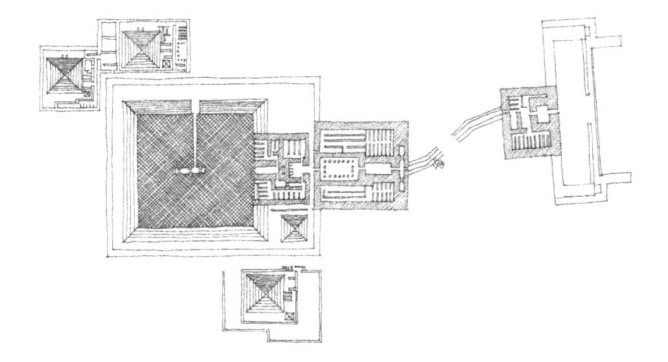

Desde a Antiguidade, as edificações consideradas sagradas têm sido projetadas como instrumentos de alinhamento. Os lados quadrados das pirâmides antigas eram alinhados, como bússolas, para norte-leste-sul-oeste. O leste é a direção da vida – o sol nascente e o rio Nilo –; o sul é a direção do sol em seu zênite; o oeste é a direção do sol poente e da grande expansão do deserto sem vida; e o norte é a direção onde não há sol.

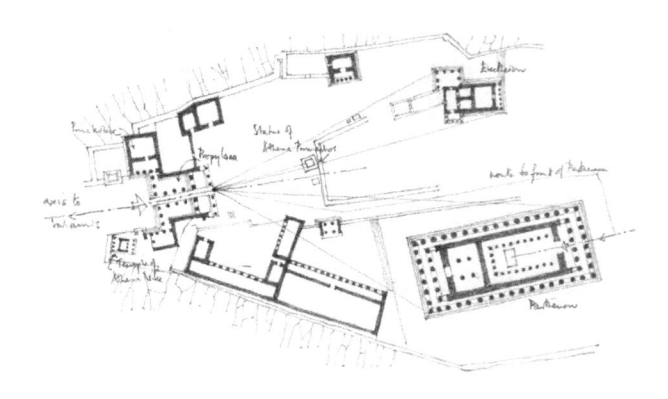

As principais edificações da Acrópole de Atenas são instrumentos de alinhamento. O Partenon – o templo principal de Atena, deusa padroeira da cidade – está alinhado com o sol nascente ao leste. O Propileu – a entrada do santuário – está alinhado com o local de nascimento de Atena, na distante ilha de Salamina.

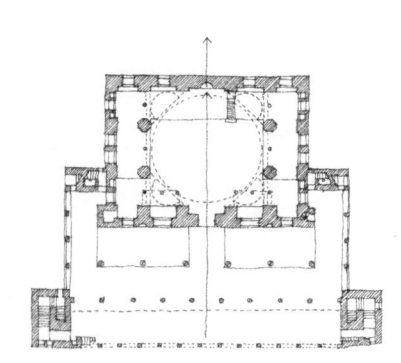

SEÇÃO DOIS – GEOMETRIA 55

Um mosteiro alinha os fiéis com Meca.

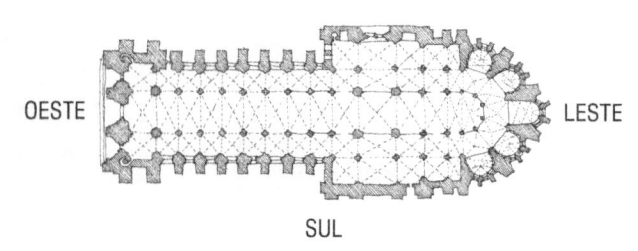

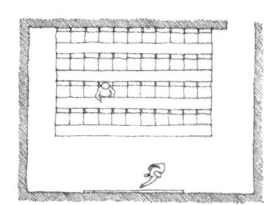

Um auditório (ou teatro, cinema...) é um instrumento de alinhamento, pois alinha o público para sentar de frente para um palestrante (ou peça, filme...).

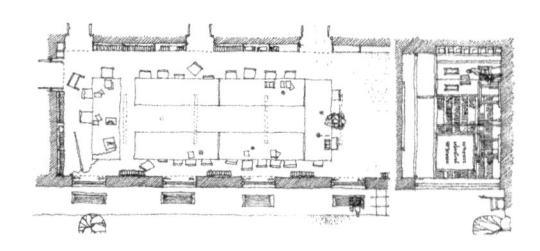

Uma igreja alinha a congregação com o altar e os pontos cardeais do mundo.

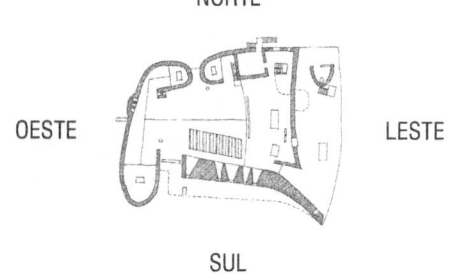

Uma mesa para reuniões é um instrumento de alinhamento, assim como o cômodo onde ela se encontra. Este é um desenho da sala onde estive durante uma longa reunião. A parte à direita é um corte da sala deitado. As mesas e cadeiras estruturam a área na qual a reunião aconteceu. O presidente da reunião está à esquerda do desenho, alinhado com o eixo das mesas, que é paralelo à sala, mas não perfeitamente alinhado com ela – para permitir que as pessoas circulem em um lado da mesa. Repare que até os bancos do lado de fora estão alinhados com a geometria do cômodo e suas janelas. Este é um tipo de organização formal.

Até mesmo a capela de Le Corbusier, em Rochamp, é um instrumento de alinhamento, ainda que sua geometria não seja retangular.

EXERCÍCIO 5: Antropometria

A arquitetura acomoda diferentes tipos de coisas – animais, obras de arte, móveis e até mesmo atmosferas, "espíritos", etc. –, mas seu conteúdo principal e mais desafiador são as pessoas. Os seres humanos podem ver (em linha reta) e têm reações emocionais a diferentes situações. Também temos forma física. Embora as pessoas tenham todo o tipo de formatos e tamanhos, essas variações estão em uma faixa bastante limitada. Os seres humanos raramente ultrapassam determinada altura e em geral se movem e movimentam suas articulações da mesma maneira. O corpo – seu tamanho, alcance e mobilidade – representa outro tipo de geometria – a antropometria – que pode ser diferenciado da geometria com quatro direções que conferimos ao mundo e à geometria de quatro vistas da pessoa no espaço (ambas foram o tema do Exercício 4). A antropometria (as medidas da pessoa) é um terceiro fator geométrico a ser levado em conta quando damos forma ao espaço por meio da arquitetura.

EXERCÍCIO 5a. Uma cama de tamanho suficiente.

Você deve ter notado, na casa que desenhei no Exercício 2 (e em minha maquete grosseira da Capela do Bosque, de Asplund, na página 35), que as camas (e o catafalco) não seriam confortáveis para as pessoas (ou o cadáver): suas cabeças e pés (ou o caixão) não ficariam apoiados.

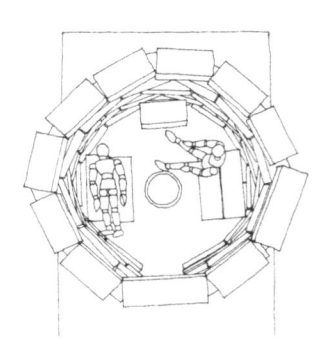

O comprimento das camas não é suficiente; se fosse, elas ocupariam uma parte muito grande do espaço disponível dentro do círculo de paredes. Embora não seja uma edificação real, esse é um exemplo de um conflito de geometrias. Nesse caso, o conflito foi causado por vários fatores: os tamanhos padronizados dos blocos de construção disponíveis, o tamanho dos bonecos articulados utilizados por artistas que utilizei para representar "a pessoa" e o tamanho do círculo que pude desenhar na prancheta.

Eu poderia ter feito três camas longas o suficiente para os bonecos, mas então elas ocupariam uma parte muito grande do espaço interior limitado. Esse tipo de situação não poderia ser aceito em uma edificação real. Como atenuar esse problema?

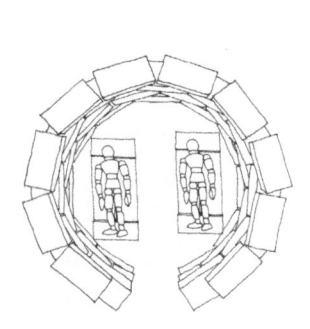

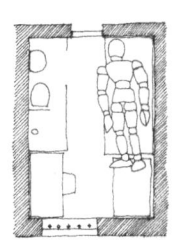

A variação de tamanhos previstos para os elementos das edificações nem sempre é suficientemente generosa. Em uma prisão, por exemplo, os espaços costumam ser mínimos. Em janeiro de 2011, a mídia divulgou que um prisioneiro holandês estava processando o Estado porque sua cela era muito pequena para ele. Ela tinha 770 mm de largura e 1960 mm de comprimento, o que seria suficiente para a maioria dos humanos. Porém, esse prisioneiro, descrito como "gigante" por seu advogado, tinha 1000 mm de largura e 2070 mm de altura. Ele reclamava que não conseguia utilizar adequadamente o lavatório nem o chuveiro.

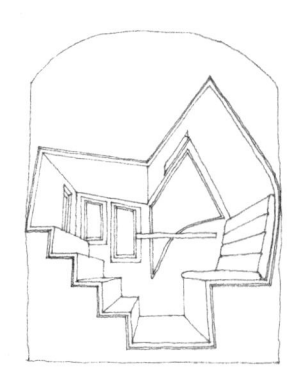

Uma vez que não passa de uma maquete indicativa, o conflito foi "irreal" e "resolvi" o problema utilizando uma cama menor. Contudo, tais conflitos também afetam os produtos reais da arquitetura: as edificações que precisam acomodar o tamanho verdadeiro dos seres humanos.

Os escritórios dos membros do Parlamento Escocês (projetados por Enric Miralles e inaugurados em 2004) têm assentos junto às janelas adaptados ao tamanho de uma pessoa. O assento e os degraus auxiliam o parlamentar a assumir diferentes posições, tanto sentado quanto reclinado com os pés para cima. Os assentos junto às janelas foram feitos para que os membros sentassem para pensar.

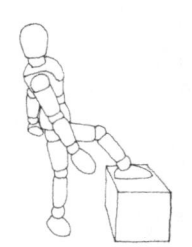

EXERCÍCIO 5b. Alguns pontos-chave das medidas.

A cama onde nos deitamos para dormir é uma das típicas situações na qual medimos nossos corpos em relação à arquitetura que nos acomoda. Porém, há várias outras.

Utilize seus blocos de construção para explorar a relação entre o tamanho do corpo e dos vários componentes dos espaços que ocupamos. Dentro dos limites dos blocos e do tamanho dos bonecos articulados que você está utilizando para representar você e outros seres humanos, tente encontrar relações harmoniosas entre a pessoa e os seguintes elementos: um degrau ou uma escada, um assento, uma mesa de trabalho ou de jantar, um balcão para vender ou preparar comida, uma porta...

Você pode tentar encontrar alturas muito baixas, muito altas ou adequadas. No caso da porta, você pode decidir tanto a largura quanto altura apropriada. Não é mero acaso que a altura e a largura de uma porta padrão sejam semelhantes ao comprimento e a largura de uma cama; ambas acomodam a forma humana com certa folga tanto na dimensão longitudinal quanto transversal.

Você também pode refletir sobre em quais casos seria adequado exagerar na altura de um degrau ou de uma porta, talvez para aumentar o *status* da pessoa (ou deus) que irá usá-los (ou imagina-se que os use – veja as páginas 138–139 de *A Análise da Arquitetura*, 3ª edição).

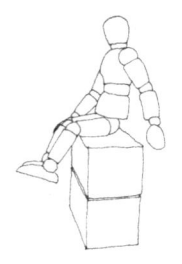

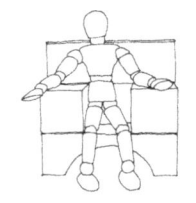

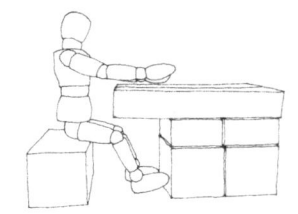

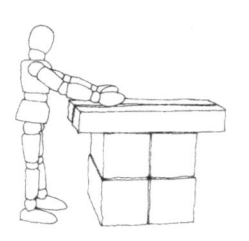

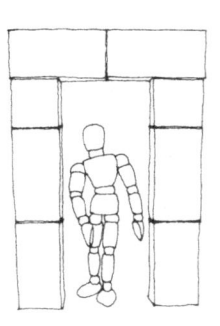

EM SEU CADERNO DE CROQUIS...

Em seu caderno de croquis... meça e desenhe elementos de edificações que se relacionam com os tamanhos das pessoas. Muitos desses elementos são feitos em dimensões padronizadas; outros tendem a apresentar uma pequena variação. Por exemplo, as portas pré-fabricadas tem uma variação de larguras e alturas padronizadas; as cadeiras de uma mesa de jantar tendem a ter alturas semelhantes – assim como as mesas e escrivaninhas ou as bancadas de cozinhas. Os degraus em edificações públicas geralmente são mais baixos do que nas residências particulares.

Fazendo pesquisas e consultando catálogos de fabricantes, descubra as variações de tamanho desses elementos que se relacionam com os tamanhos das pessoas. Faça uma estimativa de suas tolerâncias. Experimente e desenvolva uma percepção consciente de suas dimensões. Como arquiteto, essas dimensões são parte da linguagem com que você trabalha. Elas devem estar imediatamente disponíveis em sua memória.

Esse aspecto da arquitetura pode parecer prosaico, mas as dimensões dos elementos que se relacionam com os tamanhos das pessoas constituem uma importante maneira como a forma dada ao espaço se relaciona com as pessoas que o ocupam. Entre a geometria da pessoa e a geometria dos elementos construídos, pode haver uma boa concordância ou um conflito desagradável. A poesia e a harmonia podem ser incluídas na manipulação sutil da escala.

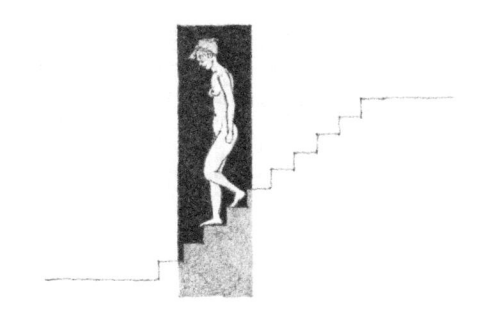

A maneira como as pessoas se movem está relacionada com o espaço que elas ocupam. Os tamanhos de elementos básicos, como os degraus e as escadas, condizem com as dimensões inatas do corpo humano e sua capacidade de movimento.

EXERCÍCIO 6: A geometria social

A arquitetura acomoda não só um indivíduo, mas também pessoas reunidas. Quando se reúnem, as pessoas se organizam em geometrias particulares. A arquitetura – o ato de dar forma ao espaço – estabelece essas geometrias sociais e se relaciona com elas.

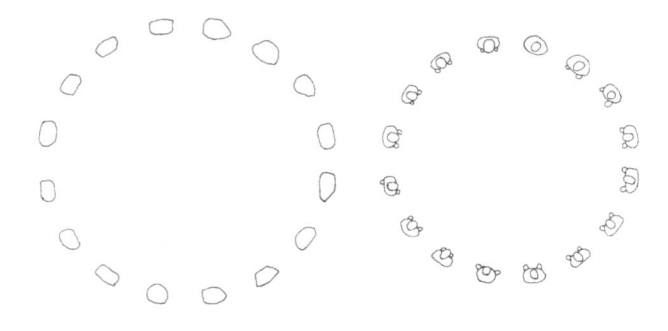

Além de definir um centro, um círculo de lugar e talvez a geometria do mundo, um círculo de pedras eretas também pode ser interpretado como a representação da geometria de um grupo de pessoas juntas em pé, talvez presenciando uma cerimônia.

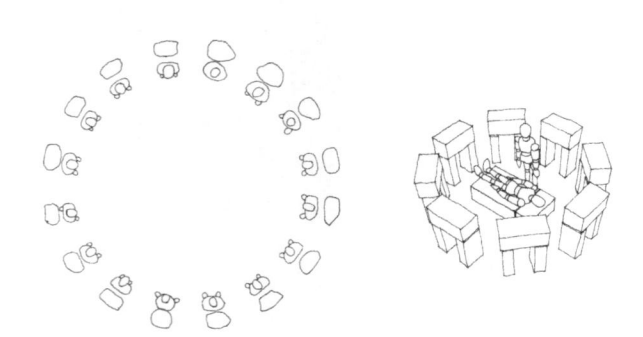

EXERCÍCIO 6a. A geometria social de uma casa circular.

A distribuição espacial de nossa casa circular estabelece uma geometria social entre os dois moradores. Com uma cama de cada lado da lareira, eles podem sentar frente a frente e conversar enquanto aquecem seus pés.

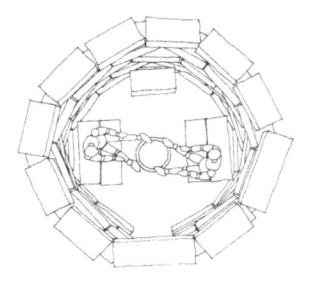

A relação de cada cama com a lareira e a mesa (altar) é a mesma.

Se alguém entrasse no local, haveria uma relação igualitária entre cada um dos moradores sentados em suas camas e o visitante, criando um triângulo social entre as camas e a porta (que se expande em um quadrilátero se o "altar" for incluído).

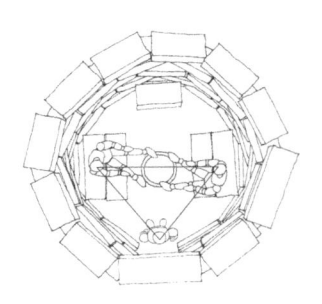

Experimente outros arranjos sociais dentro da casa circular. O círculo, que em outros aspectos pode ser pouco prático, é adequado para vários arranjos de geometria social. Vimos (no Exercício 3) que o eixo da porta cria uma posição importante na parede oposta. Ao sentar lá, você (seu boneco articulado) assume uma posição dominante. Qualquer pessoa que entrar estará em confronto direto com você (*1*). Imagine-se como a pessoa que entra.

Se você ocupar o trono, prefira sentar de um lado do eixo da porta. Nessa posição, um visitante (suplicante) entraria por seu lado e, ao se posicionar em sua frente, ocuparia uma posição de maior igualdade, por estarem ambos igualmente iluminados pela luz que vem da porta (*2*).

O círculo também é adequado para uma reunião de pessoas, que se encontram, por exemplo, para discutir questões de interesse comum. No círculo, todas são de certa forma iguais (*3*).

Uma pessoa que entrasse pela porta nessa reunião seria como um ator que sobe no palco, de frente para o público (*4*). Embora a área do "palco" seja pequena, esse arranjo é muito semelhante a um teatro, onde a porta seria o arco de proscênio. O mesmo ocorre em uma igreja, onde a porta seria o arco do coro lateral, ou em uma mesquita, onde a porta seria o *mihrab*.

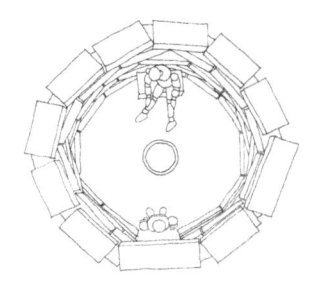

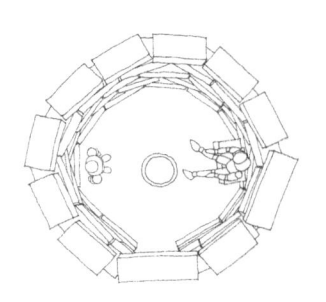

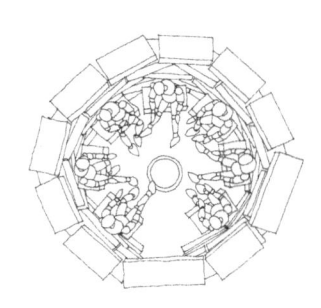

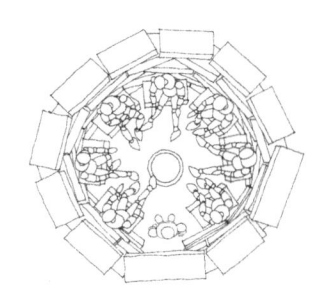

EXERCÍCIO 6b. Outras situações em que a arquitetura define a geometria social.

Reflita sobre como os arranjos de pessoas podem ter impactos emocionais sobre os envolvidos, afetando como percebem sua situação e sua relação com os outros.

Como já vimos em "O Artista está Presente", de Marina Abramovic (página 27), e no Exercício no Caderno sobre "geometrias alinhadas" (página 54), uma mesa pode ser um instrumento para estabelecer uma geometria social. Em "O Artista está Presente", a mesa interfere no confronto entre Abramovic e seu visitante. Uma mesa de jantar longitudinal estabelece relações entre as posições dominantes em cada cabeceira e as que se encontram no meio (*1*). Na Roma Antiga, a geometria social de um jantar era bastante diferente: os convidados se reclinavam em sofás em um *triclinium* (*2*), pegando os alimentos de uma mesa central.

Em seus consultórios, os médicos muitas vezes evitam o confronto provocado por estarem sentados atrás de uma mesa, organizando seus móveis de maneira que os pacientes sentem a seu lado (*3*).

Uma porta (*4*) emoldura o ponto onde as pessoas se encontram. Ela atua como um fulcro entre os dois mundos que essas pessoas ocupam e direciona a linha de contato visual.

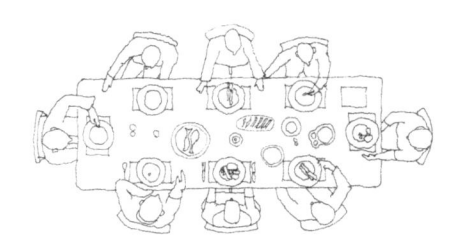

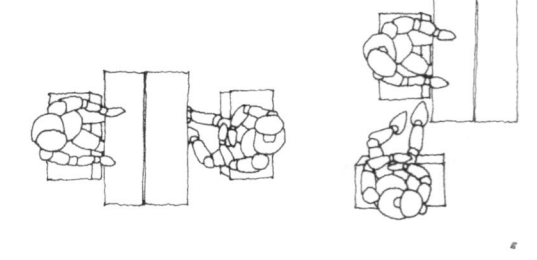

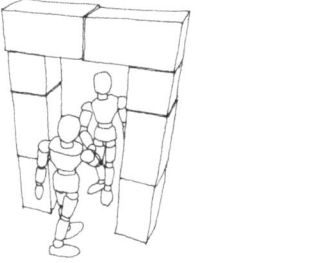

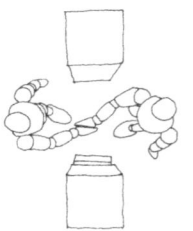

SEÇÃO DOIS – GEOMETRIA

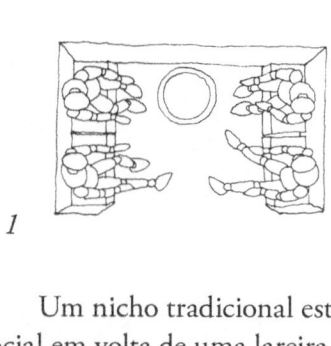

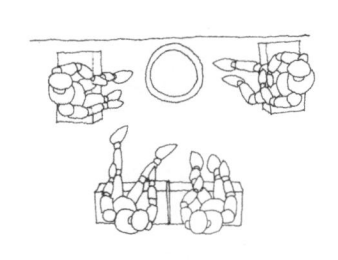

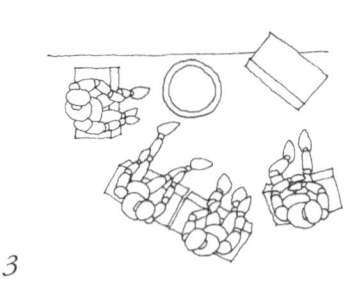

1   *2*   *3*

Um nicho tradicional estabelece a geometria social em volta de uma lareira (*1*). Se colocarmos uma televisão no cômodo, a geometria social dos móveis distribuídos em volta da lareira será distorcida (*2, 3*).

A arquitetura estabelece a estrutura – talvez uma matriz – das posições e relações das pessoas em grupos de muitas maneiras. O leiaute de um auditório (página 55) é um exemplo; outro é o leiaute das camas na ala de um hospital (*4*), voltadas para um corredor central; ou o leiaute dos túmulos em um cemitério (*5*), voltados para o sol poente, Meca ou o mar.

Muitos elementos da arquitetura podem ser utilizados como instrumentos para estabelecer, definir e acomodar geometrias sociais. Podem ser camas, cadeiras, mesas, escrivaninhas, lareiras, televisões, etc.; e as portas, paredes, coberturas, janelas e caminhos (naves laterais, corredores, ruas, etc.) também desempenham um papel.

4

5

Na praia, uma esteira pode ser um instrumento de geometria social. Porém, se for muito pequena, a geometria que produz pode ser um pouco perversa.

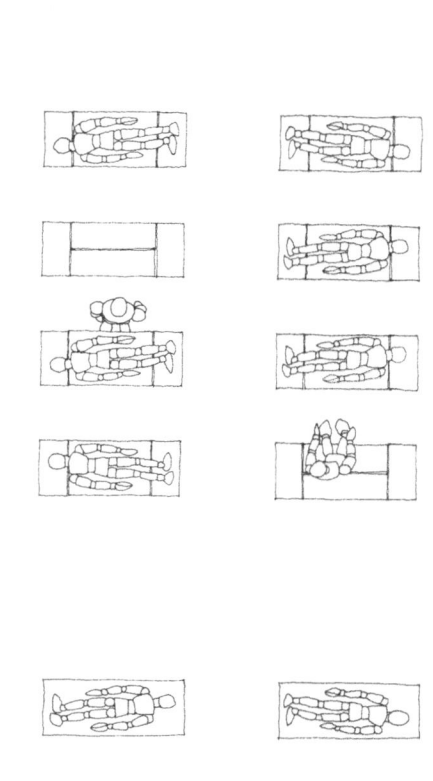

INTERLÚDIO: O púlpito

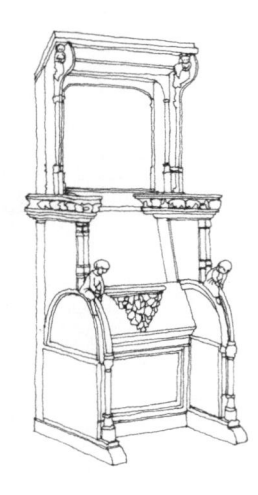

As catedrais têm púlpitos. Em alguns casos, assentos individuais são projetados para acomodar o corpo humano em diversas posições, de acordo com a antropometria de sentar, estar em pé e estar parcialmente sentado, quase de pé. Isso se consegue com um assento que abre e fecha, dotado de um assento menor – um miserere – em seu lado inferior; apoios para as mãos (talvez na forma de querubins), que nos ajudam a levantar; e suportes nos quais podemos nos apoiar quando ficamos em pé. Alguns coristas podem ser mais velhos e ter dificuldade de permanecer em pé, e todos esses elementos poderiam auxiliá-los e deixá-los mais confortáveis ao responder às demandas litúrgicas de uma missa.

Quando o assento está abaixado (1), o púlpito se torna um assento normal. Os apoios para as mãos auxiliam o corista a se levantar (2), e quando ele está em pé, os suportes (3, na altura do cotovelo) fornecem um apoio, tornando mais fácil permanecer nessa posição por muito tempo, ao reduzir o peso sobre os pés. Já o miserere é um apoio discreto para os que precisam, de maneira que pareçam estar em pé quando, na verdade, seu peso está apoiado no assento menor (4).

Um coro também é um exemplo do estabelecimento, pela arquitetura, da estrutura da geometria social (5). Os coristas ficam sentados em um arranjo regular de púlpitos, voltados, em grupo, para o altar (que não aparece no desenho).

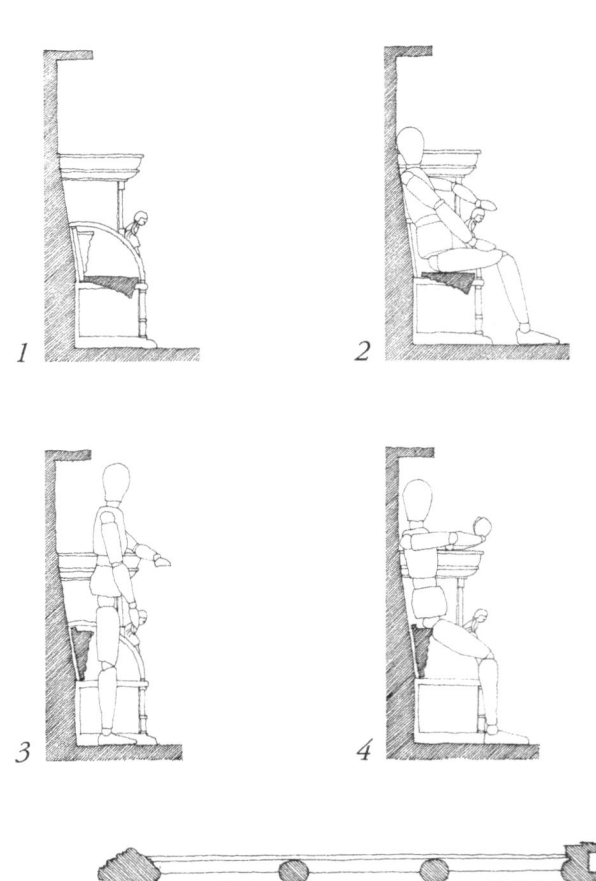

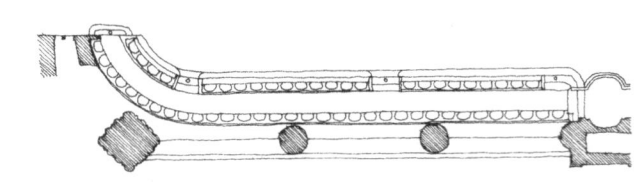

EM SEU CADERNO DE CROQUIS...

Em seu caderno de croquis... imagine e encontre outras situações nas quais a arquitetura estabelece geometrias sociais.
Encontre exemplos que correspondem aos que você testou com suas maquetes de blocos de construção. Não se limite, pense também em outras situações. As geometrias sociais começam com os padrões criados pelas pessoas ao se reunirem para diversas atividades comunitárias. A arquitetura delimita esses padrões, mas também os modifica, arruma e ordena... confere sentido a eles em termos espaciais.

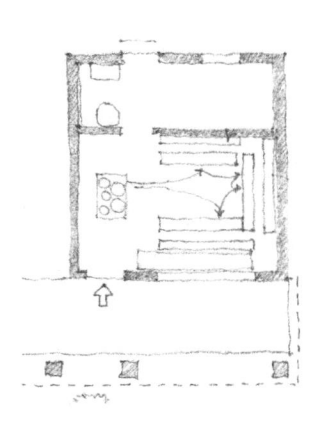

Este minúsculo restaurante em Kerala, no sul da Índia, delimita a geometria social das pessoas que estão comendo e ao mesmo tempo sendo servidas pelo cozinheiro.

corte

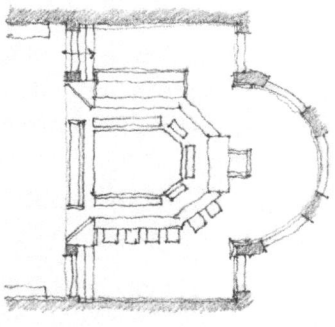

planta baixa

Uma sala de audiências em um foro delimita o processo de audiências e justiça. Cada envolvido – juiz, advogados, acusado, júri, testemunhas... – recebe sua localização própria e exata dentro da matriz espacial estabelecida pela arquitetura.

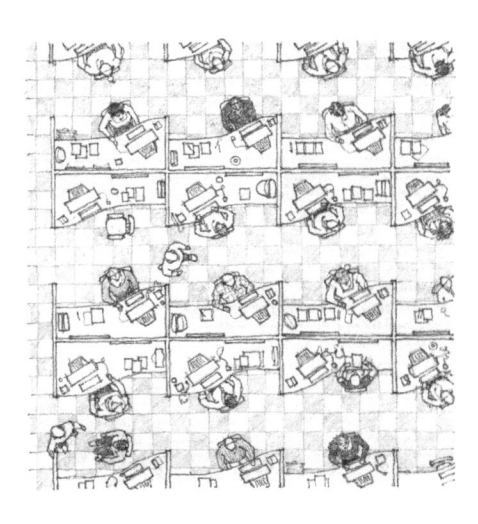

Centrais de atendimento, onde muitas pessoas trabalham respondendo questões pelo telefone, são cuidadosamente organizadas, de modo a otimizar o uso do espaço e o leiaute dos cabos. Um arranjo geométrico é o mais econômico. Os postos de trabalho são projetados para se adequarem à relação entre a pessoa e o computador, com anteparos laterais para reduzir a tentação de conversar com os vizinhos.

EXERCÍCIO 7: A geometria da construção

Todas as maquetes que você fez até agora com seus blocos de construção foram condicionadas por dois fatores: a constante força vertical da gravidade agindo em direção perpendicular à superfície horizontal da prancheta (1); e a geometria retangular e regular dos próprios blocos, provavelmente ordenados de acordo com um módulo comum (2) – isto é, os blocos têm as proporções de 1:1, 0,5:2, 1:2, 0,5:3. A gravidade e a geometria dos componentes da construção constituem as condições básicas da geometria da construção.

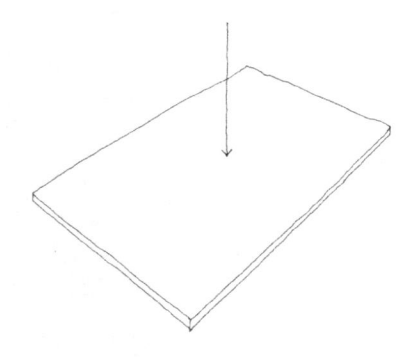

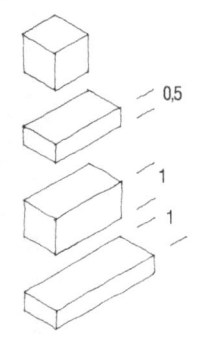

1

2

EXERCÍCIO 7a. A forma e a geometria dos componentes da construção.

No Exercício 2, construímos uma casa circular. Podemos agora analisá-la – ou, pelo menos, examinar sua parede externa – em termos da geometria da construção.

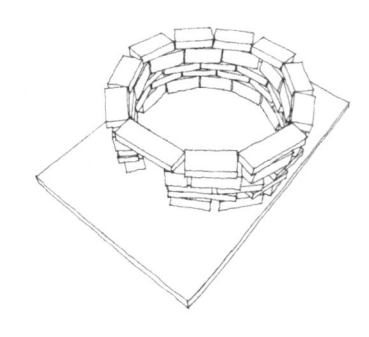

A prancheta criava uma superfície plana e horizontal para a construção. As superfícies opostas, planas e paralelas, dos blocos retangulares permitiram que eles se mantivessem estáveis sobre a prancheta e que várias fiadas fossem construídas, uma em cima da outra. Você utilizou blocos de diversos comprimentos, de modo que pudesse alterná-los – colocar cada bloco sobre dois, isto é, cobrir uma junta vertical da fiada inferior – para obter maior estabilidade. O comprimento do bloco mais longo (0,5:3) determinou a largura da porta. Todos esses aspectos fazem parte da geometria da construção: a parede vertical corresponde à verticalidade da gravidade, as fiadas regulares dependem das dimensões dos blocos, as fiadas alternadas conferem estabilidade e a largura da porta, que é uma função do comprimento de sua verga. Mas há um aspecto no qual a geometria da construção dessa parede externa circular apresenta uma imperfeição. Se você observar a parede de cima, que quase parece um círculo perfeito, perceberá que o arranjo dos blocos retangulares não é tão perfeito e regular quanto poderia ser. Como as estacas de seção quadrada e furos circulares, há uma falta de harmonia entre os blocos retangulares e as paredes circulares. Do lado de dentro, as juntas são muito estreitas, ao passo que fora elas são excessivamente largas. Os blocos não são maleáveis, não podem ser deformados, então é preciso aceitar essa imperfeição para formar um círculo.

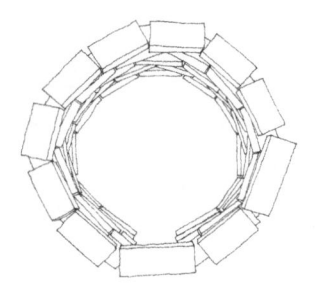

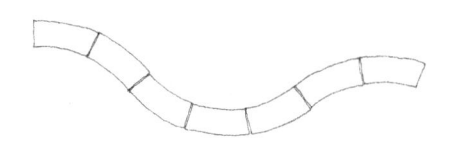

Para construir uma parede circular perfeita, poderíamos moldar cada bloco: superfícies superior e inferior paralelas, mas formando segmentos – com o mesmo raio – em planta. Você pode fazer isso, se tiver tempo para moldar cada bloco.

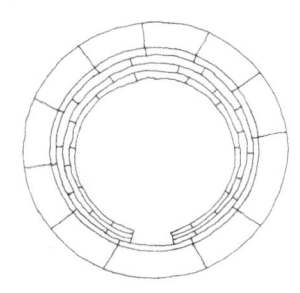

Blocos em segmentos produzem uma parede perfeitamente circular, mas só podem ser utilizados para paredes com esse raio específico. São blocos especiais e não padronizados; só podem ser utilizados em circunstâncias específicas. Poderíamos construir uma parede curva perfeita, ondulada em planta, com os mesmo blocos (acima). No entanto, uma parede reta e plana seria tão problemática quanto a parede circular construída com os blocos retangulares.

Os blocos retangulares regulares podem ser utilizados para construir paredes retas e planas perfeitas, de qualquer comprimento, e para criar recintos de qualquer tamanho.

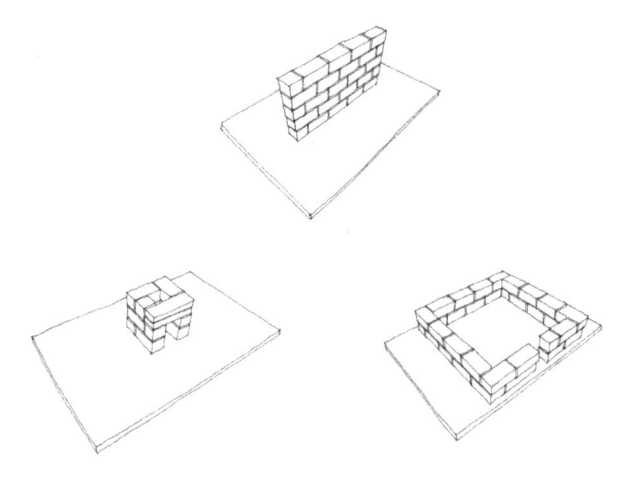

Isso significa que, com um conjunto de blocos retangulares de tamanhos regulares, você pode construir paredes de recintos de praticamente qualquer tamanho. Não precisa de formatos

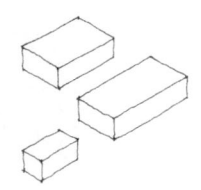

Tijolos de argila ou barro podem ter diferentes dimensões (conforme a cultura), mas seu formato retangular regular e seu tamanho consistente facilitam a construção de paredes e recintos de diversos tamanhos.

moldados especialmente para cada um. Esse é o pensamento que está, há milhares de anos, por trás dos tijolos de argila ou barro básicos, de tamanhos consistentes, e das pedras cortadas em blocos retangulares para a construção de paredes com pedra de cantaria.

Experimente as formas perfeitas que você consegue construir utilizando seus blocos retangulares. Perceba a importância de sua prancheta plana e horizontal como base para a construção. Se ela for irregular, suas paredes já não serão verticais – não estarão alinhadas com a força vertical da gravidade – e se for excessivamente irregular, sua parede não irá se manter. Se sua base fosse cheia de ondulações, você não poderia construir nem as fiadas horizontais, e sua parede ficaria irregular ou mesmo instável.

EXERCÍCIO 7b. Colocando uma cobertura ou um segundo pavimento sobre suas paredes.

Agora tente colocar uma cobertura em sua casa circular. Uma cobertura plana servirá, por enquanto, e você também pode pensar nela como uma laje de piso para o segundo pavimento. A cobertura ou laje precisa ter duas camadas: uma estrutura de vigas e a cobertura ou laje propriamente dita.

Em primeiro lugar, você precisará distribuir as vigas atravessando o círculo. É provável que precise cortar algumas peças de madeira para obter o tamanho certo, ou pode colar alguns dos blocos menores, formando um mais longo.

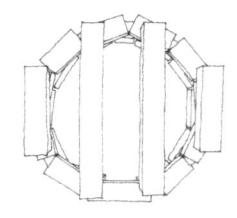

Depois, você pode distribuir alguns dos blocos menores de uma viga a outra, como tábuas de cobertura. Embora não sejam todos iguais, as coberturas e os pavimentos no mundo inteiro são construídos de acordo com essa geometria da construção.

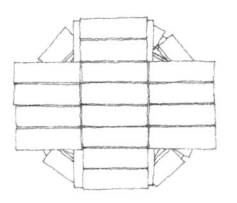

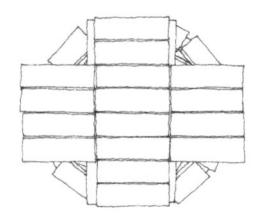

Porém, você verá imediatamente que existem problemas. As vigas precisam ter comprimentos diferentes, e as tábuas (como fica em nosso exemplo simplificado) não cobrem perfeitamente o círculo; há pequenos espaços não cobertos. Os mesmo problemas, ainda que não sejam insolúveis, afetam edificações reais. É complicado cobrir um espaço circular com elementos intrinsecamente retangulares.

No Exercício 2, sugeri que uma casa circular poderia receber uma cobertura cônica, com caimento para o escoamento da chuva.

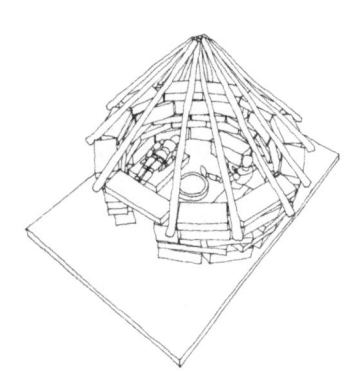

Desde a Antiguidade, as casas circulares têm sido cobertas assim ou de maneiras semelhantes. Isso exige, no entanto, complexidade no desenho e habilidade substancial dos construtores/empreiteiros para que não o façam de maneira rudimentar. Também exigiria muito mais estruturas do que as apresentadas aqui – para unir os caibros (mostrados no desenho), formando uma estrutura conjunta.

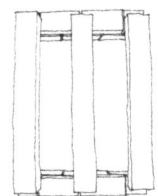

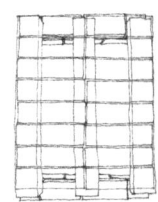

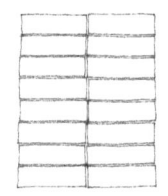

EXERCÍCIO 7c. Paredes paralelas.

Agora, tente colocar o mesmo tipo de cobertura sobre um par de paredes paralelas.

Você pode perceber que o resultado é melhor e mais fácil de ser atingido. Todas as vigas podem ter o mesmo comprimento, e as tábuas podem ser feitas em comprimentos padronizados. Esse princípio da geometria da construção é a razão pela qual a casa onde você mora provavelmente tem (mas não é certo) cômodos retangulares (embora o tamanho das tábuas de piso não vise vencer apenas os vãos entre duas vigas, mas várias). O princípio ilustrado neste exercício se aplica (de maneira geral) tanto a estruturas de concreto e de aço quanto às de madeira.

É claro que as coberturas planas não são impermeáveis à chuva, a menos que sejam cuidadosamente impermeabilizadas. Contudo, o mesmo princípio básico se aplica à distribuição de tesouras ou treliças de cobertura para dar suporte a uma cobertura em vertente (veja o próximo Interlúdio).

INTERLÚDIO: Uma casa galesa

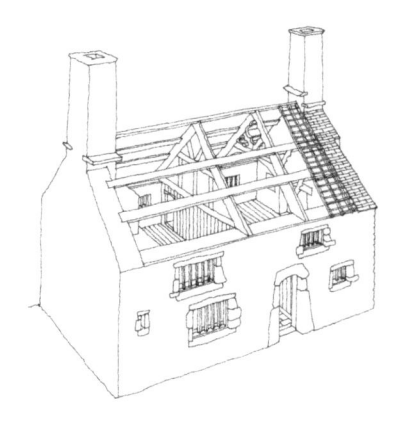

O desenho ao lado mostra uma casa galesa do final do século XVII e início do XVIII. Suas paredes foram construídas com pedras, e os pisos, as estruturas da cobertura, as paredes internas, as portas e as janelas são de madeira. Visto que não se conseguia vidro com facilidade na época da construção da casa, as janelas tinham originalmente barras de segurança e peças verticais de madeira, e podiam ser fechadas por dentro, para proteger de condições climáticas adversas.

Parte da cobertura foi removida no desenho. Você pode ver que, embora a casa delimite um lugar para viver (dividido em vários cômodos, em dois pavimentos), sua forma é totalmente condicionada pela geometria da construção. As paredes são paralelas, permitindo que as tesouras da cobertura se desenvolvam de um lado a outro. A que se encontra mais próxima da parede de empena também determina a posição de uma das paredes internas de madeira do segundo pavimento. As tesouras, juntamente com as paredes de empena, apoiam duas terças de cada lado, que, por sua vez, apoiam os caibros comuns, que estão distribuídos paralelamente ao longo de toda a cobertura. Os caibros apoiam os sarrafos, aos quais estão fixadas as telhas chatas de ardósia.

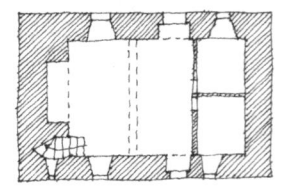

Você pode perceber que as paredes internas, o pavimento superior e as janelas estão todos condicionados, em sua forma, pela geometria da construção. O único lugar onde há (o que alguns chamariam de) geometria "estética" são as pequenas barras de contraventamento diagonais – nem todas aparecem no desenho – nas juntas entre as tesouras e as terças. Estas ajudam a enrijecer a estrutura contra o vento. Elas têm seção variável (foram tiradas partes de seus lados), para decoração. Algumas das madeiras que compõem as tesouras também têm seção variável.

O segundo desenho é uma planta baixa típica desse tipo de casa. As paredes são grossas, em parte para fornecer estabilidade, pois as pedras com as quais foram construídas são irregulares, diferente dos blocos de construção que você tem utilizado. A linha tracejada que cruza o cômodo maior indica a posição da viga principal do pavimento superior. Esta apoia as vigas secundárias nos ângulos retos aos quais as tábuas de piso estão fixadas. A escada está na quina inferior esquerda, ao lado da lareira. As ombreiras (laterais) das janelas são chanfradas para permitir maior iluminação ao mesmo tempo em que mantêm aberturas pequenas.

[Estes desenhos são baseados nas ilustrações de Houses of the Welsh Countryside (1975), de Peter Smith.]

UMA OBSERVAÇÃO: Estudando o círculo

A arquitetura é uma arena na qual diferentes tipos de geometria competem por preferência. Não é um campo de batalha, porque as geometrias não podem lutar. Juntos, porém, esses diferentes tipos de geometria proporcionam escolhas para o arquiteto, opções quanto ao que deve prevalecer em um projeto.

As geometrias que identificamos até agora (ainda não abordamos todas) nestes exercícios incluem:

- o **círculo de lugar** e seu **centro**;
- a **geometria do mundo**, com suas quatro direções horizontais e duas verticais;
- a **geometria da pessoa** (como um todo, com suas quatro direções...);
- o **eixo** gerado por uma **porta**;
- a geometria de **alinhamento**;
- a **antropometria** (geometria das partes e da mobilidade da pessoa);
- a **geometria social** (geometria das pessoas reunidas);
- e a **geometria da construção** (relacionada às dimensões dos componentes da construção e da força consistente da gravidade).

*Há ainda (pelo menos) dois outros tipos de geometria a serem analisados nos próximos exercícios: a geometria **ideal** e a geometria **complexa** – em camadas, transformada, distorcida...*

Ao analisarmos uma obra de arquitetura, percebemos que essas geometrias se sobrepõem e se encontram, e às vezes entram em conflito, outras vezes ressonam ou mesmo parecem pertencer a mundos diferentes. Raramente é possível fazer as diversas geometrias da arquitetura trabalharem juntas de maneira harmoniosa. Assim, uma obra de arquitetura manifesta as preferências e as escolhas feitas pelo arquiteto para priorizar um ou mais desses tipos de geometria.

Tendo isso em mente, podemos agora estudar o círculo como uma forma de planta baixa da arquitetura. Nos últimos exercícios, surgiram alguns problemas. O círculo pode representar perfeitamente o círculo de lugar com seu ponto focal. Pode se relacionar bem com a geometria da pessoa e suas quatro direções verticais e horizontais, e seus olhos em uma cabeça que pode girar para estudar o mundo de maneira panorâmica. Também pode se relacionar bem com a geometria social das pessoas em um grupo. No entanto, vimos agora que o círculo entra em conflito em sua relação tanto com a geometria dos móveis que precisa acomodar quanto com a geometria da construção.

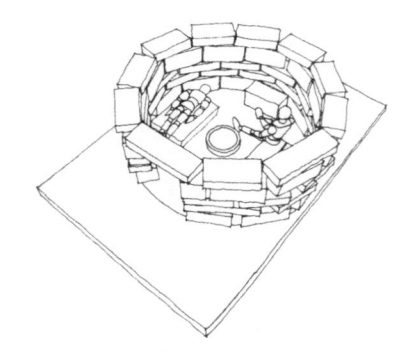

EXERCÍCIO 7d. Agora reprojete a casa circular...

...levando em consideração os vários tipos de geometria, principalmente a da construção.

A casa circular (*1*) foi uma manifestação intuitiva precisa de um círculo de lugar onde morar. Sua lareira centralizada era o centro de uma pequena esfera doméstica isolada por uma parede do mundo a sua volta, com todas as suas adversidades e ameaças. Porém, os móveis não se adequavam e, considerando a geometria da construção, há maneiras mais fáceis e inteligentes de construir e cobrir uma edificação.

Agora reconstrua a casa da maneira como seus tijolos retangulares lhe "pedem" e o faça de modo que seja fácil cobrir (com uma cobertura plana ou em vertente) – isto é, como um retângulo (*2*). Embora haja problemas a serem analisados, como conectar os blocos – de modo que cada um se apoie em dois (sobre uma junta) da fiada abaixo –, o resultado é melhor. Os móveis, de tamanhos adequados para os moradores, também cabem; há harmonia entre a cama e o cômodo retangulares.

A lareira no centro, porém, atrapalha, então a colocaremos em uma extremidade (*3*). Os moradores podem colocar mesas nas quinas próximas aos pés das camas, se desejarem. A porta também está bastante exposta, então acrescentaremos um alpendre protetor, estendendo as paredes laterais paralelas. Esse pode ser um bom lugar para sentar ao sol pela manhã ou para dormir em uma noite quente. A casa ainda é muito

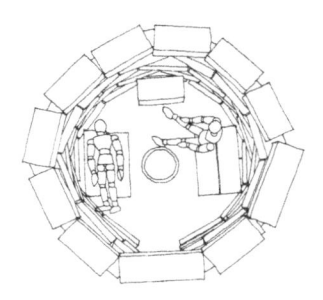

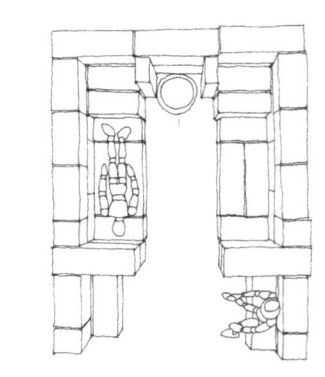

A planta baixa da Capela para a Grande Cruz, de Walter Pichler (à direita, 1978–79), ilustra a relação entre o recinto retangular e as quatro direções. Com seu simbolismo cristão, também apresenta o potencial poético dessa relação.

simples, mas está mais bem organizada como retângulo do que era como círculo.

Nesta casa retangular simples, o eixo da porta é tão poderoso quanto era na casa circular, ou até mais.

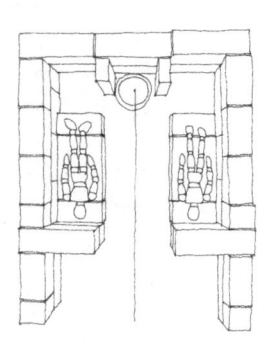

O retângulo também parece corresponder melhor aos quatro aspectos da pessoa e às quatro direções horizontais do mundo. Mesmo que a pessoa se mova, sempre estará em relação com essa referência de quatro direções, conhecida como "quadratura", que é um elemento poderoso na arquitetura de diversas culturas.

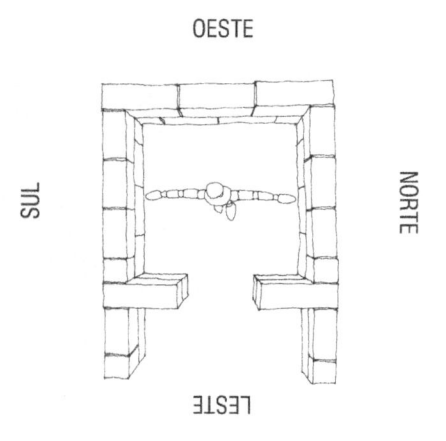

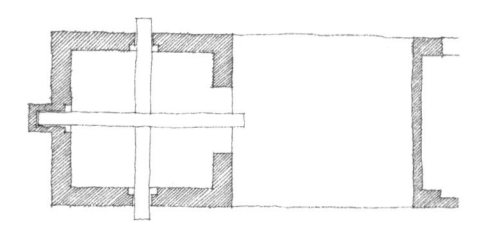

Seria interessante que a orientação da casa voltasse a porta para o sol nascente; dessa forma, pela manhã, a luz aqueceria e acordaria as pessoas. Assim, suas outras paredes estariam voltadas para o norte, o sul e o oeste. Dessa maneira, a casa retangular se torna uma estrutura que serve de mediação entre a pessoa e o mundo, o horizonte e os ritmos do dia e da noite, orientando-a em relação a eles. Deve haver certa atração psicológica na maneira como a arquitetura de uma edificação simples consegue *inserir* a pessoa em relação ao espaço e o tempo.

Aliás, não sei bem por que os moradores da minha casa retangular estão deitados em suas camas com suas cabeças voltadas para a porta. Eles poderiam estar na posição oposta, com as cabeças perto da lareira. Qual posição você preferiria?

Uma casa cuja porta está voltada para o norte causaria uma impressão diferente de uma cuja porta está voltada para o sul. Se a porta está voltada para oeste, a casa estaria voltada para o sol poente em vez do nascente... com possíveis alusões poéticas.

As variações em um elemento fundamental contribuem para a sutileza da arquitetura.

INTERLÚDIO: A casa na árvore da tribo Korowai; a Casa Farnsworth

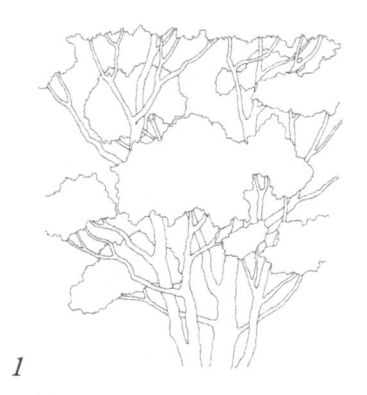

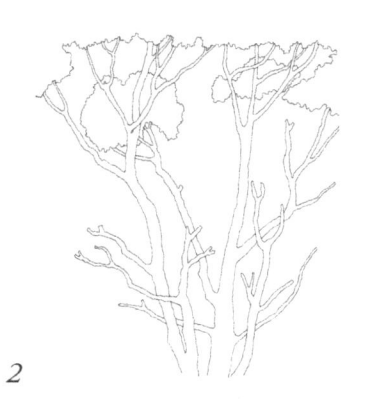

1 *2* *3*

A tribo Korowai, de Papua Ocidental, vive em casas construídas no alto das árvores. Essas casas são exemplos de vários tipos de geometrias da arquitetura, mas principalmente da geometria da construção.

Em primeiro lugar, os arquitetos-construtores escolhem uma árvore (1) e fazem uma clareira à sua volta para que ela tenha espaço e receba luz. Depois, desbastam alguns dos galhos superiores, em parte para reduzir a oscilação da árvore com o vento, mas principalmente para abrir espaço entre eles para a casa (2). Em vez de desenhar um círculo de lugar no solo, os Korowai estabelecem uma esfera de lugar nos galhos da árvore (3).

Alguns galhos são podados para fornecer um apoio específico para a plataforma que constitui o piso da casa (4). Essa plataforma é horizontal e estabelece a área – o palco – sobre a qual ocorrerá a vida na casa. É composta de uma grelha de varas retas de madeira, distribuídas da maneira mais regular possível, uma camada sobre a outra, em ângulo reto. Uma escada, com degraus bem espaçados, conecta a plataforma ao solo.

Uma estrutura de paredes e cobertura, inclinada para escoar a chuva, é construída sobre a plataforma (5). Esses componentes também são feitos de uma grelha de varas retas de madeira. As paredes e a cobertura são revestidas de folhas para que fiquem protegidas da água e do vento (6). O piso é feito de pedaços prensados de casca de árvore mais ou menos retangulares.

Depois que a casa está pronta, a primeira coisa que fazem é uma fogueira (!) no centro do chão, estabelecendo sua ocupação e transformando a casa em um lar. A casa na árvore dos Korowai é uma composição de geometrias que atuam juntas: o círculo (ou esfera) de lugar com a fogueira no centro; a antropometria da escada e das dimensões da casa; e, principalmente, a geometria da construção na estrutura regular das varas retas que contrasta com a irregularidade dos galhos da árvore.

A geometria da construção não condiciona apenas as edificações construídas de maneiras tradicionais com madeira, pedra e tijolos. Ela exerce uma "força de gravidade" igualmente poderosa sobre as edificações

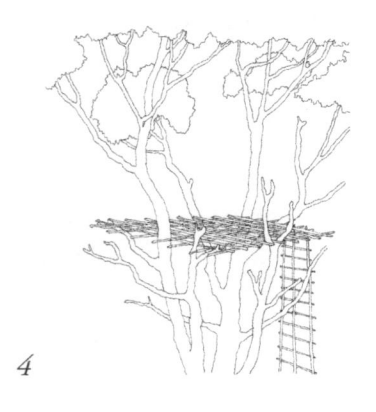

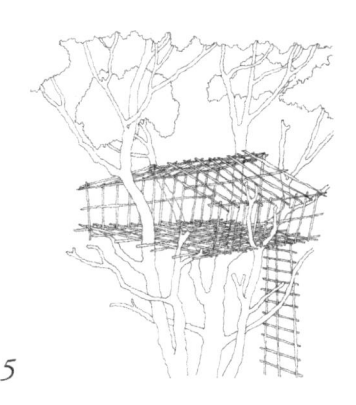

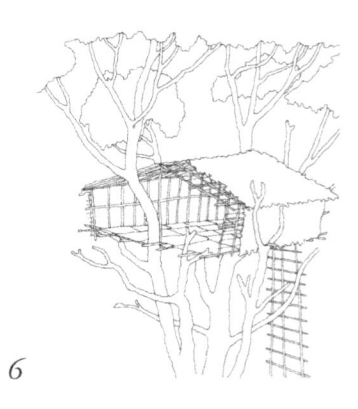

4 *5* *6*

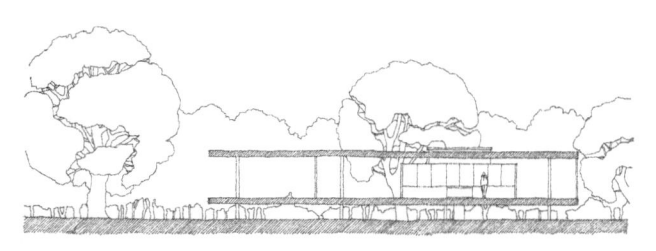

SEÇÃO DOIS – GEOMETRIA 75

corte

construídas com materiais como o aço laminado e o vidro produzido pelo processo de prato. A Casa Farnsworth, de Mie van der Rohe, é um exemplo. A geometria da construção é rigorosamente aplicada em seu projeto. O resultado é uma edificação ortogonal (retangular), cujos cômodos são distribuídos entre dois planos paralelos – o piso e a cobertura. Os pilares que mantêm esses dois planos separados são espaçados de forma homogênea, apoiando longas vigas que vencem os vãos longitudinais da casa. Entre estas, estão distribuídas as vigas do piso e da cobertura, espaçadas de maneira regular para dar suporte à subestrutura (1). As dimensões do piso – e a plataforma externa adjacente – replicam um número exato de placas de piso de pedra (mármore travertino, 2).

(A Casa Farnsworth é uma das edificações analisadas em Twenty Buildings Every Architect Should Understand.)

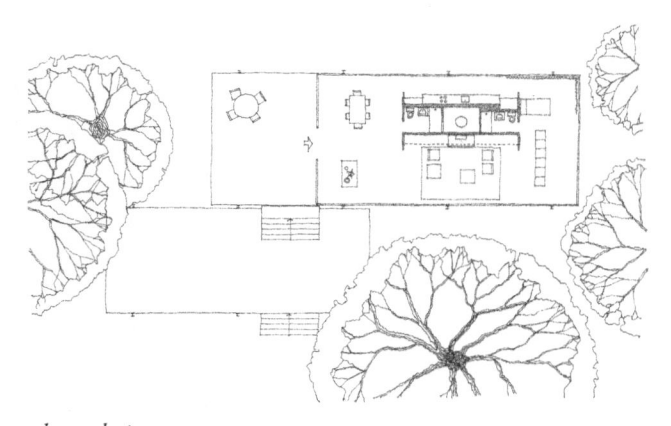

planta baixa

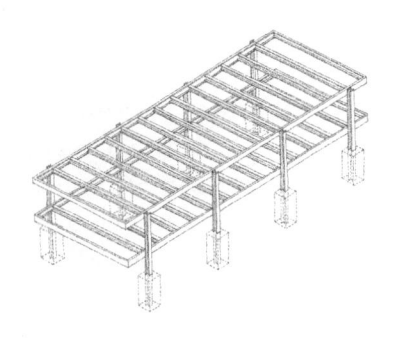

1

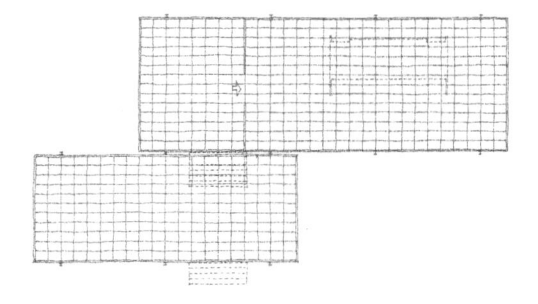

2

EM SEU CADERNO DE CROQUIS...

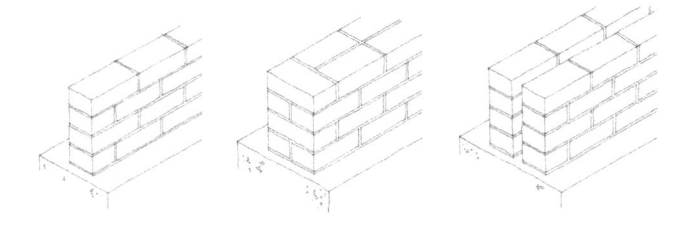

Nossa casa tem paredes de espessuras diferentes, todas construídas com o mesmo tijolo. As paredes internas têm espessura de um tijolo. Algumas das paredes externas têm espessura de dois tijolos. Outras, expostas a condições climáticas piores, têm duas camadas de tijolo com uma cavidade (de 51 mm) entre elas.

Em seu caderno de croquis... descubra como a geometria da construção influenciou/condicionou a maneira como sua casa foi construída.

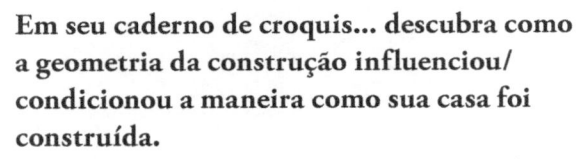

O desenho acima é minha casa, que foi construída há cerca de 100 anos. Os desenhos *4* e *2*, na próxima página, representam o pavimento térreo e o superior. À casa original acrescentamos a edícula de um pavimento (simplificada na planta baixa do pavimento superior, *2*).

Embora as paredes hoje estejam cobertas externamente com uma camada de reboco de argamassa de cimento e internamente com argamassa de gesso, sei que foram construídas com tijolos de argila cozidos, um pouco maiores que os utilizados atualmente no Reino Unido, com dimensões nominais de 76 mm × 114 mm × 229 mm. A geometria do tijolo condiciona a geometria das paredes. O princípio básico é que esses tijolos de tamanhos padronizados são distribuídos em fiadas homogêneas, e começam em uma fundação nivelada de concreto lançado em uma vala no solo e deixado para curar. As juntas de argamassa, tanto as horizontais quanto as verticais, têm espessura homogênea de cerca de 1 cm.

Livros inteiros já foram escritos sobre as sutilezas da construção de paredes de tijolo – não há espaço para repeti-las aqui –, mas esse princípio básico sugere que é aconselhável (embora não obrigatório): construir paredes de tijolo verticais, perpendiculares à força da gravidade e às fundações horizontais; fazer aberturas retangulares e horizontais/verticais; fazer os panos das paredes com um número inteiro de meios tijolos (nem sempre é possível); e fazer as alturas das paredes, dos peitoris e das vergas das janelas com um número inteiro de fiadas acima da base (nem sempre é possível também).

Aqui, para ilustrar, está uma parte da parede da minha casa, com sua argamassa de cimento removida. Há seis tijolos inteiros da quina da parede até a janela, que tem cinco tijolos inteiros de largura e 21 de altura, e depois há mais seis tijolos inteiros até a outra quina. O peitoril da janela está (no desenho) a 12 tijolos de distância da fundação de concreto (é provável que haja mais, mas não tenho certeza da profundidade da fundação abaixo da superfície do solo). Também há 12 fiadas de tijolo entre a verga da janela do pavimento inferior e o peitoril da janela do superior, embora duas

SEÇÃO DOIS – GEOMETRIA 77

Costuma-se desenhar plantas baixas dos pavimentos superiores logo acima das plantas dos pavimentos inferiores, de modo que sejam entendidas intuitivamente. Nas plantas baixas da minha casa, você pode ver que a do pavimento superior não é exatamente congruente com a do inferior. Em certo ponto (a), uma parede de tijolo no pavimento superior não tem uma parede correspondente no inferior, e precisa do apoio de uma viga de aço (não desenhada). Outra parede do pavimento superior (b) tem apenas o suporte de um piso de madeira, mas é leve, feita de painéis de palha comprimida, não de tijolos. Geralmente, o peso das paredes dos pavimentos superiores deve ser suportado pelo solo, por meio de paredes correspondentes nos pavimentos inferiores.

1

2

delas estejam ocupadas pelo lintel que dá suporte à parede que fica logo acima. O conjunto é um exercício de harmonização do tamanho da parede e suas aberturas com o tamanho do tijolo padrão. Isso faz parte da geometria da construção.

Os pisos e a cobertura da minha casa também foram condicionados pela geometria da construção. Você pode ver nos desenhos que a planta é ortogonal, composta de retângulos, com paredes opostas paralelas. Isso não só está de acordo com a geometria retangular dos tijolos, mas também torna mais fácil construir o piso e a cobertura intermediários. O desenho *3* mostra a direção dos barrotes de piso, distribuídos de forma homogênea sobre o pavimento inferior da casa original, e os caibros na cobertura sobre nossas ampliações (os caibros mais espaçados estão na cobertura de vidro de uma estufa ou jardim de inverno). Como na casa galesa da página 70, as tábuas do piso estão em ângulos retos em relação a esses barrotes, e os painéis do forro estão fixados em suas faces inferiores.

O desenho *1* mostra os caibros e cumeeiras paralelos da cobertura da casa original. Os sarrafos (não desenhados) sobre os quais as telhas de ardósia da cobertura são fixadas estão distribuídos paralelos uns aos outros e em ângulos retos com esses caibros.

As telhas foram instaladas de acordo com sua própria geometria e, como os tijolos, também têm

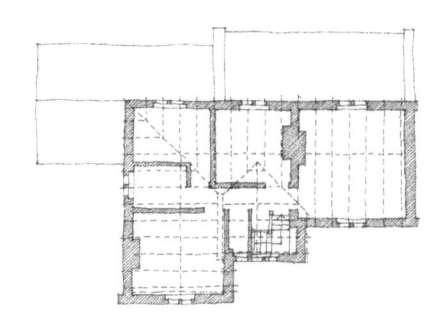

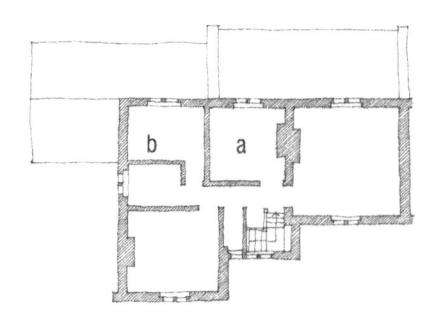

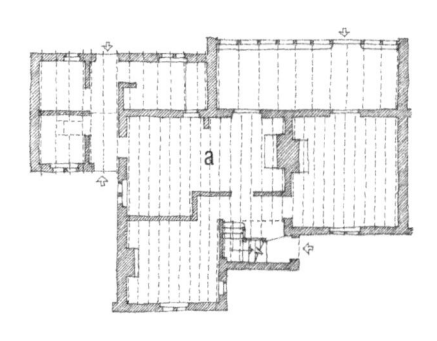

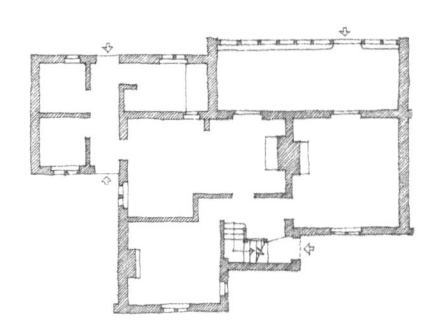

3

4

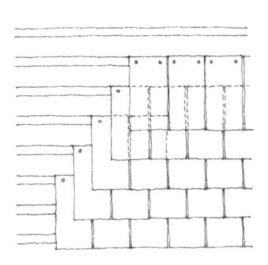

um tamanho padronizado (356 mm × 178 mm). Elas foram instaladas como no desenho ao lado (*1*). Por serem retangulares, encaixam perfeitamente entre si em fileiras (também chamadas de fiadas). A borda inferior de cada telha chata deve se sobrepor a duas fiadas abaixo para que a água não penetre pelas juntas.

As portas e as janelas também são condicionadas pela geometria da construção (*2 – 3*). Elas são adequadas às aberturas retangulares, do tamanho dos tijolos, que se encontram nas paredes. São construídas com pedaços retos de madeira, retangulares em seção (*4*, embora janelas não sejam mais construídas assim atualmente). As vidraças pequenas são todas do mesmo tamanho, para que o vidro possa ser cortado em um tamanho padronizado. As janelas retangulares, como as portas, são mais fáceis de abrir e fechar. As janelas inferiores, no desenho (*3*), têm dobradiças verticais nas laterais; as superiores têm dobradiças no topo. A geometria da construção condiciona as maneiras como os componentes das edificações podem ser removidos ou substituídos e a maneira como são feitos.

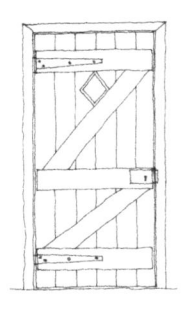

Há outros componentes na casa que "seguem" a geometria da construção. Algumas paredes e pisos são revestidos com cerâmicas e azulejos retangulares. Alguns dos pisos do pavimento inferior têm parquê – blocos de madeira (229 mm × 70 mm) – distribuídos regularmente em espinha de peixe (*5*). Os blocos são cortados onde encontram as paredes.

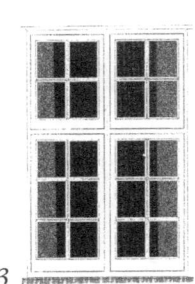

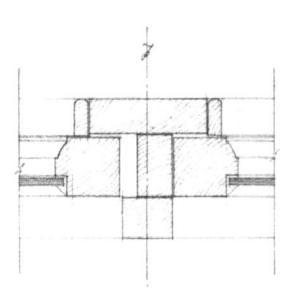

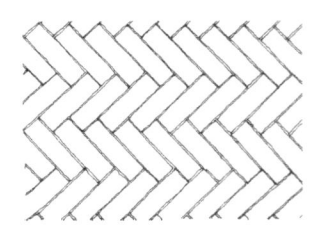

Agora meça o lugar onde mora e desenhe as maneiras como a geometria da construção condicionou sua forma.

INTERLÚDIO: Uma forma clássica, com inúmeras variações e ampliações

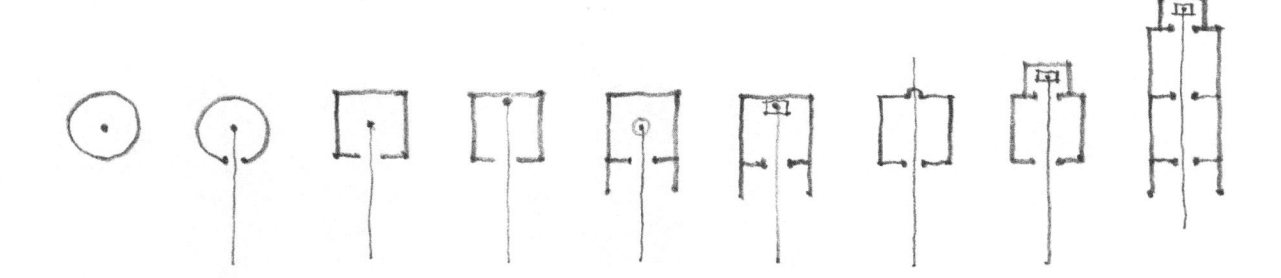

Por meio de um processo exploratório que começou com o círculo de lugar e seu centro (foco) e incluiu o eixo da porta, a geometria social e a geometria da construção, atingimos uma das formas clássicas da arquitetura. Esta é encontrada em edificações no mundo inteiro, em basicamente todas as culturas humanas. Ela tem muitas variações (algumas apresentadas acima, na forma de diagramas de "partido de arquitetura"), mas seu ingrediente essencial é um espaço fechado com uma porta, cujo eixo indica o ponto focal. Este pode ser uma lareira, uma pessoa, uma éfige (de um deus), um altar ou até mesmo outra porta. O foco pode ser interno, externo ou ambos ao mesmo tempo. A soleira da porta define uma linha de transição de fora para dentro e vice-versa.

O eixo da porta pode ser ocupado e percorrido pela pessoa. Assim, a forma clássica pode ser vista como um instrumento de ligação (entre a pessoa e o foco de atenção) e também uma rota de aspiração, como por uma série de etapas pontuadas por portas (seus limites).

Aqui estão três dos inúmeros exemplos: 1. o templo grego; 2. a mesquita islâmica (turca); 3. a igreja cristã. Cada um orienta a pessoa para: 1. a éfige de um deus, e esta para o sol nascente; 2. a direção de Meca (o centro da fé), indicada pela porta mihrab *na parede qibla; e 3. o altar e o leste (a direção do sol nascente).*

Repare como há uma reminiscência do círculo de lugar original na forma da cúpula semicircular sobre a mesquita, e a abside semicircular atrás do altar-mor da igreja.

A ideia de um "santuário protegido" é muito mais antiga que qualquer um desses três exemplos. La Bajoulière (4), aquele dólmen no vale do Loire, na França, tem mais de cinco mil anos. Construído com pedras enormes (megálitos), tem um alpendre coberto que leva a uma nave principal, de onde outra porta leva ao misterioso cômodo interior.

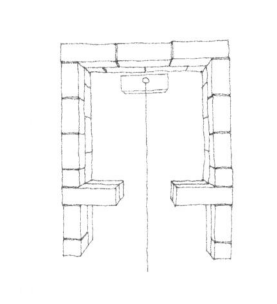

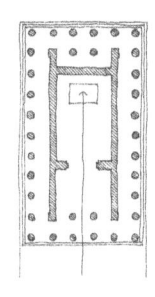

1

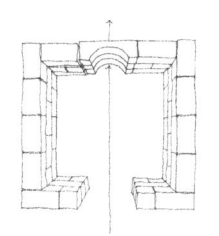

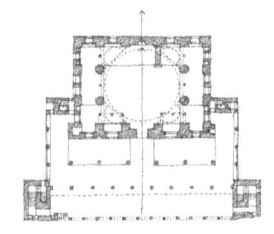

2

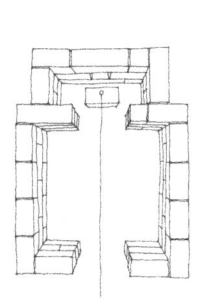

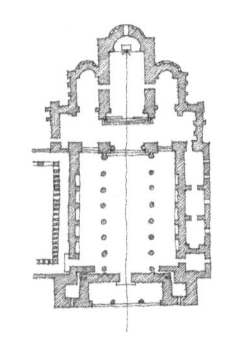

3

4

EXERCÍCIO 7e. Cobrindo espaços maiores.

Com as limitações dos blocos de construção infantis, é difícil explorar as maneiras mais sofisticadas de cobrir os espaços se os materiais disponíveis não forem longos ou resistentes o suficiente para vencer seus vãos sem apoios intermediários. Mesmo assim, você pode experimentar. Aqui temos três maneiras muito diferentes; cada uma tem seus precedentes históricos. Todas podem, até certo ponto, ser representadas com seus blocos.

A cúpula. O princípio dessa estrutura pode ser utilizado para cobrir espaços circulares, quadrados ou ovais que sejam grandes demais para que o vão seja vencido sem apoios intermediários. Aqui ele é utilizado para cobrir um espaço quadrado (*1*). Em primeiro lugar, é preciso vencer o vão da porta. Se for muito largo para um único lintel, você pode primeiramente reduzir o vão usando degraus (*2*), que devem ser graduais. Esse é o princípio da cúpula e pode ser aplicado à cobertura como um todo. O espaço aberto é reduzido cobrindo a partir das quinas (*3*). Esse processo se repete até que o espaço esteja completamente coberto (*4–6*). Se forem usadas pedras pequenas ou irregulares, esse processo precisa ser ainda mais gradual do que com os blocos de construção. O resultado geralmente é uma cúpula cônica. O princípio da cúpula tem sido utilizado para cobrir grandes espaços, como o Tesouro de Atreu, em Micenas, na Grécia (acima), que vence um vão de quase 15 metros.

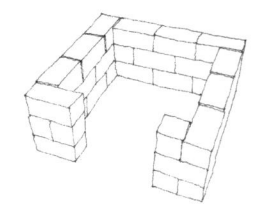

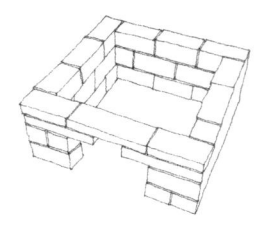

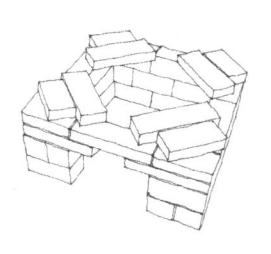

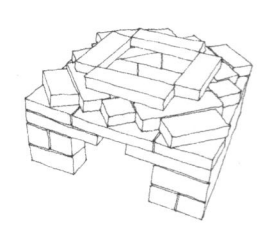

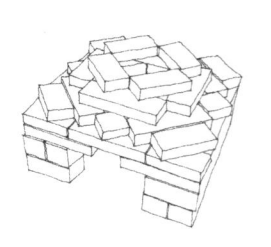

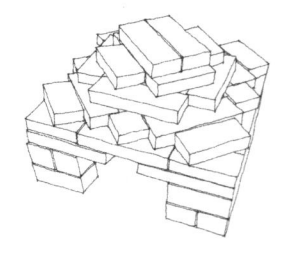

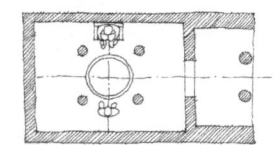

Muitos outros exemplos do princípio da cúpula podem ser encontrados no mundo antigo, pré-histórico e pré-industrial.

A arquitrave. Outra maneira de cobrir grandes espaços é a introdução de colunas intermediárias (*1–2*). Isso reduz os vãos e os torna adequados aos comprimentos e às resistências do material disponível (*3*). As estruturas secundárias e os revestimentos de coberturas ou pisos podem, então, ser construídos com base nessa estrutura primária de colunas e vigas.

Essa estrutura tem sido utilizada desde antes do Egito Antigo. Também é o princípio do mégaron micênico (acima), no qual quatro colunas reduzem os vãos sem que a lareira perca sua posição central.

Desde que as colunas sejam estáveis (não tombem), a parede externa não é necessária, permitindo entre elas a existência de espaços estruturados, mas abertos. Esse é o princípio por trás da ideia "Dom-Ino", de Le Corbusier (1918, abaixo), que foi muito influente na arquitetura do século XX. Esses espaços abertos entre as colunas geralmente são de concreto armado e estruturas de aço.

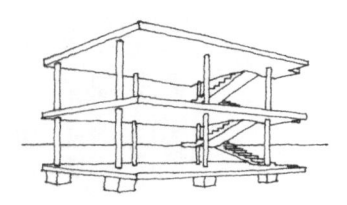

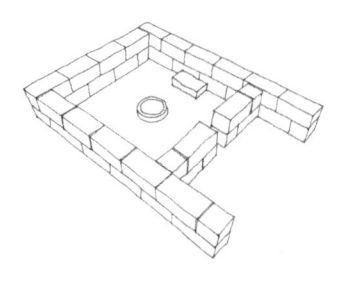

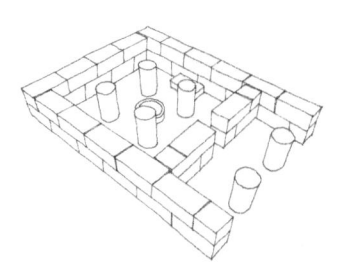

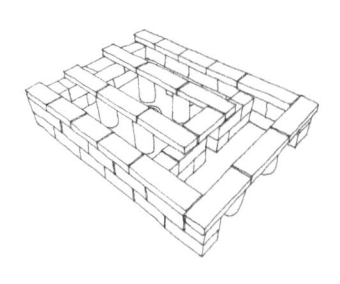

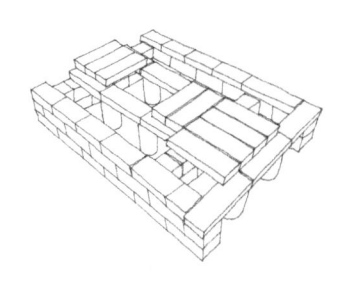

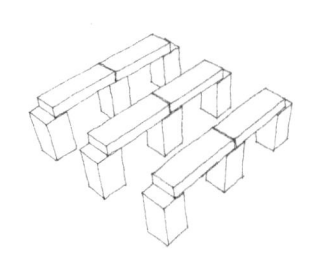

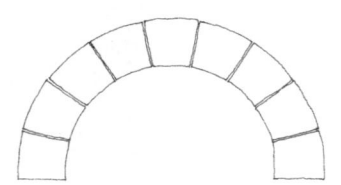

Arco. Não é possível construir um arco típico com blocos de construção infantis sem cortá-los nos formatos adequados. Porém, você pode construir um arco muito simples (*1–2*), composto apenas de duas "pedras" (aduelas) com uma "chave". Você perceberá que as torres de cada lado (contrafortes) são necessárias para evitar que as bases do arco se afastem e ele desmorone. Embora esse arco simples não seja tão sofisticado quanto a estrutura de uma catedral abobadada, ele realmente demonstra o princípio no qual se baseia (*3*, este têm uma estrutura de madeira sustentando uma cobertura impermeável sobre os arcos e abóbadas de pedra). Os arcos e as abóbadas das catedrais são construídos com muitos pedaços pequenos de pedra cortados precisamente no formato adequado. Repare no desenho como esta catedral também tem os contrafortes que evitam que o arco desmorone.

    Os desafios e as oportunidades que o projeto estrutural oferece são sedutores. Boa parte da arquitetura, ao longo da história – da Antiguidade aos tempos recentes –, é uma demonstração de proeza estrutural. No entanto, devemos lembrar que a arquitetura se dedica, em primeiro lugar, a enquadrar as pessoas e suas atividades. O espaço coberto por uma sucessão de arcos intermediados por abóbadas, nas catedrais mais imponentes, enquadra a relação axial entre o suplicante e o altar (*4–5*).

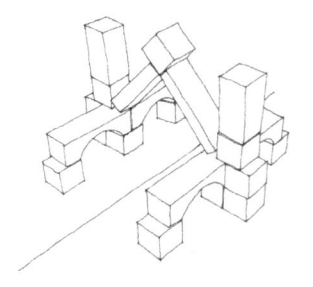

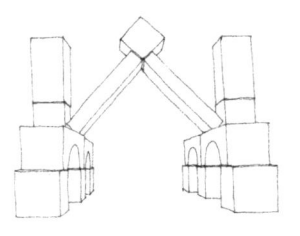

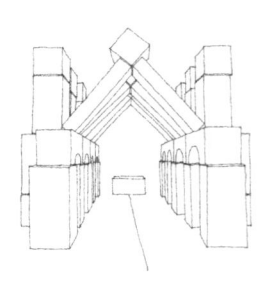

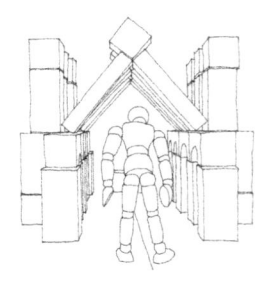

EM SEU CADERNO DE CROQUIS...

1

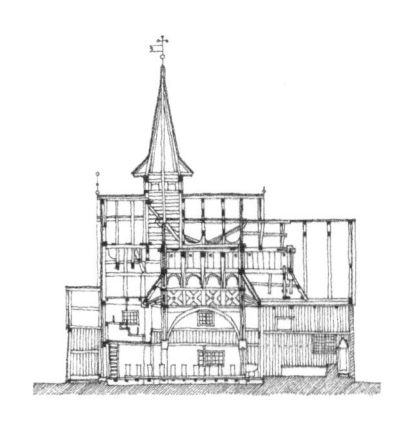

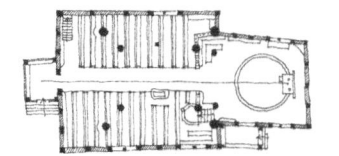

Em seu caderno de croquis... encontre e desenhe exemplos de geometrias estruturais. No exercício anterior, não foi possível representar todas as variações possíveis da geometria estrutural encontradas em edificações antigas e recentes; os blocos de construção infantis permitem um uso muito restrito. Estude as edificações que você visita e outras que vê em publicações para entender sua ordem estrutural. Não se esqueça de estudar também a relação que elas representam entre a ordem estrutural e a organização espacial, como é discutido no capítulo "Espaço e Estrutura", em *A Análise da Arquitetura*.

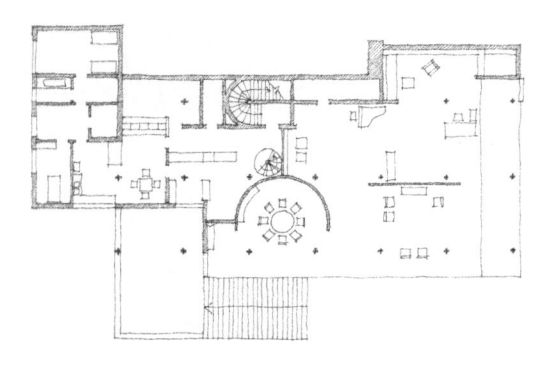

2

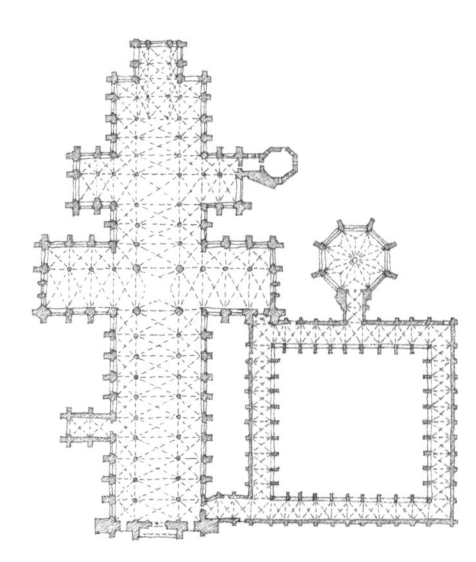

3

4

1. *Casa de ardósia no País de Gales. A geometria da construção de estruturas condiciona a forma mesmo se os materiais usados forem irregulares.*

2. *Igreja de tabuado de madeira tradicional na Noruega. A geometria da estrutura também pode ser a geometria do espaço. Há uma reminiscência do círculo de lugar na frente do altar.*

3. *Catedral de Salisbury. As diferentes geometrias de estrutura organizam diferentes atividades: a procissão até o altar; a discussão na casa do capítulo octogonal; o passeio pelo claustro quadrado.*

4. *Casa Tugendhat (Mies van der Rohe, 1931). Pode haver mais relações sutis entre a geometria estrutural e a organização espacial.*

INTERLÚDIO: Um conflito na geometria da construção (por uma razão) – A Capela do Bosque, de Asplund (novamente)

A Capela do Bosque, de Asplund, foi o tema de um interlúdio anterior (página 35). Agora podemos analisá-la novamente e observar como seu arquiteto – enquanto se submetia, de maneira geral, à geometria da construção – deparou-se com um conflito entre geometrias. A maneira que escolheu para resolvê-lo teve razões poéticas particulares.

De modo geral, a estrutura da cobertura da capela tem a geometria tridimensional que se esperaria de um prédio de madeira tradicional. Porém, ao inserir o círculo de lugar – na forma de um círculo de colunas – no retângulo da planta baixa, Asplund quer formar uma cúpula dentro da cobertura. Seu simbolismo remete ao céu, e a luz que reflete sua superfície lisa e branca entra através de uma claraboia na cumeeira.

A geometria esférica da cúpula não se encaixa na estrutura da cobertura, então Asplund precisa criar para ela sua própria geometria. Para criar espaço (assim como as tribos Korowai cortam os galhos no alto da árvore para criar um lugar para sua nova casa), Asplund corta fora parte da estrutura de madeira da cobertura.

A disciplina/autoridade da geometria da construção da estrutura da cobertura é contestada pelo que Asplund percebeu claramente como um propósito superior – o simbolismo poético do lugar que projetou para funerais de crianças. Do lado de fora, sua capela parece uma cabana, com uma cobertura simples em vertente. Dentro, é um círculo de pedra antigo sob a cúpula de um céu artificial. As geometrias exterior e interior não combinam. É preciso que se façam concessões (na estrutura tradicional de madeira da cobertura). Alguns podem considerar o recurso "teatral", pois cria um cenário artificial dentro do volume externo da capela. Como frequentemente ocorre com cenários teatrais, eles às vezes obedecem (mas não precisam obedecer) às mesmas geometrias pragmáticas que as edificações comuns.

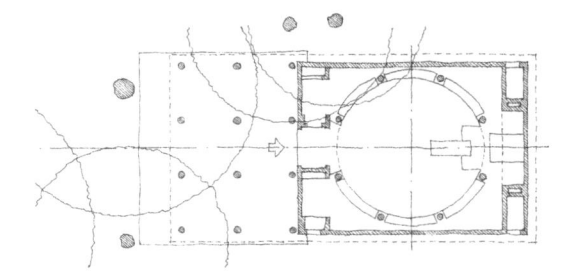

planta baixa

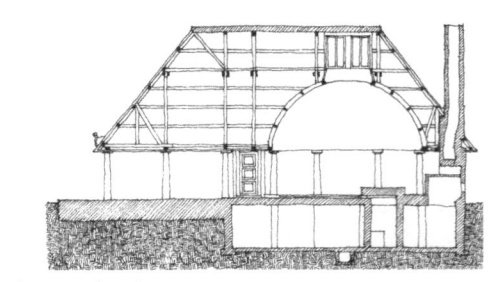

corte longitudinal

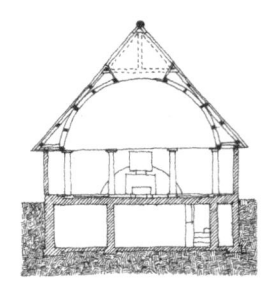

corte transversal

UMA OBSERVAÇÃO: Posturas em relação à geometria da construção

A geometria da construção não afeta a forma de lugares meramente identificados pela escolha e ocupação (na paisagem, por exemplo). Transformar a copa de uma árvore em uma proteção apenas ao sentar embaixo dela ou o caimento de uma duna de areia em assento apenas ao sentar sobre ele, ou ainda uma caverna em uma casa ao viver dentro dela, não invoca a geometria da construção. Porém, no momento em que um arquiteto interfere fisicamente, muda o mundo ao criar algo – mesmo que pouco –, a influência da geometria da construção entra em jogo.

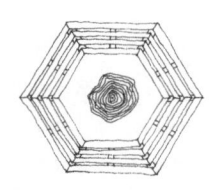

O arquiteto que circunda o tronco de uma árvore com um banco precisa encontrar uma maneira de fazer um círculo (ou talvez um octógono, hexágono, pentágono...) ao juntar peças retas de madeira. O arquiteto que fecha a entrada de sua caverna precisa criar uma trama de varas ou empilhar pedras umas sobre as outras, levando em consideração a geometria da construção adequada aos materiais disponíveis e "encaixando" essa geometria na entrada irregular da caverna.

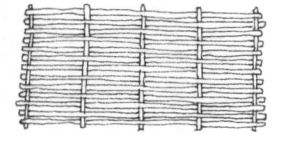

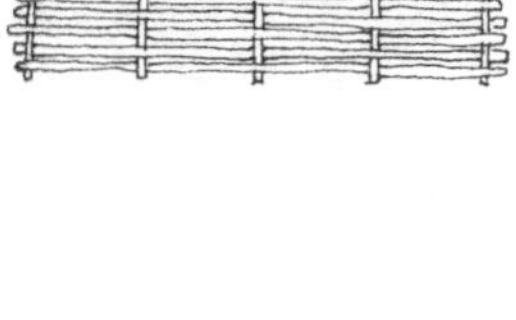

Até mesmo um arquiteto que desenhe, com uma vara, um círculo em torno de si mesmo na areia invoca a geometria da construção com o raio de seu eixo e a ponta da vara.

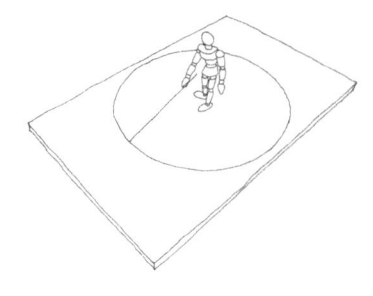

Conectar, trançar, construir, girar... tudo isso invoca a geometria da construção.

Assim que você – o arquiteto – começa a interferir fisicamente para mudar o mundo ao criar (em vez de apenas habitar) um lugar, o que você faz, enquanto projetista (teórico) ou projetista e construtor, é influenciado pelo que quer atingir e por sua postura em relação à geometria da construção.

Primeiramente, você pode se contentar em improvisar uma construção rudimentar utilizando qualquer objeto que estiver a seu alcance. Você pode, por exemplo, fazer seu assento na duna de areia apenas com pedaços de madeira trazidos pelo mar – mas essa é uma das várias posturas que se pode assumir em relação à geometria da construção.

Talvez você aja com base naquilo que a geometria da construção é...

- *meramente uma condição para a construção, um fato que deve ser levado em conta, mas apenas o suficiente para construir uma estrutura que possa ser considerada "razoável";*
- *algo análogo ao programa genético da construção, uma autoridade condicionadora que deve ser seguida em busca de uma forma construída que seja perfeitamente – talvez organicamente – integrada;*
- *uma imposição humana (que alguns consideram moralmente questionável) sobre as formas naturais dos materiais que, portanto, deve ser evitada;*
- *um campo para a demonstração de engenhosidade, criatividade, habilidade, ousadia, proeza;*
- *mundana, entediante, pragmática... um fator a ser superado.*

Cada postura em relação à geometria da construção é associada a suas próprias convicções e tem suas próprias virtudes. Contudo, não há apenas uma postura correta. O resultado dessa pluralidade é a promiscuidade da arquitetura; é parte da razão pela qual há diferença entre uma cabana com cobertura de sapé e uma igreja rococó, entre um templo clássico e o que tem sido chamado de "blobitecture" [arquitetura das bolhas]. A geometria da construção é um campo da filosofia sem palavras. As posturas em relação a ela variam muito, indo desde a submissão e obediência à vaidade e a transcendência.

Desde a Antiguidade, as pessoas exercem e celebram sua capacidade de construir edificações que superam o rudimentar, o "razoável". Quanto mais suas conquistas superam o que é considerado possível, mais elas alcançam suas aspirações.

Se você conseguisse colocar uma laje de pedra de 10 toneladas em cima de três outras pedras verticais, também sentiria certo orgulho de sua capacidade humana de construir.

A dialética entre a mente e a natureza

Na arquitetura, a geometria da construção também é vista como um campo para o exercício da capacidade da mente de fazer (engenhosidade, criatividade...) ou uma rédea (uma restrição inconveniente e lamentável) em suas aspirações. A geometria da construção é uma regra do jogo no qual a mente que projeta encontra a natureza. Por si só, a natureza prevalece pela ação de suas propriedades, processos e forças irracionais e implacáveis. A mente que se esforça para fazer algo acaba competindo com a natureza; suas tentativas de ação são condicionadas por essas propriedades, processos e forças. Colocando em termos simples, a mente tem três opções: submeter-se, esforçar-se para superar ou se dedicar a encontrar certa harmonia entre suas aspirações e as condições impostas pela natureza.

Exemplos de diferentes posturas

A câmara mortuária de Maes Howe (acima, em Orkney) foi construída em cerca de 2600 a.C. Ela é classificada como "pré-histórica", "primitiva", "rudimentar". Mesmo assim, representa a engenhosidade da mente que a criou. Ela tem uma clara geometria da construção resultante de um jogo entre a mente que a projetou (sua intenção) e as possibilidades dos materiais disponíveis. A mente (o arquiteto) optou por uma câmara retangular com falsa abóbada, construída com placas de pedra assentadas em fiadas bastante regulares. Maes Howe foi criada por uma mente sensível ao caráter e às possibilidades do material disponível e à força física e capacidade das pessoas que a construíram. Representa um jogo harmonioso entre a mente (seu desejo e engenhosidade) e a natureza (o caráter do material disponível).

Dos painéis de forro retangulares aos tatames no piso, cômodos retangulares e janelas com caixilhos aos painéis de correr (shoji), o projeto de uma casa japonesa tradicional (acima) é determinado pela geometria da construção levada a um alto nível de disciplina e perfeição. Como contraponto, alguns elementos podem manter sua forma natural irregular ou o padrão do grão e da textura naturais. Na figura, um galho curvo é utilizado como a quina de um cubículo, formando metade da esquadria de uma janela oval. O resultado é um jogo interessante entre a forma natural e a tendência da geometria da construção a criar formas retangulares. Isso foi obtido não por necessidade, mas por seleção (de um galho específico cuja forma sugere e satisfaz a visão da mente que projetou a casa) e intenção deliberada. Este exemplo ilustra a capacidade da mente que projeta de usar a geometria da construção como um campo para contemplar a relação poética entre ela, a forma dos elementos naturais — como árvores, pedras, água, luz... — em contraste com a tendência da forma edificada de ser retangular. O galho representa parte

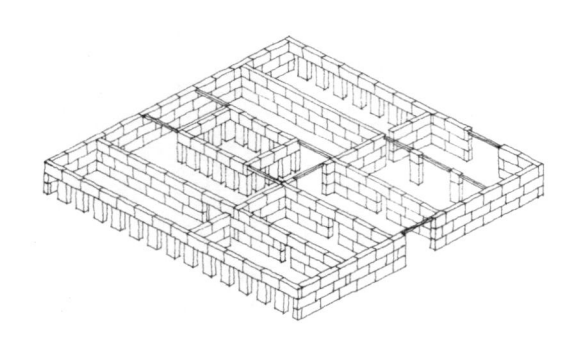

A Loja de Vinhos da Vinícola de Vauvert, na França, projetada por Gilles Peraudin (1998, à esquerda), é um exemplo contemporâneo raro de uma edificação construída apenas de acordo com a geometria da construção. Ela é feita, em sua maior parte, de blocos de pedras de tamanho padronizado (1.050 x 2.600 x 520 mm) cortados ortogonalmente em uma pedreira. Embora sejam muito maiores e mais pesados, esses blocos foram assentados da mesma maneira que seus blocos sobre a prancheta. Sua geometria retangular está em harmonia com a planta retangular (que também é axial). A estrutura da cobertura é de barrotes de madeira apoiados entre duas paredes paralelas.

da irregularidade natural entre outros materiais (também naturais) que foram "artificializados" por meio de serragem, aplainamento, desbaste, lixamento e polimento. O resultado é esteticamente agradável e filosoficamente interessante.

Às vezes, a geometria da construção é apresentada como a pedra de toque da frugalidade, austeridade, piedade, respeito à "lei de Deus".

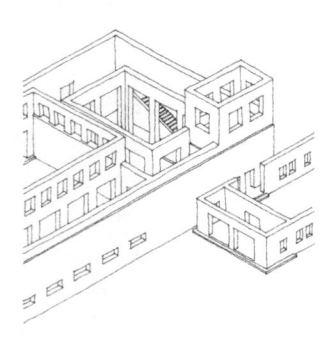

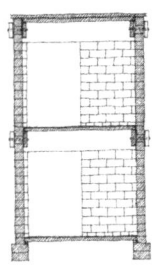

Tudo foi determinado pela geometria – a ortogonalidade e as dimensões – dos blocos com os quais as paredes seriam construídas. Essa postura é pragmática – sugere a ideia atraente de edificar de maneira simples –, mas também é filosófica: sugere rigor, autocontrole, negação ao exibicionismo (sua rejeição) e à ornamentação desnecessária. A disciplina do tijolo (a geometria da construção) é vista como um equivalente metafórico da disciplina da vida de uma freira ou um monge.

Quando Dom Hans van der Laan projetou a Abadia de São Benedito de Vaals, nos Países Baixos (acima, na década de 1960), tudo – a planta baixa, o corte, os formatos das paredes e de suas aberturas, os degraus... – foi sujeitado à disciplina da geometria regular retangular do tijolo.

A mesma postura aparece nas celas desenhadas para o projeto não executado (também da década de 1960) de Louis Kahn para o Convento para as Irmãs Dominicanas, próximo à Filadélfia.

Em Istambul, no século XVI, Sinan, o arquiteto do sultão, celebrou a fé e a convicção religiosa por meio de cúpulas audaciosas – no alto da página seguinte está a Mesquita de Solimão, o Magnífico, baseada na de Santa Sofia, construída cerca de 1.200 anos antes – que levaram a geometria da construção tão longe quanto a coragem e a crença dele na dependência da integridade estrutural permitiriam (senão além). Nessa edificação, a fé religiosa não é expressa pela discrição, simplicidade e respeito à disciplina restritiva da geometria de um elemento simples como o tijolo. A mesquita celebra a audácia e a engenhosidade da mente que a projetou, que sujeita os materiais a seu desejo. Porém, essa mente também leva em consideração e utiliza (explora) o caráter do material disponível (pedra) e a força da gravidade (que é a "cola" principal que mantém as pedras afeiçoadas juntas na forma de cúpulas). Aqui, a engenhosidade e coragem da mente não são consideradas fatores em potencial conflito com o desejo de Alá (expresso por meio da natureza), mas instrumentos deste. A Mesquita de Solimão, o Magnífico, celebra a mente (e a proeza física) do ser humano como instrumento da vontade de Deus, e isso se expressa por meio da geometria da construção.

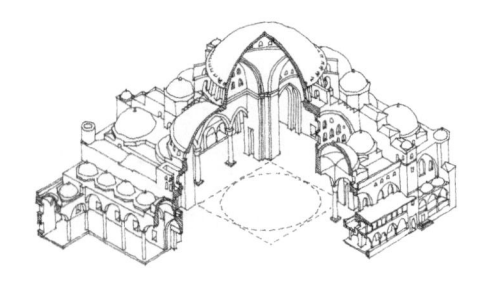

A criatividade e engenhosidade da mente podem ser celebradas sem referências a uma autoridade ou um criador sobrenatural. Na cobertura do Grande Pátio Interno do Museu Britânico, em Londres (abaixo), Norman Foster explorou a geometria da construção de maneira diferente de Sinan, da Mesquita de Solimão, o Magnífico. Ele o fez literalmente, ao modificar (com ajuda de um programa de computador) uma malha regular (que emolduraria as vidraças) para reconciliar a disparidade geométrica que havia entre o perímetro retangular do pátio e a biblioteca circular que ficava em seu centro.

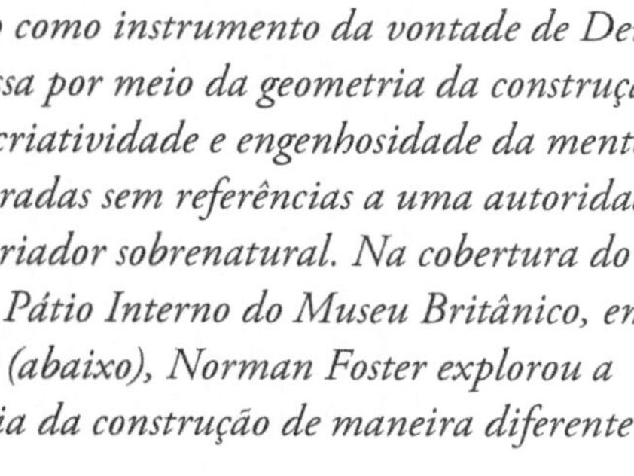

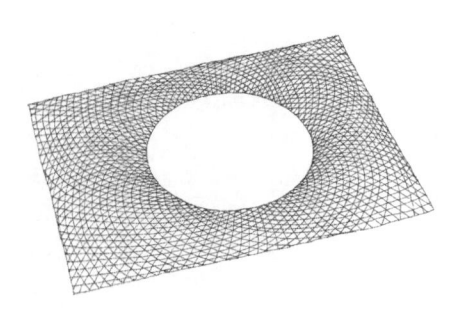

Explorar ao máximo a geometria da construção requer engenhosidade, esforço e emprego de recursos consideráveis de dinheiro, mão de obra, tempo... Construir apenas segundo a geometria da construção pode parecer uma maneira frugal de fazer as coisas. Construir de maneiras imponentes, complexas, audaciosas pode parecer uma demonstração de devoção, fé e sacrifício; também pode ser uma demonstração de status, grandiosidade e orgulho por parte da pessoa ou instituição que usa esses recursos.

O teto em forma de leque da capela do King's College, em Cambridge (acima), é um exemplo intrincado de até que ponto a geometria da construção pode ser levada. Ainda que seja

estruturalmente redundante – há uma simples cobertura oculta com estrutura de madeira para protegê-la do clima (acima) – em sua engenhosidade, beleza e uso de recursos, é uma representação da riqueza, status, *bom gosto, aspirações e conexões da universidade.*

Algumas edificações manifestam propositalmente um desdém pela geometria da construção; seus arquitetos se recusam a aceitar que ela possa determinar o que eles fazem. Em alguns casos, os arquitetos e seus clientes sentem que ela não deveria ser considerada uma condição para a construção ou um ingrediente de um jogo poético entre a regularidade e a forma natural, nem ampliada até o ponto que a engenhosidade permite (ou além dele)... mas como uma condição vista como mundana, medíocre, considerada indigna ou degradante, que o arquiteto deve se esforçar para transcender e superar.

Respeitar a aparente autoridade da geometria da construção é mais barato, fácil e talvez mais sensato. Ignorá-la em favor de outros formatos é caro, difícil e arriscado. É por isso que ignorar a geometria da construção é atraente. Pode produzir resultados sensacionais que desafiam a noção do espectador daquilo que é "sensato" – e alguns clientes querem o sensacional, não o sensato. O sensacional fascina e chama a atenção.

Para a religião, o fascínio e a atenção podem ser tão importantes quanto a frugalidade e a simplicidade. Os primeiros podem ser alcançados quando se deixa a geometria da construção de lado em vez de segui-la.

As igrejas rococós construídas na Europa central no século XVIII são alguns exemplos. Acima, temos o desenho de um típico púlpito rococó. Embora ele obviamente deva se manter íntegro, sem desmoronar, nada em sua forma obedece a geometria da construção. Foi projetado para ser extravagante, inspirando os fiéis com seu fascínio pelo poder e riqueza da igreja e os "entretendo" com exibições sensacionais e composições dinâmicas de santos, estrelas explodindo e outros ornamentos dourados.

Assim como a engenhosidade tem suas manifestações tanto seculares quanto sacras, o mesmo ocorre com o sensacionalismo. Criar algo sensacional é um recurso eficaz de propaganda.

Quando Frank Gehry projetou o Museu Guggenheim em Bilbao, na Espanha, na década de 1990, ele transformou o futuro de uma cidade em declínio ao atrair milhões de visitantes para admirar sua forma sensacional.

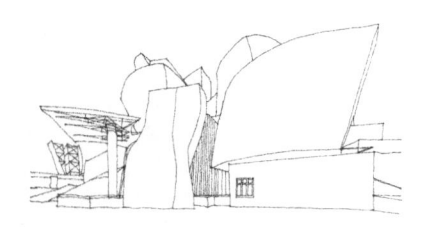

Essa forma pode ser analisada principalmente como um produto da distorção. É como se a imagem de uma maquete de blocos tivesse sido distorcida.

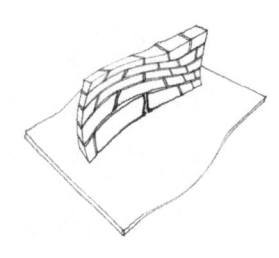

Construir a maquete original seria fácil, mas construir a versão distorcida exigiria muito tempo, tanto para determinar o formado de cada bloco quanto para moldá-los.

O revestimento externo de titânio do Guggenheim é uma distorção da geometria da construção e sua forma retangular (que também exige uma geometria complicada de estrutura de aço para sustentá-lo). Representa um esforço por parte da cidade e das autoridades nacionais espanholas para investir na esperança de atrair visitantes. Muitas cidades do mundo têm seguido esse exemplo; acima, temos o Centro de Cultura da Galícia, projetado por Peter Eisenman.

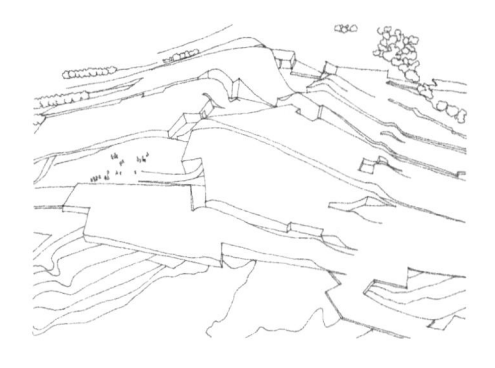

Diferentes posturas em relação à geometria da construção contribuem para a promiscuidade da forma arquitetônica. Porém, a atenção atribuída à forma nesse sentido, seja simples e sensata ou sensacional e arriscada, pode significar a desconsideração da pessoa enquanto ingrediente da arquitetura. O arquiteto do museu Guggenheim, em Bilbao, não está agindo como servo, enfermeiro, político, filósofo... ao criar uma estrutura gentil (física e abstrata) para acomodar a pessoa. Está agindo como empresário, artista, ginasta... ao querer impressionar, chocar, em vez de emoldurar a pessoa – que de ingrediente principal da arquitetura passa ao papel de espectador.

(Veja também o Exercício 11, Brincando com a Geometria, nas páginas 137–152)

EXERCÍCIO 7f. Transcendendo a geometria da construção.

Será preciso tempo e esforço, mas se você quiser, pode tentar construir com seus blocos uma forma que, de algum modo, transcenda a geometria da construção. Você pode visar a engenhosidade ou o sensacionalismo.

Você pode começar pensando no que poderia fazer usando os blocos com o formato que eles têm: agrupando-os de maneiras mais complexas e irregulares (*1* e *2*); tentando construir algo que pareça improvável ou impossível (*3*); fazendo um formato complexo parecer ter sido escavado ou moldado em um único bloco de material (talvez aplicando uma argamassa sobre os blocos, *4*); compondo, por exemplo, formas que representem algo como um cachorro (ou é um camelo? *5*); ou usando blocos padronizados com formatos especiais (*6*).

Porém, se realmente quiser atingir uma forma sensacional, precisará dedicar tempo e esforço para remodelar os blocos ou usar outros materiais que possam ser mais facilmente moldados em formatos curvos.

Você pode perceber que, nessas composições, a atenção também deixou de ser a criação de uma estrutura para moradia para ser um fascínio por meio do que pode ser chamado de "forma escultórica".

Todos estes são recursos que os arquitetos têm utilizado para criar edificações sensacionais.

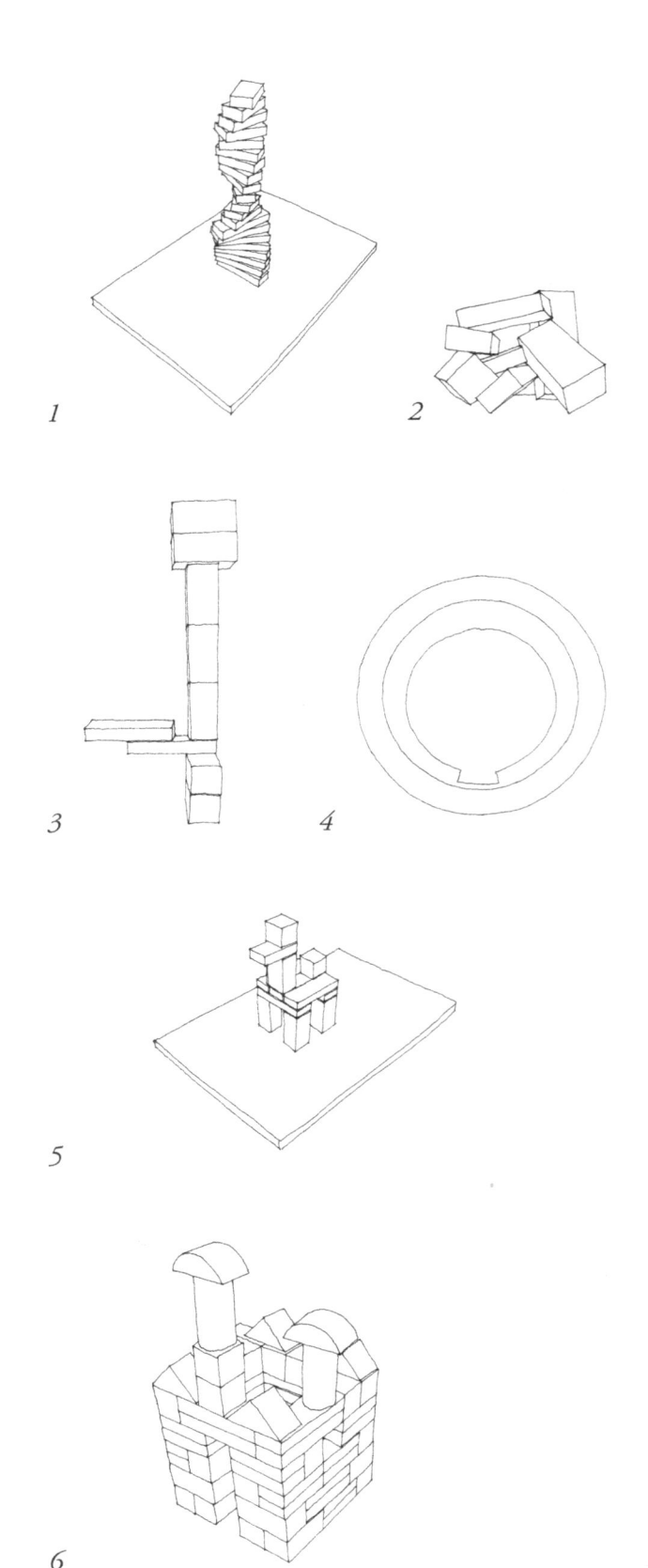

EM SEU CADERNO DE CROQUIS...

Em seu caderno de croquis... encontre e desenhe exemplos que ilustrem diferentes posturas em relação à geometria da construção.

Na segunda década do século XXI, você pode fazer isso pegando qualquer edição de uma revista contemporânea sobre arquitetura.

No momento em que eu estava escrevendo isto, a última cópia da revista britânica *Building Design* (sexta-feira, 15 de abril de 2011) foi colocada em minha caixa de correspondência. Na página 4, há uma ilustração da proposta da Architecture Research Unit para uma construção extravagante para a Bienal de Arte de Gwangju, que seria realizada na Coreia. Uma fotografia mostra a maquete do conceito do projeto, que foi feita com blocos de madeira, como as que você fez nesses exercícios, embora nesse caso os blocos não sejam padronizados, mas cortados sob medida. Mesmo assim, a composição segue a geometria ortogonal da construção. O artigo que acompanha a imagem informa que a edificação final será construída com concreto moldado *in loco*. Sua forma retangular também estará adequada à geometria da construção das fôrmas para o lançamento do concreto. No entanto, parece que os arquitetos propõem deixar à vista as juntas na superfície dessa construção, para sugerir não que ela é feita de apenas um material, mas que é composta de um conjunto de painéis em forma de L. A primeira impressão é de que sua postura em relação à geometria da construção é simples;

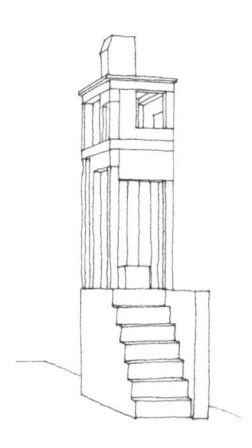

A construção extravagante da Architect Research Unit para Gwangju é dividida em três partes: uma base com degraus, uma edícula que contém um altar e uma lanterna. No topo, há uma casa para passarinhos.

porém, ao analisá-la, vemos que ela é sutil e complexa, mesclando uma aparente honestidade de construção com uma engenhosa fraude.

Na página 17 dessa edição de *Building Design*, uma postura muito diferente em relação à geometria da construção é ilustrada com o projeto da Chalibi Architects para o Darmstadium, na Alemanha.

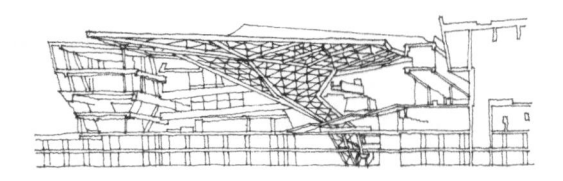

Sua atitude é de distorção, possibilitada pelo uso da modelagem das informações da edificação (*Building Information Modelling* – BIM) em computadores (no artigo, a edificação é utilizada com exemplo).

Mais adiante, na mesma edição (páginas 20–24), o projeto de David Chipperfield para o novo Museu Contemporâneo Turner, em Margate, é apresentado em fotografias e desenhos. Nessa edificação, a geometria da construção é seguida da maneira mais escrupulosa possível. Essa geometria é evidente, no lado externo, nas estrias regulares da estrutura que sustenta o revestimento externo de vidro e as vidraças. Porém, no lado interno a geometria dessa estrutura é em grande parte oculta pelos acabamentos de paredes e forros, e a retícula construtiva só fica evidente na parede e nas vidraças da cobertura. Do ponto de vista funcional, isso gera superfícies de paredes lisas para pendurar as obras de arte; do arquitetônico, desmaterializa as vedações do prédio, sugerindo que os espaços interiores foram escavados em um único bloco. Os pisos também são de concreto extremamente polido.

As posturas em relação à geometria da construção são discutíveis. Alguns podem argumentar que uma clara expressão da construção direta e honesta, disciplinada pela geometria da construção, tem uma qualidade similar à integridade moral, e que isso influencia sua apreciação estética. Outros podem afirmar que a construção (a geometria da construção) deve ser superada na arquitetura – isto é, o objetivo deve ser surpreender com a forma, que desafia a expectativa e até a crença. Já outros podem dizer que o tipo de distorção evidente no *Darmstadium* (na página anterior) é um capricho moralmente questionável (e caro).

Você precisará decidir qual é sua atitude em relação à geometria da construção.

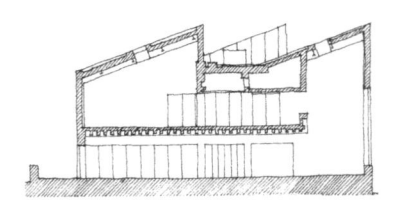

corte

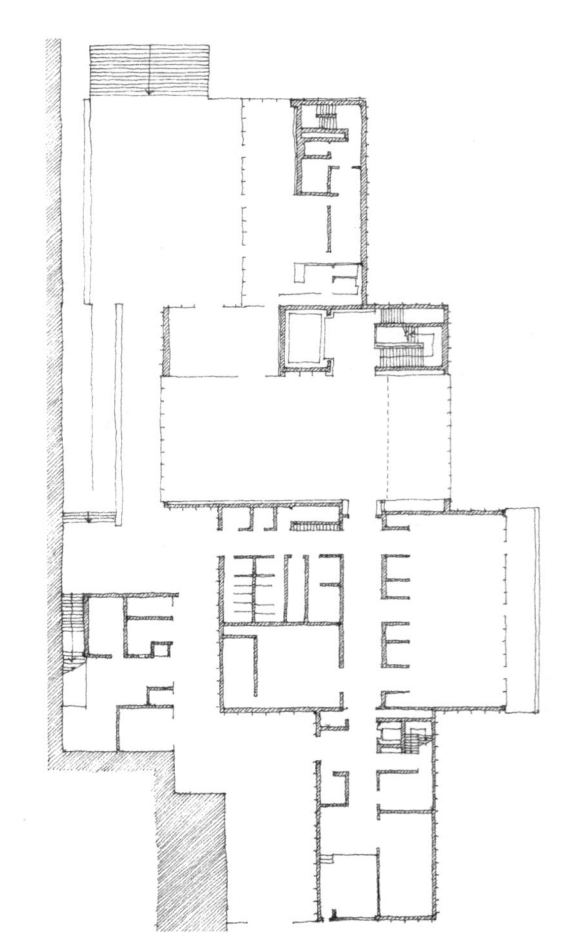

planta baixa

EXERCÍCIO 8: A geometria do planejamento

A geometria da construção, como já vimos, influencia os formatos de recintos e espaços. Sugere que os recintos sejam ortogonais e tenham paredes opostas paralelas, de modo a facilitar sua construção. Os tijolos retangulares padronizados constroem com mais facilidade paredes planas, verticais e ortogonais com fiadas horizontais e regulares. Também podem se adequar perfeitamente a quinas com ângulos retos. Além da facilidade para construir pisos e coberturas distribuindo vigas de tamanho regular entre paredes paralelas, a geometria da construção predispõe o arquiteto (que quer facilitar a vida) a fazer recintos ortogonais.

Neste exercício, você começará a observar – e avaliar – como os recintos e espaços ortogonais também facilitam o planejamento. É mais fácil construir os recintos lado a lado, compartilhando paredes-meias, se eles forem retangulares ou quadrados. É mais fácil combinar recintos e espaços em plantas mais complexas do que recintos isolados se estes e os espaços tiverem ângulos retos. Essa é a situação para a qual tende o bom-senso, embora não signifique necessariamente que sempre será a maneira certa (mais prática, mais interessante, mais poética...) de seguir determinado programa de necessidades. Outros fatores também podem influir.

EXERCÍCIO 8a. Paredes paralelas.

Uma casa é uma manifestação do círculo de lugar.

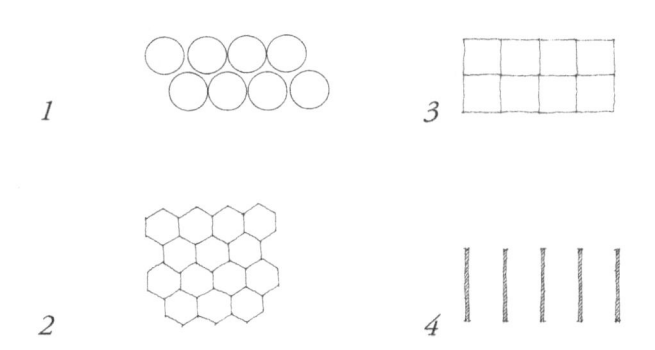

No entanto, círculos não combinam bem entre si (1). Criam-se espaços residuais. Casas circulares não podem compartilhar paredes com facilidade. As abelhas resolvem esse problema transformando os círculos em hexágonos (2). Porém, elas acessam suas células pela "cobertura", e hexágonos não são fáceis de distribuir ou construir – exceto, talvez, com cera. Os retângulos se combinam melhor (3), como no caso dos tijolos ou azulejos. O mesmo ocorre com as plantas de casas: fileiras de paredes paralelas podem se estender infinitamente (4), com uma casa em cada espaço. Cada casa compartilha as paredes com suas vizinhas imediatas, e os pisos e as coberturas são relativamente fáceis de construir.

No Exercício 7c, vimos que uma das razões básicas para que a planta fosse retangular era que isso permitia que houvesse um par de paredes paralelas como suporte para os barrotes de piso e tesouras de cobertura. Outra vantagem é que tal geometria permite que os recintos ou casas sejam construídos lado a lado de maneira econômica (em termos tanto do aproveitamento do espaço quando da construção).

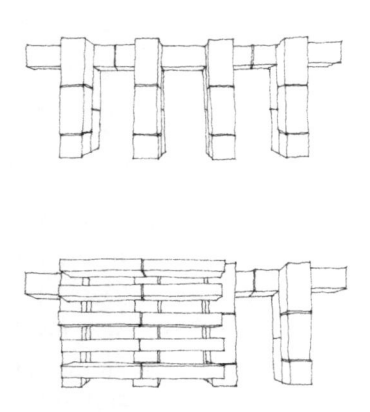

1

Usando seus blocos, compare as dificuldades de distribuir casas circulares lado a lado com a vantagem de lançar casas retangulares em fileiras de paredes paralelas. Você pode ver que, em casas com paredes paralelas, uma parede-meia servirá como metade do suporte necessário para os pisos e coberturas de duas casas (*1*). Além disso, nenhum espaço é desperdiçado, e as fileiras de casas podem ser distribuídas de modo que fiquem opostas entre si nos dois lados das ruas de acesso.

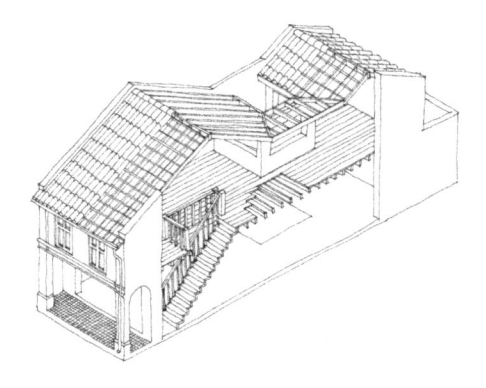

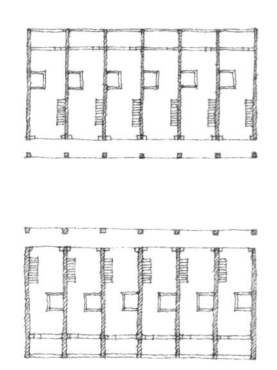

A estratégia das paredes paralelas é o princípio organizador dos conjuntos de casas em fita em cidades do mundo inteiro. Estes desenhos, por exemplo, representam o leiaute do modelo típico das tradicionais casas com lojas no pavimento térreo que são encontradas na Malásia e em Cingapura. Cada casa encontra-se entre duas paredes paralelas, com pequenos pátios internos que auxiliam a ventilação e a iluminação. O arranjo com paredes paralelas permite que muitas casas sejam construídas lado a lado, compartilhando paredes-meias. Distribuídas em lados opostos, com uma rua no meio, essas casas são uma maneira eficiente de organizar o espaço.

SEÇÃO DOIS – GEOMETRIA 97

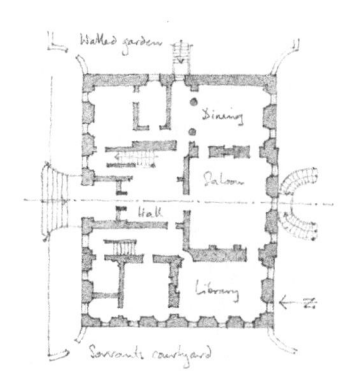

EXERCÍCIO 8b. Edificações com múltiplos cômodos.

Também é mais fácil planejar casas com muitos cômodos se estes forem ortogonais. Com seus blocos, planeje uma casa simples de três ou quatro cômodos e um pavimento só.

Você poderia subdividir um recinto retangular maior...

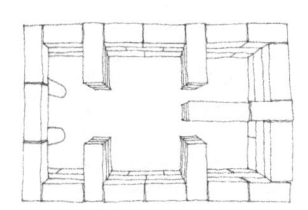

...ou compor um arranjo mais informal de cômodos retangulares.

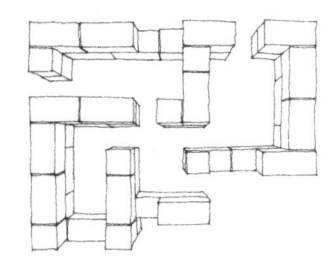

Em ambos os casos, o processo de composição é facilitado se os cômodos forem ortogonais.

Os cômodos desta casa escocesa do século XVIII (A Casa de Dun, projetada por William Adam) são rígidos e distribuídos simetricamente dentro de um retângulo simples.

...enquanto os desta casa geminada (abaixo, analisada em termos da geometria da construção na página 76) estão distribuídos de maneira irregular.

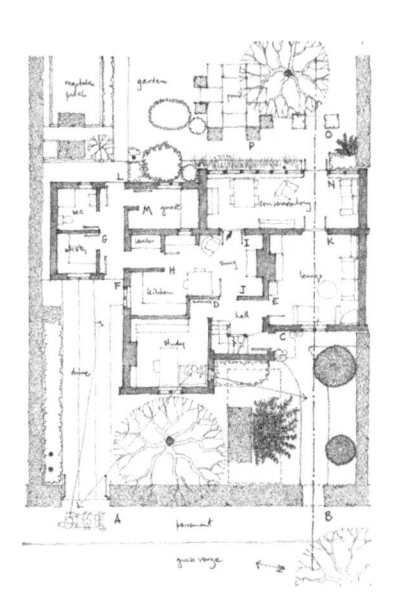

Nas duas, a ortogonalidade dos cômodos atende não só à geometria da construção, mas também à do planejamento.

Sua composição pode usar um eixo como seu organizador, e os cômodos podem ser distribuídos simetricamente nos dois lados da casa.

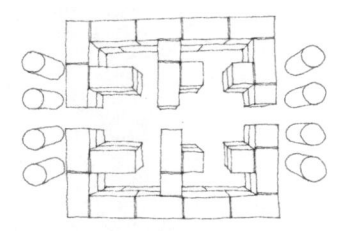

Novamente, o processo é facilitado se todos os cômodos componentes forem retangulares e estiverem contidos em um perímetro retangular.

Considere como a experiência de uma pessoa em uma planta organizada simetricamente a partir de um eixo pode ser diferente de em uma planta irregular, mesmo quando ambas são compostas de cômodos ortogonais.

Considere também a intenção e contribuição do arquiteto em cada caso. O eixo da porta de uma cela simples (como uma cabana ou um templo grego) tem origens e efeitos iguais aos de uma planta simétrica com cômodos múltiplos? Até que ponto essa pode ser uma mera representação gráfica em vez de uma experiência pessoal do espaço (isto é, perto da porta)?

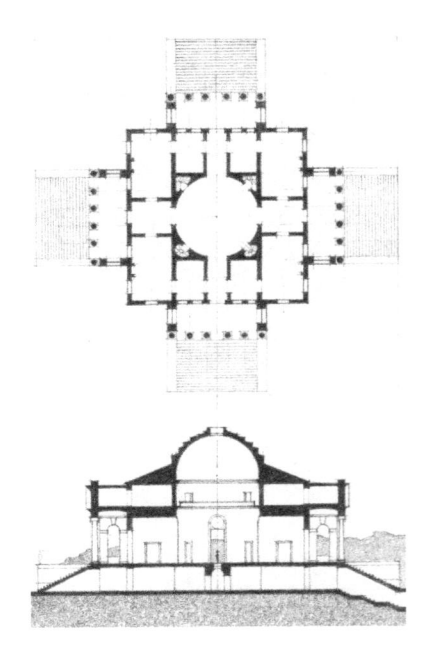

Os cômodos da Vila Rotonda (Vila Redonda, século XVI), de Palladio, perto de Vicenza (Itália), estão contidos em quadrados concêntricos e distribuídos simetricamente em torno de dois eixos que se cruzam em ângulos retos.

UMA OBSERVAÇÃO: Geometrias harmonizadas por meio da ortogonalidade

Podemos agora entender a predominância das edificações ortogonais no mundo inteiro. As figuras ortogonais estão de acordo com as geometrias relevantes para a arquitetura e podem colocá-las em harmonia.

O retângulo está de acordo com:

- *a geometria da pessoa: frente, costas, direita e esquerda;*
- *a geometria do mundo: norte, sul, leste, oeste;*
- *o eixo da porta, estabelecendo uma linha de visão e de passagem dinâmica, que culmina em um foco;*
- *a geometria da construção; é fácil e sensato vencer os vãos entre seus lados paralelos;*
- *a geometria do mobiliário, que é frequentemente regida pela geometria da construção;*
- *as geometrias sociais: pessoas sentadas em volta de uma mesa ou voltadas para um orador;*
- *a geometria do planejamento.*

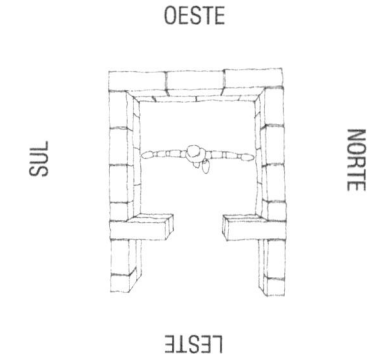

Por harmonizar várias geometrias, o retângulo tem sido utilizado desde a Antiguidade na arquitetura. É tão adequado hoje quanto era no passado. O retângulo é o princípio ordenador que está por trás das diversas edificações como:

1. *Uma pequena casa de argila em Kerala, na Índia (atemporal)*
2. *Parte do Palácio de Cnossos, na ilha de Creta (c. 1500 a.C.)*
3. *Uma catedral inglesa (Lincoln, do século XII ao XIV d.C.)*
4. *As Termas de Vals, projetadas por Peter Zumthor, na Suíça (1996)*

Muitos outros exemplos poderiam ser apresentados. Há tantos – o retângulo é tão comum – que não faz sentido tentar coletá-los em seu caderno de croquis (mas isso explica por que o papel quadriculado é tão útil).

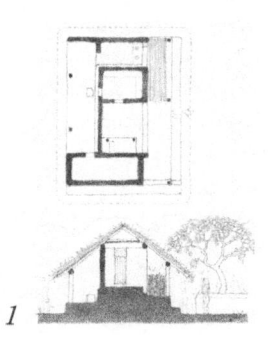

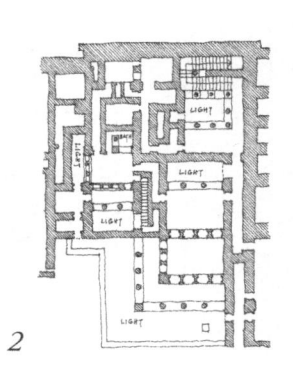

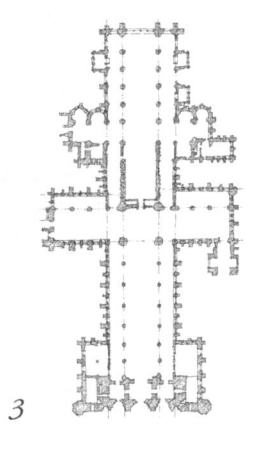

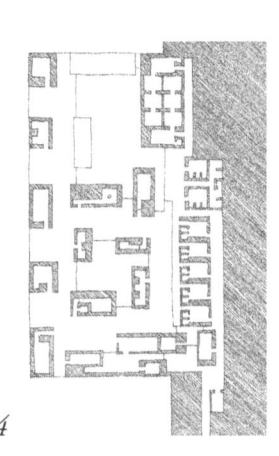

INTERLÚDIO: Modificando a geometria do planejamento e sua forma ortogonal

Pelas razões apresentadas na "Observação" anterior, poderíamos dizer que o retângulo é a norma no planejamento das edificações; de fato, é a "configuração padrão" da arquitetura. Desviar dessa configuração padrão é um dos grandes temas da arquitetura há muito tempo. Assim como uma música que segue obediente uma chave principal pode ser tediosa, o mesmo pode ocorrer com a arquitetura que segue rigidamente a forma ortogonal. O jogo e o conflito, em vez da solução previsível, podem ser interessantes.

A configuração padrão da forma retangular pode ser modificada de várias maneiras e por muitas razões. Estas podem ser caracterizadas com os predicativos "responsivas" ou "caprichosas" (nenhum deles é empregado aqui para sugerir qualquer julgamento moral ou de valores, embora às vezes sejam associados a disputas ideológicas). Esses predicativos estão ligados às posturas discutidas em A Análise da Arquitetura, no capítulo "Templos e Cabanas". As razões "responsivas" para modificar a forma retangular são aquelas que resultam da adaptação a certas condições; as "caprichosas" são resultado do desejo do arquiteto de impor uma ideia irrelevante. Nem sempre é fácil separar uma da outra. É sempre uma questão que envolve a relação da mente (que projeta) com o mundo no qual deseja intervir (por meio da arquitetura). As posturas que se estendem entre o responsivo e o caprichoso têm afetado a arquitetura ao longo de toda a história.

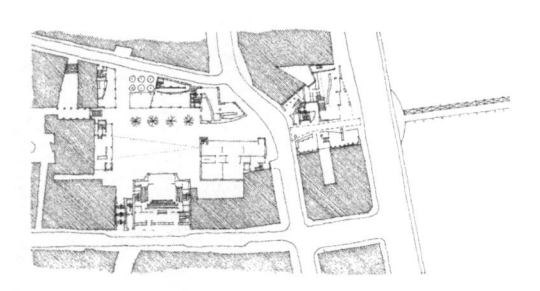

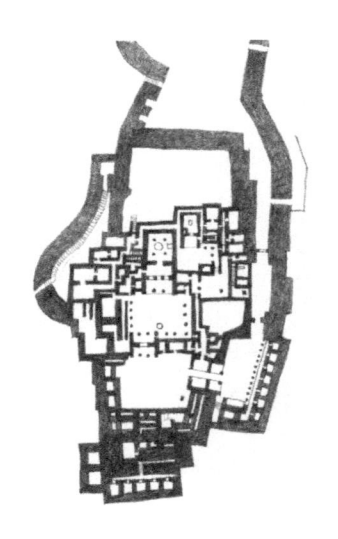

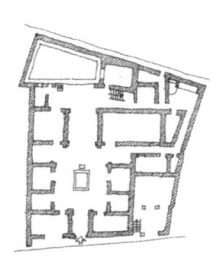

Os construtores micênicos do palácio de Tirinto (acima, à esquerda, c. 1400 a.C.) aplicaram as geometrias ortogonais da construção e do planejamento em toda a área útil de um topo de colina, onde é hoje o Peloponeso, na Grécia moderna. Em um lugar especial – o mégaron, no centro do palácio – também empregaram o poder do eixo das portas. Porém, ao chegar aos limites desse platô útil, onde o terreno se tornava muito íngreme, essas geometrias retangulares deram lugar à acomodação às irregularidades do solo.

Algumas das casas romanas de Pompeia (acima, à direita) precisaram acomodar sua geometria ortogonal a lotes irregulares. As irregularidades foram disfarçadas em cômodos menos importantes, enquanto os espaços principais foram distribuídos em torno de um eixo estabelecido pela porta.

No início da década de 1990, um consórcio de arquitetos chamado Group '91 projetou uma série de intervenções para revitalizar o bairro Temple Bar, em Dublin. Parte dessa revitalização criou um novo espaço público chamado "Meeting House Square" (à esquerda). Essa praça é ortogonal, mas onde suas edificações limítrofes encontram o perímetro de seus lotes ou colidem com edificações irregulares existentes, suas geometrias da construção e do planejamento precisam fazer concessões.

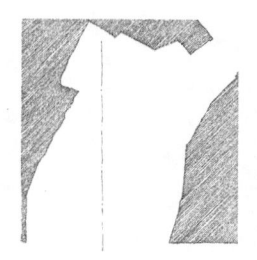

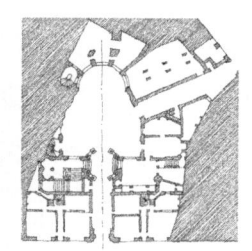

SEÇÃO DOIS – GEOMETRIA **101**

O Hôtel de Beauvais, em Paris, foi projetado por Antoine le Pautre no século XVII. Como a casa de Pompeia da página anterior, ele ocupa um lote irregular entre a rue François-Miron e a rue de Jouy. Contudo, ao projetar um eixo perpendicular ao ponto intermediário da elevação da rue François-Miron, le Pautre "maquinou" para fazer o visitante ter a impressão de que estava entrando em uma edificação formalmente simétrica. As irregularidades do lote estão disfarçadas em cômodos menos importantes.

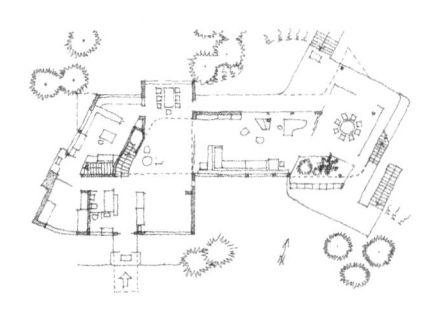

Já Hans Scharoun distorceu as geometrias da construção e do planejamento na Casa Schminke (1933) para relacionar seus espaços com o sol e as vistas (veja o Estudo de Caso 6 em A Análise da Arquitetura).

O arquiteto britânico John Soane, do início do século XIX, inseriu muitos espaços axialmente simétricos no terreno irregular do Bank of England, em Londres.

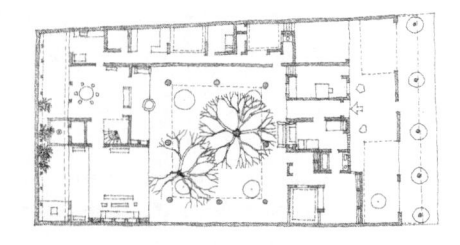

Hugo Häring – como Scharoun, em algumas das suas últimas casas da década de 1930 – projetou essa casa, que não foi construída (1946), sem considerar as geometrias da construção e do planejamento. Apenas nos dormitórios parece que os cômodos acompanham as camas retangulares. Pode-se dizer que seu objetivo, como o de Scharoun, foi libertar a pessoa da "tirania" do retângulo e do eixo.

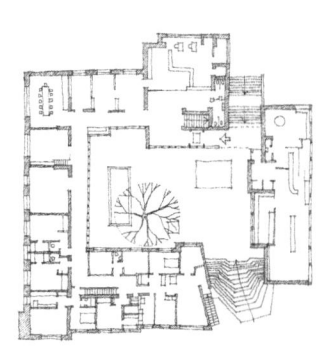

Algo parecido, ainda que menos importante, ocorre no projeto de Geoffrey Bawa para uma casa em Colombo, no Sri Lanka (1962). O estreitamento do terreno é disfarçado nos cômodos menores ao longo do lado direito da casa. Todos os outros espaços são ortogonais.

A geometria da Prefeitura de Säynätsalo (1951), de Alvar Aalto, é rompida para se acomodar à linha de chegada e evitar qualquer impressão de uma entrada axial formal.

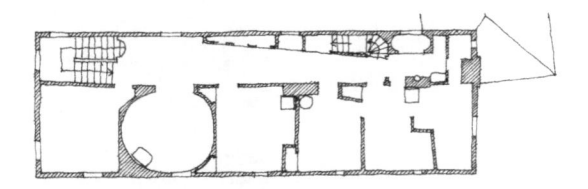

Em sua Vila Snellman (1918), o arquiteto sueco Erik Gunnar Asplund (que também projetou a Capela do Bosque – veja as páginas 35 e 84 – na mesma época) distorceu as geometrias da construção e do planejamento para criar efeitos visuais. Esta é a planta baixa do pavimento superior. O patamar da escada se estreita para exagerar a perspectiva; do topo da escada, o patamar parece muito mais longo do que é, e da porta do banheiro, parece muito mais curto. Um cômodo acessado pelo patamar tem quinas arredondadas com painéis de madeira que lhe conferem o aspecto de um útero. A ortogonalidade dos outros cômodos também é distorcida. A maioria dos espaços residuais ou irregulares foi aproveitada como armário.

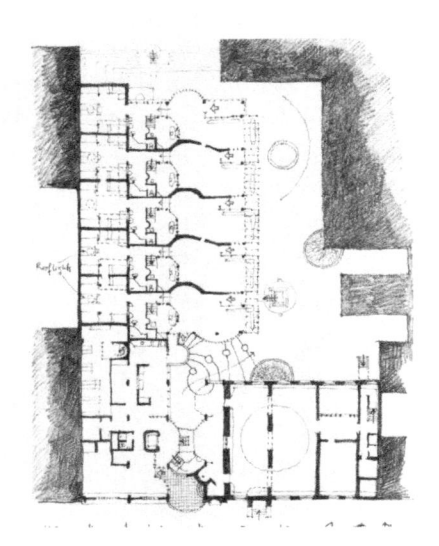

Aldo van Eyck conferiu para cada um dos apartamentos residenciais nos fundos da Casa das Mães (1978), em Amsterdã, um caráter individual ao distorcer suas paredes-meias para criar espaços curvos.

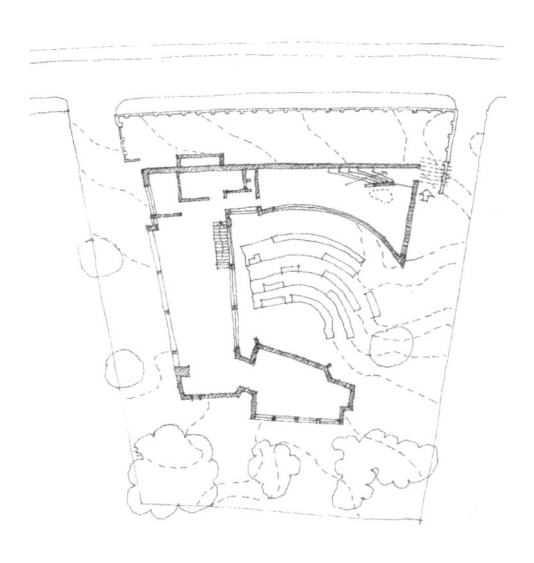

A distorção de geometrias de Aalto em seu ateliê em Helsinque é em parte uma adaptação ao terreno em forma de cunha, mas também cria um cômodo externo, como um anfiteatro, com uma arquibancada na grama voltada para uma parede que poderia ser usada para a projeção de filmes.

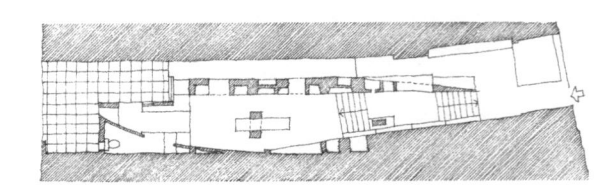

Quando David Chipperfield projetou a Galeria Wilson and Gough, em 1989, seu lote, como o de le Pautre (Hôtel de Beauvois, na página anterior), era irregular. Em vez de criar para esse espaço um eixo e uma simetria, ele o ordenou e organizou com uma parede reta. A contraposição desta com a irregularidade do lote produz diferentes espaços. O projeto é um exercício no jogo entre a regularidade e a irregularidade.

Observe que, em todos os exemplos acima, os desvios das geometrias da construção e do planejamento não são meros exercícios gráficos. Todos são adaptações a certas condições (irregulares) ou buscam afetar a experiência da pessoa. Em alguns, o objetivo é convencer a pessoa de que, apesar da irregularidade do terreno, ela está em um lugar regular, ordenado e axial. Em outros, o objetivo é libertar a pessoa da axialidade e ortogonalidade e proporcionar diferentes tipos de experiência espacial.

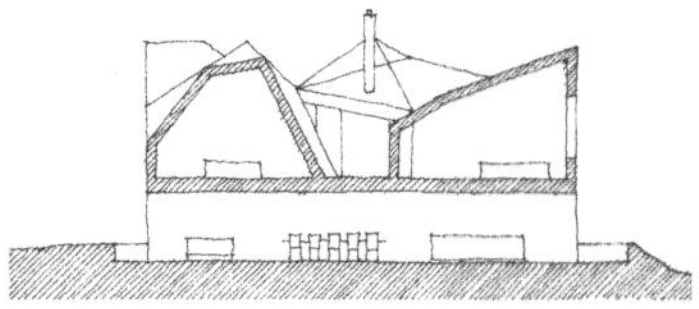

Seção dois – Geometria   **103**

Enquanto escrevia estes exercícios sobre as geometrias da construção e do planejamento, em março de 2011, folheava a revista Architecture Today (edição de fevereiro de 2011). Havia um artigo sobre projetos recentes de casas no Reino Unido. As duas casas ilustradas aqui representam o hábito contemporâneo de jogar com as geometrias da construção e do planejamento, sua distorção e a diferente relação com o espaço que pode resultar.

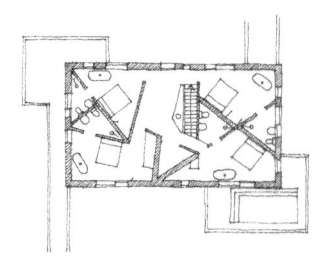

corte

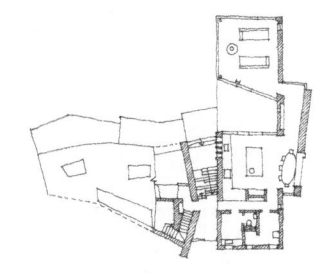

nível superior

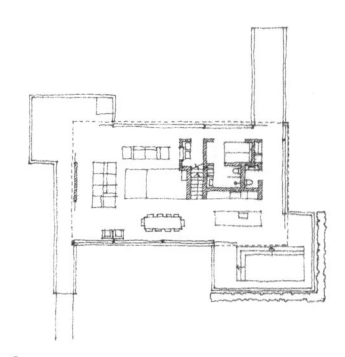

pavimento superior

nível inferior

pavimento inferior

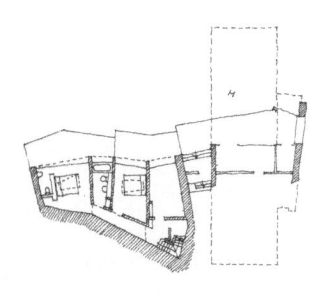

Ty Hedfan (a Casa que Voa, Flutua, Plaina, projetada por Featherstone Young), na região central do País de Gales, é dividida em duas partes. A parte principal, em dois pavimentos superiores, é ortogonal, enquanto a área para hóspedes (enterrada), à esquerda nas plantas acima, é irregular. Contudo, mesmo na parte ortogonal há áreas que desviam da geometria da construção.

A Casa nas Dunas, em Thorpeness, Suffolk (projetada por Jarmond/Vigsnæs Architects), desenvolve-se em dois pavimentos. O inferior lembra a Casa Farnsworth, de Mies van der Rohe (veja a página 75 e Twenty Buildings Every Architect Should Understand): ortogonal, com paredes de vidro por toda a sua volta e um núcleo maciço onde estão os espaços que não devem ser vistos. O pavimento superior, embora contido em um retângulo, é irregular. Há quatro dormitórios, cada um com uma cama e um banheiro. Este pavimento também é irregular em seção (no alto).

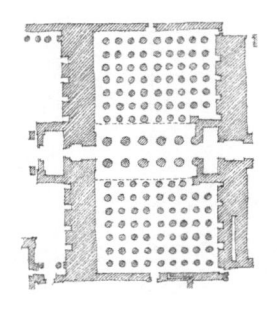

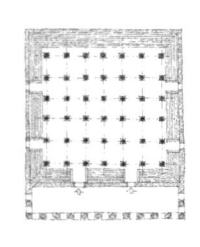

EXERCÍCIO 8c. Espaços com colunas/a planta livre.

No Exercício 7e, você explorou maneiras de cobrir espaços maiores. Uma delas era inserir colunas intermediárias dentro do espaço para sustentar a cobertura ou a laje do piso superior. Os espaços com colunas têm sido construídos desde a Antiguidade. Acima, à esquerda, está a planta do salão hipostilo do Templo de Amon, em Carnac, no Egito, que data aproximadamente de 1400 a.C. Acima, à direita, está o Telesterion de Elêusis, na Grécia (século VI a.C.). Esses espaços tiveram suas paredes externas preservadas. Sua estrutura era baseada na ideia de que as vigas poderiam vencer vãos relativamente pequenos entre duas colunas (*1*). No século XX, quando materiais estruturais mais resistentes e integrados que a pedra se tornaram disponíveis, os arquitetos começaram a criar espaços livres de paredes externas maciças. A ideia da forma da Casa Dom-Ino, de Le Corbusier (*2*), em 1918, foi uma expressão clara e influente dessa ideia arquitetônica simples, mas revolucionária.

Você pode explorar as ramificações dessa ideia revolucionária com seus blocos de construção. O círculo de lugar, onde toda a arquitetura começa, é sobreposto por uma malha retangular relacionada à capacidade dos materiais disponíveis de vencer um vão, que determina as posições das colunas (*3*). Isso produz uma floresta de colunas, que antigamente era associada com mistério. As colunas sustentam a estrutura da cobertura, e o espaço pode ser subdividido com paredes internas que não transferem qualquer carga estrutural (*4*). O resultado é um jogo entre as colunas e paredes internas que enriquece a linguagem da arquitetura e suas possibilidades. Isso possibilita

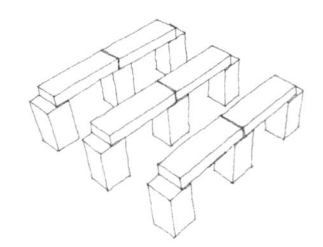

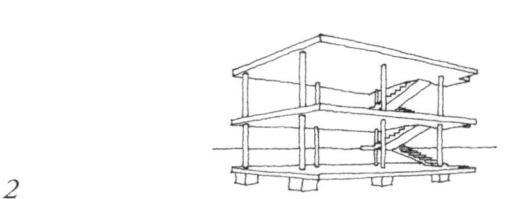

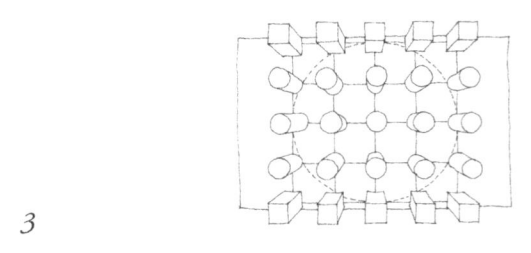

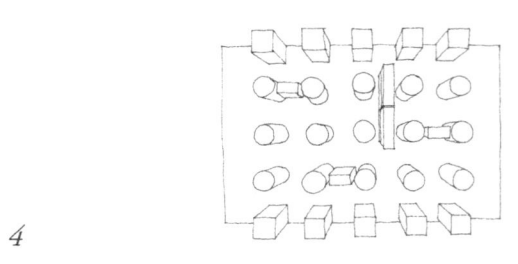

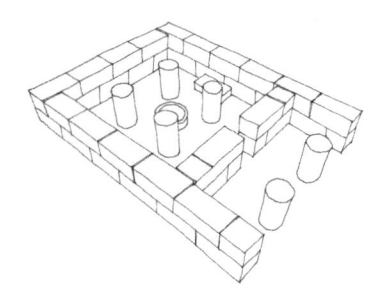

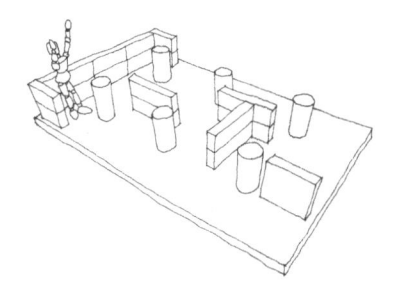

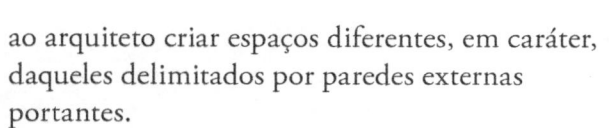

Seção dois – Geometria 105

ao arquiteto criar espaços diferentes, em caráter, daqueles delimitados por paredes externas portantes.
A resistência e a integridade (a capacidade de fazer conexões resistentes) dos materiais modernos – concreto armado e aço – possibilitou vãos maiores, com espaços maiores entre colunas mais esbeltas.

função de a cobertura ser sustentada pelas colunas, suas paredes internas estão livres para serem posicionadas independentemente destas. Elas podem ficar embaixo da cobertura ou não.
   Compare esse tipo de espaço (acima) com o da "forma clássica" identificada na página 79. Não está isolado do mundo exterior. Não tem porta e,

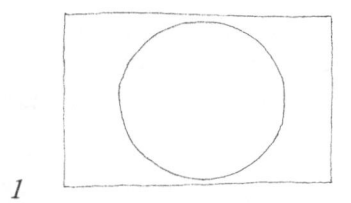

1 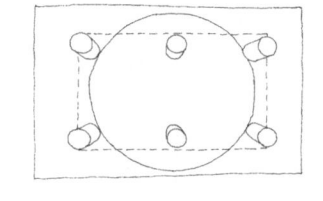   *2* 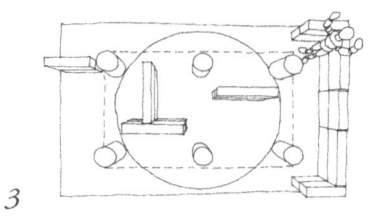   *3*

   Comece com o círculo de lugar desenhado em sua prancheta (*1*). Distribua as colunas de modo a sustentar uma cobertura simples sobre o círculo; devido à geometria da construção, isso tem o efeito de tornar o círculo retangular (*2*). Distribua algumas paredes internas independentes dessa estrutura de colunas (*3*). Repare que, em

portanto, não tem o eixo desta. É um espaço sem direção ou foco dinâmicos; é um espaço no qual tendemos a perambular.
   Essa ideia espacial está por trás de uma das edificações mais importantes do século XX: o Pavilhão de Barcelona, projetado por Mies van der Rohe em 1929 (veja *Twenty Buildings...*).

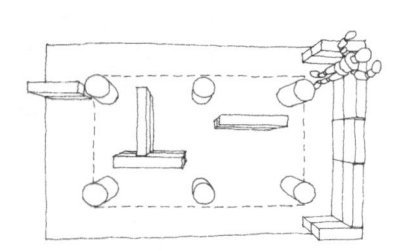

4 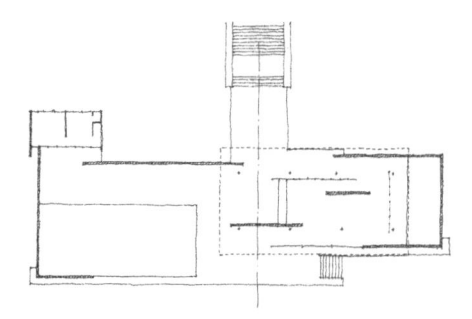   *5*

EM SEU CADERNO DE CROQUIS...

Em seu caderno de croquis... encontre e desenhe exemplos da "planta livre", onde o uso de colunas (de concreto armado ou aço) para a sustentação dos pisos e das coberturas liberta as paredes de sua função estrutural e produz espaços abertos em vez de fechados.

Você pode começar com duas das edificações inovadoras, de cerca de 1930, que introduziram essa nova ideia espacial na arquitetura: o Pavilhão de Barcelona, de Mies van der Rohe (já mencionado), e a Vila Savoye, de Le Corbusier (ambas aparecem como estudos de caso em *Twenty Buildings Every Architect Should Understand*).

O Pavilhão de Barcelona começa conceitualmente com oito colunas esbeltas de aço sustentando uma cobertura plana (tracejado) sobre um pódio de pedra. Isso liberta as paredes para que sejam posicionadas no pódio, tanto embaixo quanto por fora da cobertura. Embora Mies pareça ter se inspirado no mégaron ou templo da Grécia Antiga como base para sua arquitetura, ele abre a cela fechada e cria um labirinto simples em vez de uma planta axialmente simétrica gerada por uma porta e seu foco. Essa é uma edificação dentro da qual perambulamos; não seguimos uma direção clara.

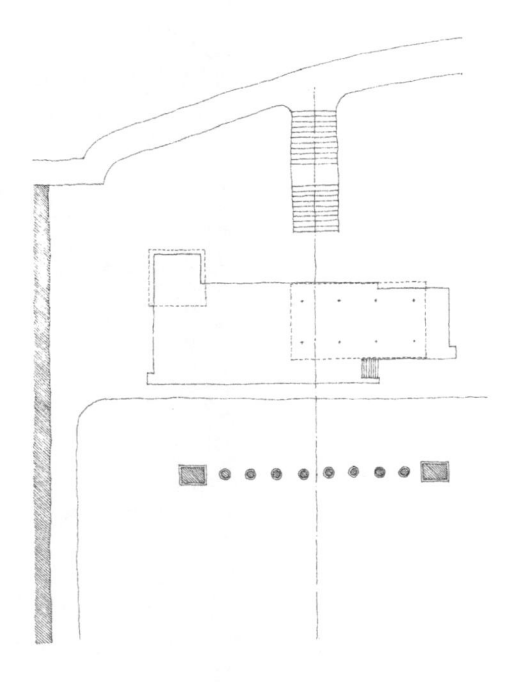

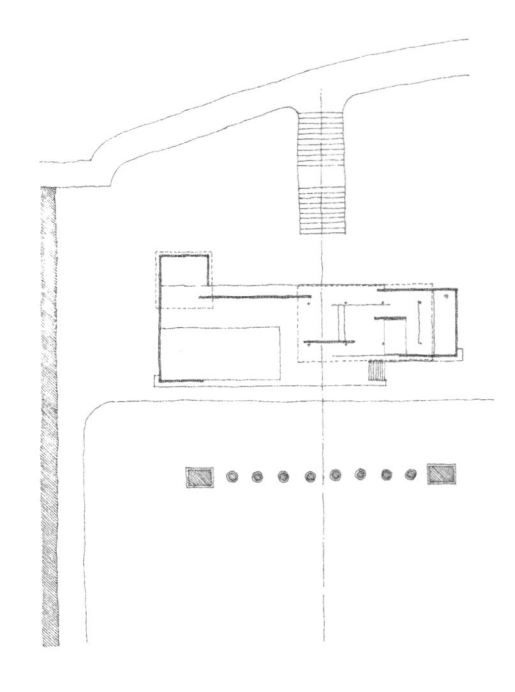

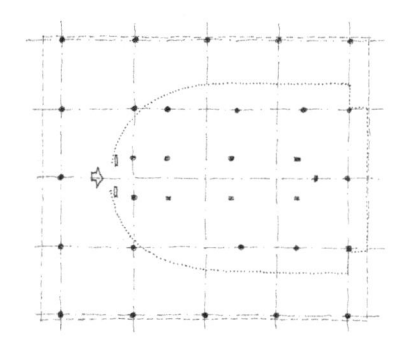

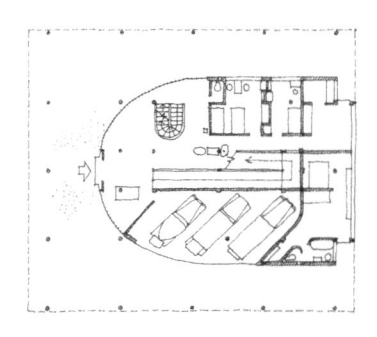

As paredes da Vila Savoye, de Le Corbusier (este é o pavimento térreo), são independentes das colunas estruturais de concreto. A porta (indicada pela seta) está no eixo central da retícula, mas logo que a pessoa entra, é desviada desse eixo para uma rota com rampas que a leva ao pavimento de estar principal. Perceba como Le Corbusier deixa algumas colunas fugirem da disciplina estrita da retícula estrutural – por exemplo, para dar espaço para a rampa central.

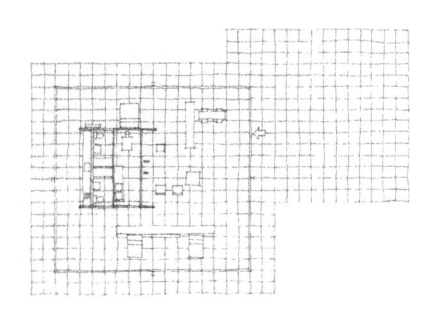

Em seu projeto não construído da Casa de 50 × 50 Pés, Mies reduziu a estrutura que sustenta a cobertura a quatro colunas esbeltas de aço situadas no ponto intermediário de cada lado do quadrado.

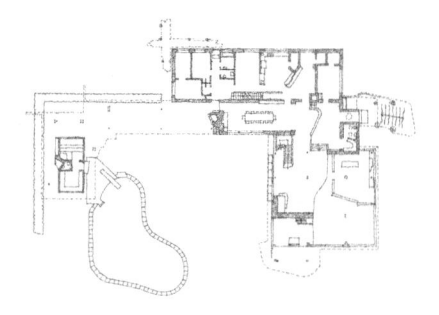

Parte da Vila Mairea, de Aalto, é feita de madeiras de alvenaria portante. Outras partes têm colunas estruturais. A biblioteca (recinto direito inferior no desenho) é delimitada por linhas de estantes que não desempenham nenhum papel estrutural.

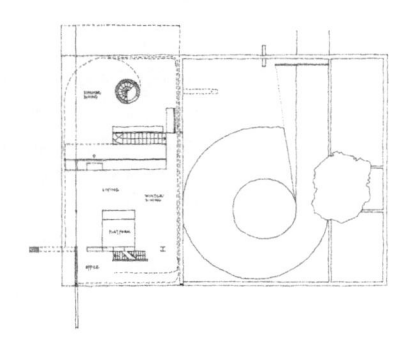

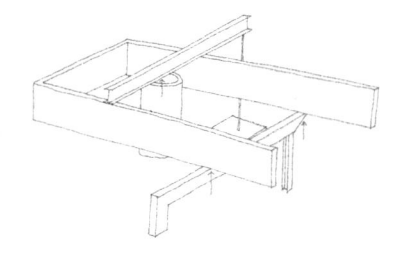

Rem Koolhaas foi influenciado por Le Corbusier, mas levou algumas das ideias deste a níveis surreais. O pavimento intermediário de sua Casa em Bordeaux parece não ter quase nenhuma estrutura. Koolhaas e seu engenheiro bolaram uma maneira de fazer com que o pavimento superior pareça flutuar no espaço (a Casa em Bordeaux é outro estudo de caso em Twenty Buildings Every Architect Should Understand).

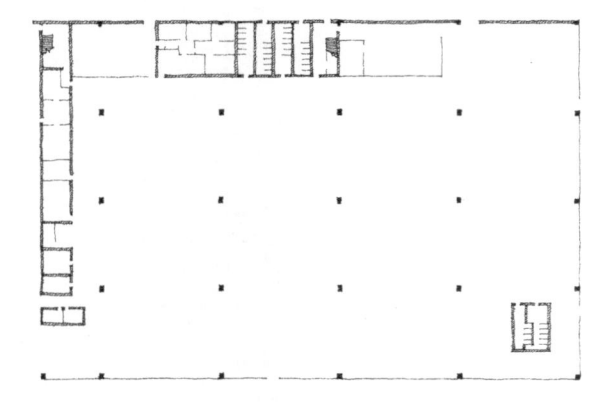

O uso mais comum da planta livre é nos edifícios de escritórios. Esta é a planta baixa da Casa de Remessa Postal da GEG, construída em Kamen, na Alemanha Ocidental, no início da década de 1960. É um grande espaço aberto, pontuado por colunas estruturais bem espaçadas em retículas simples. Apenas os banheiros e depósitos, que não poderiam ficar abertos, estão em recintos fechados. O restante é como uma paisagem aberta, uma praia esperando para ser ocupada.

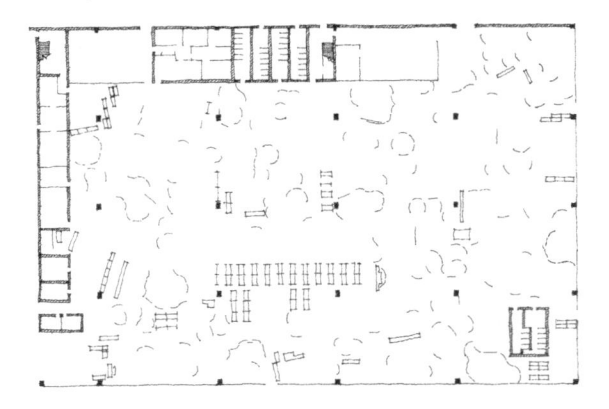

Os primeiros elementos das áreas de trabalho são as divisórias e outros móveis, como arquivos e cabideiros, que são usados para delimitar o espaço. Estes funcionam como os paraventos que às vezes as pessoas erguem na praia para delimitar seus territórios. Eles podem ser deslocados conforme as necessidades dinâmicas dos espaços.

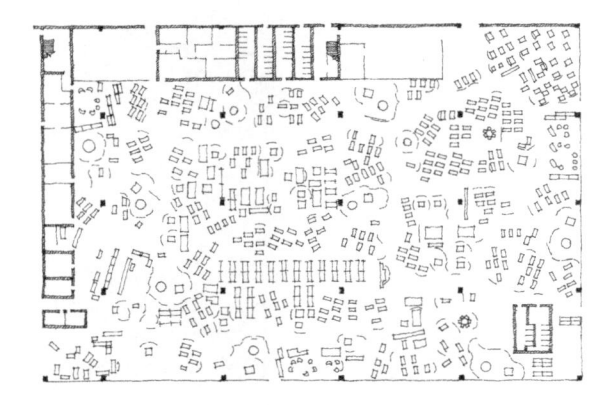

As divisórias e outros móveis delimitam os territórios das mesas de grupos de trabalho. Também há lugares com grandes mesas para conferências e discussões. Alguns territórios são reservados para o descanso. Observe como as colunas realmente desempenham uma função na organização dos territórios. Repare também que diferentes lugares possuem diferentes caracteres. Você escolhe onde gostaria de sentar para atender o telefone durante dia todo.

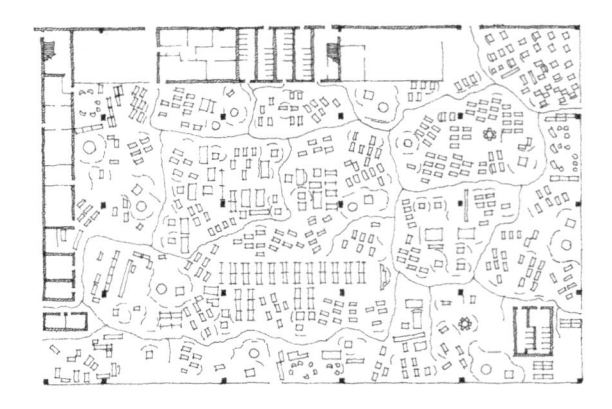

Os caminhos perambulam entre diferentes territórios, dando acesso a cada um. O leiaute resultante é como uma praia em um movimentado dia de verão. A arquitetura criou sua própria paisagem artificial e formal (que era conhecida como Bürolandschaft – grande escritório com planta livre). As geometrias sociais são visíveis nos leiautes das cadeiras, mesas de reunião e de trabalho. Funciona como uma comunidade urbana nascente que cresce a partir de pequenos assentamentos. Hoje os leiautes das centrais de atendimento tendem a ser geometricamente mais organizados que este. Veja o desenho na página 65.

EXERCÍCIO 9: A geometria ideal

Nos exercícios anteriores, exploramos as influências de vários tipos de geometria na arquitetura, mas a primeira na qual você provavelmente pensou como "geometria" vem por último. Essa é o senso de geometria na matemática pura, o tipo de matemática que você aprendeu na escola ou quando brincava com uma régua, um compasso ou um transferidor. É a geometria das figuras perfeitas: círculos, quadrados, esferas, cubos. É uma forma abstrata de geometria, que pode ser distinta das formas "existenciais" (as geometrias reais) dos exercícios anteriores (o círculo de lugar, o eixo da porta, a geometria da construção, etc.). Para lhe dar um nome, A Análise da Arquitetura chama essa forma abstrata de geometria de "geometria ideal".

Embora o lar natural das geometrias reais seja o mundo – nas características dos materiais (tijolos, blocos, tábuas de madeira), em nossos corpos –, o lar da geometria ideal está na esfera abstrata da superfície de uma folha de papel ou no espaço cibernético de um programa de computador. O fato de que a geometria ideal não pertence totalmente a este mundo contribui para seu misticismo, em especial para os arquitetos. Construir uma edificação perfeita como um cubo, apesar de não haver qualquer razão pragmática ou empírica para tal, confere a ela uma qualidade percebida pela mente como transcendente. Parece lhe conferir a autoridade do perfeito, do ideal.

EXERCÍCIO 9a. Um espaço quadrado.

É curioso que este seja o Exercício 9. Nove é um número quadrado: 3 × 3. Pode ser expresso graficamente como um quadrado dividido em nove quadrados menores e iguais (uma retícula ou grelha).

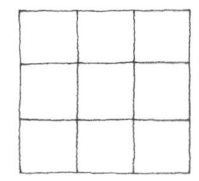

Nesse sentido, nove é um número bidimensional. Desenhe essa grelha de 3 × 3 quadrados em sua prancheta. Ao fazê-lo, devemos levar em consideração o centro, o espaço arquitetônico dinâmico e a geometria da construção.

Marque o centro da prancheta. Risque a retícula de 3 × 3 quadrados de modo que o centro de um de seus lados seja o centro da prancheta, e use o comprimento de um bloco como módulo.

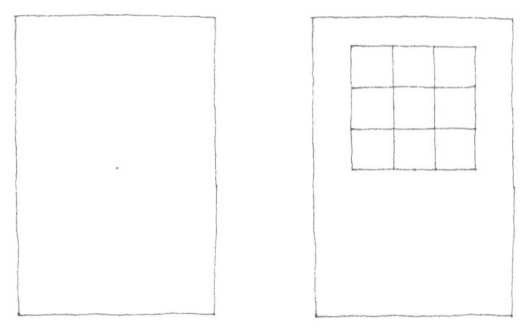

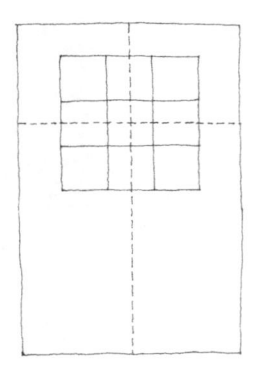

Você pode perceber que o quadrado lembra algumas das ideias que encontramos anteriormente nestes exercícios: a criação de seu próprio centro e eixos que combinam com a geometria retangular do "mundo" da prancheta sobre a qual você irá construir.

Agora construa uma parede em volta desse quadrado, com apenas um bloco de altura. Você pode construir essa parede em três posições diferentes: com o quadrado em sua face externa, em sua face interna ou em seu ponto intermediário, em volta de todo o quadrado maior. Cada uma produziria um recinto quadrado, mas, para este exercício, construa com o quadrado na face interna da parede.

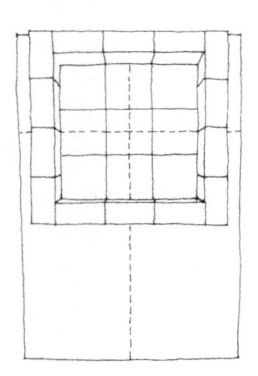

Por ter usado o comprimento de um de seus blocos como módulo, em dois dos lados de seu recinto quadrado as juntas dos blocos devem estar alinhadas com as linhas dos quadrados menores. Agora você tem um espaço quadrado fechado. Porém, uma pessoa não poderia entrar nele a menos que subisse pela parede, então abra uma porta. Você também poderia colocar uma lareira no centro.

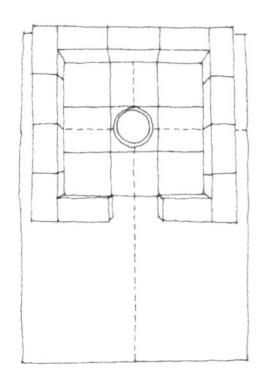

Agora temos uma edificação idêntica, em planta, à casa que redesenhamos (a partir da casa circular) no Exercício 7, conforme a geometria da construção. Contudo, é importante observar que chegamos a ela por um caminho conceitual diferente. A casa que acabamos de construir tomou sua forma em planta da ideia do quadrado perfeito da geometria ideal. Mesmo que o resultado seja igual, as ideias por trás das duas casas são diferentes. Essa diferença conceitual se torna mais evidente e sua influência se torna aparente à medida que tentamos desenvolver o projeto.

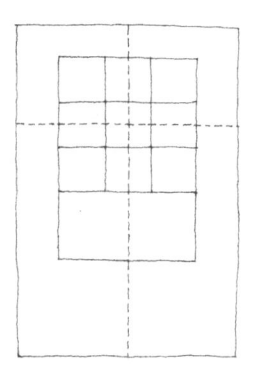

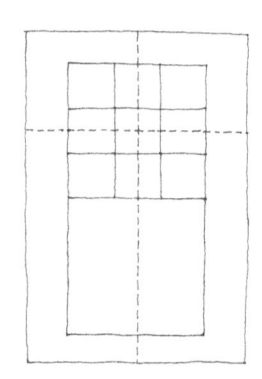

EXERCÍCIO 9b. Ampliando o quadrado.

No Exercício 7, acrescentamos um alpendre para proteger a porta de entrada. Segundo a geometria da construção, apenas acrescentamos alguns blocos ao comprimento das paredes laterais. Porém, se aceitarmos a autoridade da geometria ideal, precisamos determinar uma razão diferente para os comprimentos das porções extras de paredes laterais necessárias para formar o alpendre.

Podemos ampliar a grelha de várias maneiras por meio da geometria ideal.

Em primeiro lugar, podemos ampliar a grelha em um terço, com uma linha extra de quadrados menores. Isso produziria um retângulo de 3 × 4. Como usamos o comprimento de um bloco como módulo, ele também estaria de acordo com a geometria da construção. Podemos, no entanto, considerar a profundidade desse alpendre insuficiente.

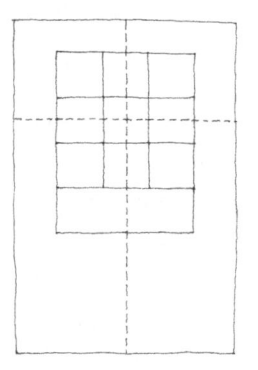

Em segundo lugar, podemos ampliar o quadrado grande (a grelha) com um meio quadrado ou até um quadrado inteiro extra, produzindo retângulos de 2 × 3 e 1 × 2, respectivamente (acima).

Porém, poderíamos considerá-los um tanto previsíveis e monótonos e buscar maneiras mais interessantes de usar um método matemático para ampliar o quadrado.

Então, em terceiro lugar, podemos tentar usar a diagonal do quadrado como um raio e traçar um arco para cortar o lado ampliado.

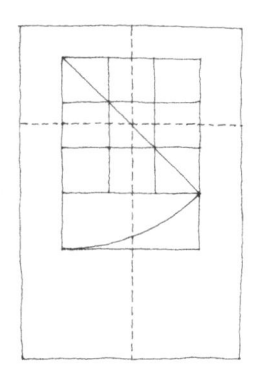

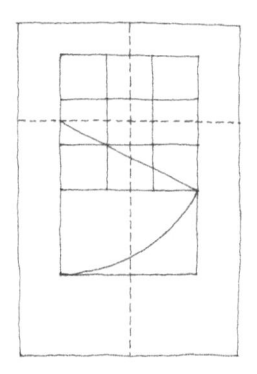

Isso produz um retângulo raiz quadrada de dois (porque a diagonal do quadrado é a raiz quadrada de dois).

Em quarto lugar, poderíamos usar o ponto intermediário de um lado do quadrado como centro e novamente traçar um arco vindo de uma quina oposta até que *ele* cortasse o lado ampliado.

Isso produz um retângulo "áureo", pois, como mostrado na página 162 da terceira edição de *A Análise da Arquitetura*, suas proporções são autorreplicantes. Se remover o quadrado do retângulo áureo, a porção remanescente ainda é um retângulo áureo.

Todos esses métodos de ampliação do quadrado por meio da geometria (matemática) ideal produzem ampliações (alpendres) de diferentes profundidades...

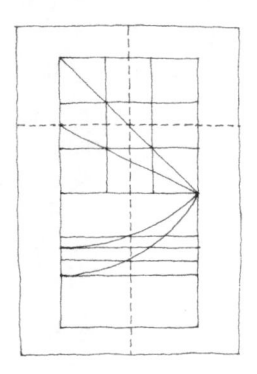

...então, como você pode escolher qual utilizar? O retângulo áureo parece especial e interessante, tem propriedades que você talvez ache mágicas ou misteriosas, então tente aplicá-lo à sua casa.

Amplie as paredes laterais da melhor maneira possível, até as extremidades do retângulo áureo. (Os quadrados menores também indicam onde você poderia posicionar as colunas para dar suporte adicional à estrutura de sua cobertura.)

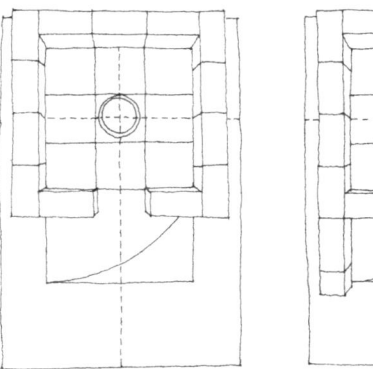

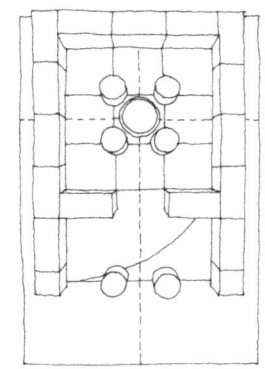

Agora você tem um alpendre que, descontando as espessuras das paredes, também é – teoricamente – um retângulo áureo, assim como a casa da qual faz parte. Em sua mente, você pode pelo menos pensar que produziu uma relação harmoniosa entre as proporções do alpendre e as da casa como um todo.

Pedimos que ampliasse suas paredes "da melhor maneira possível" porque você perceberá que seus blocos não resultam perfeitamente no comprimento extra exigido pelo retângulo áureo. Para seguir sua geometria ideal perfeitamente, você precisaria modificar os tamanhos de alguns de seus blocos. Você precisaria trocar a autoridade da geometria da construção pela da geometria ideal. Você sem dúvidas já terá sido afetado pela fascinação sedutora da geometria ideal como um meio de tomar decisões sobre as dimensões e distribuições dos elementos na arquitetura, então talvez considere que essa modificação na geometria da construção é um preço que vale a pena ser pago.

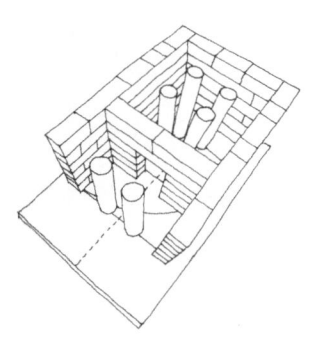

EXERCÍCIO 9c. O cubo.

Não precisamos nos contentar em jogar com a geometria ideal em duas dimensões. O espaço da arquitetura é (no mínimo) tridimensional. O quadrado de 3 × 3 pode ser elevado a três dimensões por mais uma multiplicação por três: 3 × 3 × 3 = 27. Agora você tem um cubo de espaço.

Construa as paredes de sua casa até terem três unidades de altura.

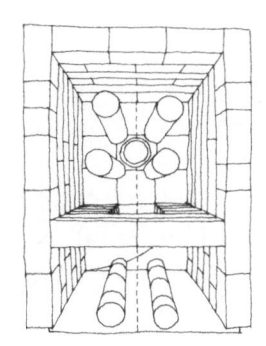

Você provavelmente ficará surpreso ao ver como as paredes parecem ser altas em relação ao piso quadrado. No entanto, você não tem outra opção além de seguir a regra que aceitou – a do cubo. Você se comprometeu em obedecer à geometria ideal acreditando que ela produzirá um espaço que pode ser identificado intelectualmente (ou eticamente) como "correto" ou considerado esteticamente como belo. Você abriu mão de seu julgamento e desejo por uma "força superior" – a da matemática.

EXERCÍCIO 9d. Problemas com a espessura da parede.

Entretanto, ao abdicar de seu próprio poder de decisão em prol da matemática (geometria ideal), você não escapou (como talvez desejasse) dos problemas associados à incerteza. Esses problemas derivam principalmente da intrusão da espessura dos materiais na geometria, cujos limites, em uma situação ideal, não teriam espessura alguma.

Por exemplo, você talvez tenha definido a extensão de seu alpendre ao aplicar o retângulo áureo à planta, mas a planta de seu alpendre não é um retângulo áureo – não só porque os blocos não são exatamente do mesmo tamanho, mas também porque a espessura da parede entre ela e o espaço interno invade seu espaço. Você pode, então, sugerir que essa parede-meia seja posicionada sobre a linha...

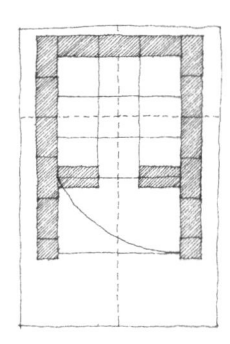

...mas aí tanto o alpendre quanto o espaço interno não teriam uma planta geométrica ideal.

Você pode ampliar o alpendre um pouco mais (pela espessura da parede) de modo que sua planta se torne um retângulo áureo.

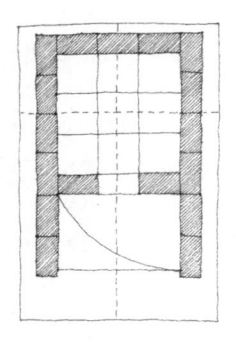

Porém, assim a planta do conjunto (o espaço interno mais o alpendre) já não seria um retângulo áureo, e suas aspirações à harmonia seriam perdidas.

Esses são os problemas das plantas bidimensionais; elas não incluem os problemas adicionais que ocorrem quando se desenha a planta em três dimensões. Quando você tenta fechar um espaço que é cúbico, a forma da edificação fechando esse espaço não é um cubo; o solo (sua prancheta) é responsável por uma das espessuras do material delimitador. É claro que você pode erguer a edificação com um pódio da mesma espessura das paredes.

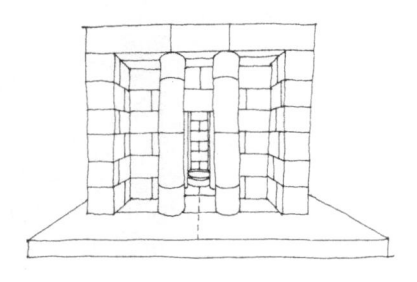

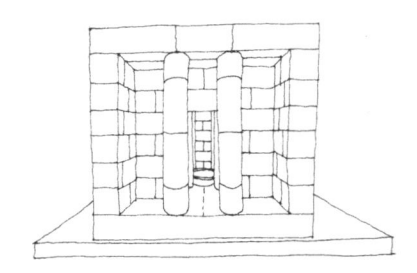

Por outro lado, pode ser que deseje nunca ter começado a aplicar a geometria ideal! Talvez seja o caminho para o inferno, não para o paraíso. Basta uma preocupação com a geometria ideal para que a aspiração à perfeição desvie a atenção de elementos como as pessoas e suas posses, atividades, experiências...

Outra possibilidade é que você considere a busca pela geometria ideal um jogo que vale a pena; talvez porque ela lhe dá apoio, algo em que se basear, um sistema com o qual tomar decisões; talvez você ache que faz suas plantas parecerem bem organizadas, ou, ao apresentar seu trabalho a outras pessoas (seus clientes ou críticos), que dá credibilidade, um rigor intelectual (não importa o quão espório ele seja ou não) que atrai ou exige respeito.

(Veja também as páginas 126–127.)

EM SEU CADERNO DE CROQUIS...

Em seu caderno de croquis... encontre e desenhe exemplos de edificações que foram projetados de acordo com a geometria ideal do quadrado, cubo, retângulo raiz quadrada de dois e retângulo áureo.

Alguns exemplos são muito fáceis de encontrar. A Casa Cubista, projetada por Shinichi Ogawa, em Yamaguchi, no Japão (1990), é um cubo de vidro.

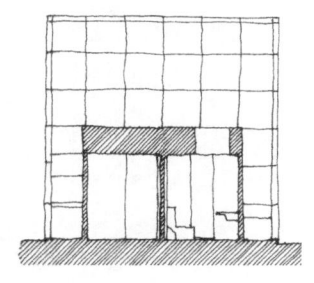

corte

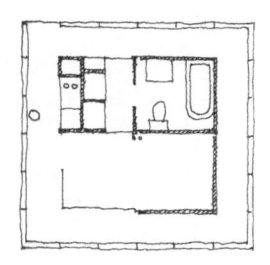

planta baixa

Outros exemplos você precisará analisar com mais cuidado. Ao fazer isso, pode ser útil criar um diagrama transparente (em papel manteiga ou acetato) dos principais retângulos utilizados.

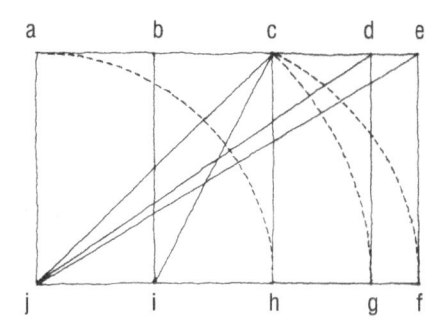

achj é um quadrado;
adgj é um retângulo raiz quadrada de dois;
aefj é um retângulo áureo;
abij e bchi são quadrados duplos.

Você também poderia incluir um retângulo de 3 × 2 quadrados.

Desenhe as diagonais dos vários retângulos – elas serão úteis. Você pode sobrepor seu diagrama transparente a plantas que encontrar em periódicos e livros. As diagonais indicarão se você encontrou um exemplo no qual o arquiteto utilizou um desses retângulos ao projetar sua obra.

Seu objetivo, ao fazer isso, é encontrar quais arquitetos utilizaram a geometria ideal em seu trabalho e quais não; e, no caso dos que a utilizaram, descobrir como fizeram. Você também pode querer refletir sobre os benefícios que eles obtiveram ao utilizar a geometria ideal como um meio para decidir sobre as posições, proporções e dimensões de partes de suas edificações e as relações dessas edificações com seus terrenos.

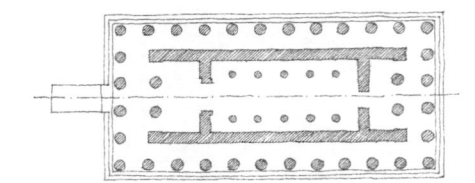

Você perceberá que, por exemplo, ao projetar a Casa Farnsworth, Mies van der Rohe não utilizou a geometria ideal.

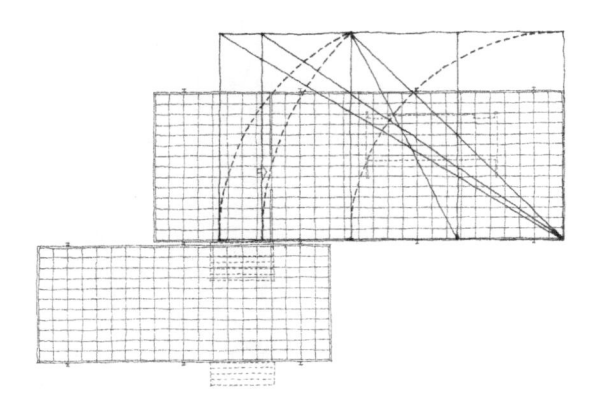

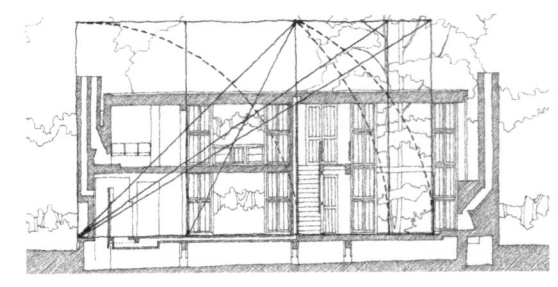

corte

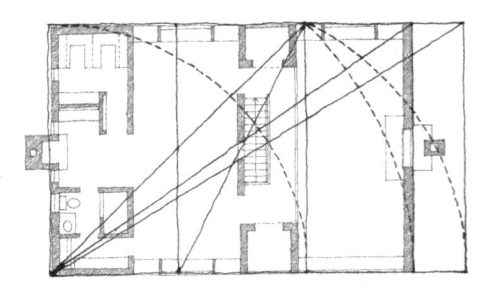

planta baixa

Parece que ele estava mais preocupado em seguir as proporções de um templo grego antigo em particular (o de Alfaia, em Egina, no alto) e expressá-las em um número inteiro de placas de pedra nos pisos das plataformas, isto é, por meio da geometria da construção. A Casa Farnsworth é um dos estudos de caso analisados em *Twenty Buildings Every Architect Should Understand*. Lá, você encontrará mais informações sobre a postura de Mies em relação à geometria e as maneiras como conferiu uma integridade genética a suas edificações, proveniente de fatores diferentes da geometria ideal.

A Casa Esherick, de Louis Kahn, é outro estudo de caso em *Twenty Buildings*. Nessa edificação, parece que o arquiteto *utilizou* a geometria ideal para determinar as proporções de sua planta.

Você pode perceber que a diagonal do retângulo raiz quadrada de dois, em seu diagrama, coincide com a diagonal da planta da casa. Parece que Kahn também utilizou a geometria ideal ao projetar o corte da casa (no alto). Uma análise geométrica mais detalhada aparece em *Twenty Buildings*.

A geometria ideal não foi utilizada na arquitetura apenas no século XX – como um recurso, é tão antiga quanto as pirâmides, literalmente. A geometria ideal, na arquitetura, não é apenas uma ferramenta que auxilia a tomada de decisões sobre os tamanhos, as proporções e as posições dos elementos.

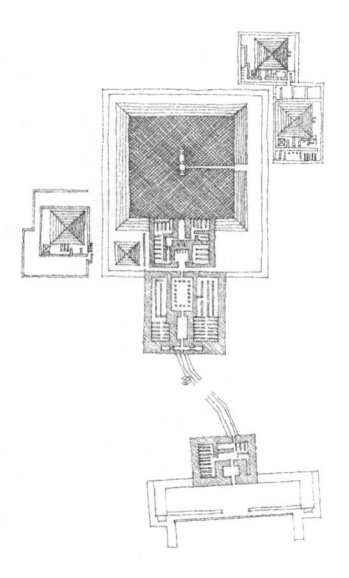

A pirâmide egípcia tinha planta quadrada não só porque esta formalizava o círculo de lugar em volta do último local de repouso do faraó dentro da matéria sólida da pedra com a qual a pirâmide foi construída e a orientava de acordo com os quatro pontos cardeais, mas também porque a perfeição do quadrado, elevado na forma de uma pirâmide, parece estar de acordo com a morte.

A Vila Rotonda, de Palladio (século XVI), também tem planta quadrada, embora os eixos de sua porta estejam orientados pelos pontos cardeais.

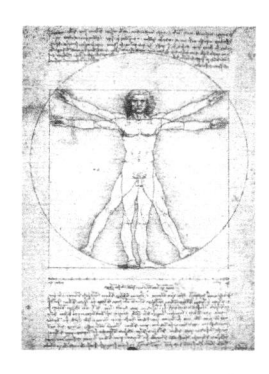

O círculo de lugar da pessoa é central na composição da Vila Rotonda, mas a geometria ideal da edificação associa o ser humano em seu centro à ideia de perfeição. Isso também lembra a crença, como ilustrado no famoso desenho do Homem Vitruviano (no alto), de Leonardo da Vinci, de que a forma do ser humano perfeito também era organizada de acordo com a geometria ideal.

Os templos da Grécia Antiga parecem ter sido projetados segundo a geometria ideal por razões estéticas, isto é, porque ela os tornava mais harmoniosos visualmente e mais bonitos. Porém, a geometria dessas edificações é tão sutil que muitas vezes fica difícil determinar como ela foi utilizada exatamente. A elevação desse pequeno templo parece, por exemplo, ter sido projetada de acordo com o quadrado e talvez o retângulo raiz quadrada de dois, mas não de uma maneira óbvia ou simplista.

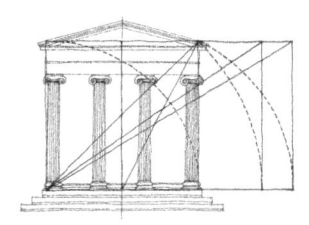

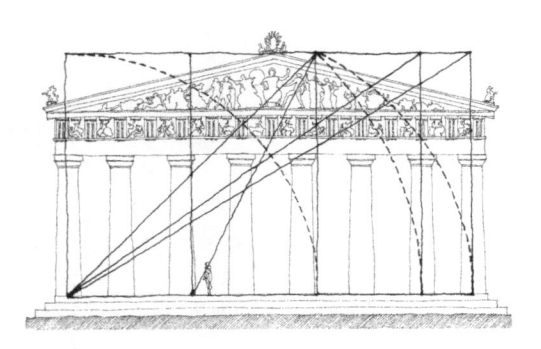

A elevação principal do Partenon pode ser interpretada como tendo sido projetada de acordo com o retângulo áureo, mas, novamente, não de uma maneira óbvia ou simplista.

Você pode ler em outras obras (em *Greek Architecture*, de A. W. Lawrence, nas páginas 169– 175, por exemplo) sobre as maneiras sutis com as quais a arquitetura grega levemente curvava ou distorcia alguns elementos da geometria de seus templos para corrigir ilusões óticas, como o aparente "afunilamento" das colunas com lados retos (compensado por meio da êntase – um aumento quase imperceptível no fuste da coluna); a aparente depressão da base de um templo (ao torna-la ligeiramente convexa); o aparente alargamento em direção ao topo de um templo com lados perfeitamente verticais (fazendo esses lados se curvarem ligeiramente para dentro); etc. Essas distorções ou melhorias têm razões consideradas estéticas – para fazer o templo parecer mais bonito. Elas acrescentam uma nuance sutil ao uso da geometria ideal na arquitetura (e sugerem questões intrigantes sobre ele): se a geometria ideal oferece uma fórmula de beleza para as edificações, então por que elas precisariam de refinamentos?

Talvez a geometria ideal não seja mais que um jogo satisfatório para o arquiteto, um sistema que auxilia suas decisões sobre as proporções, relações e dimensões, mas que não oferece benefício claro para a pessoa.

Os arquitetos têm empregado a geometria ideal há milhares de anos. No século XVI, parece que Michelangelo utilizou a geometria do quadrado e do retângulo áureo como base para seu projeto do vestíbulo da escada da Biblioteca Laurenciana, em Florença.

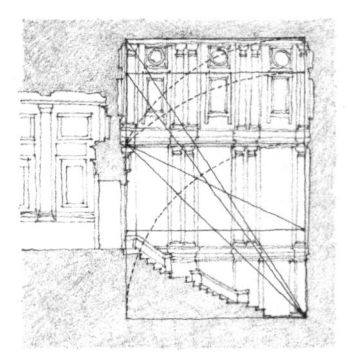

corte

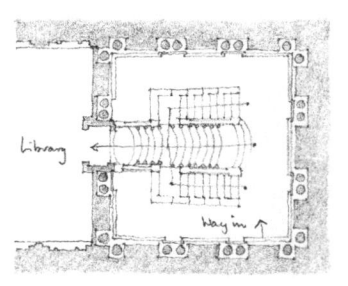

planta baixa

Sempre há incertezas na identificação da geometria ideal segundo a qual qualquer projeto em particular pode (ou não) ter sido feito. No Exercício 9d, encontramos algumas das dificuldades acarretadas pelo aumento da espessura da parede em um esquema geométrico. A mesma dificuldade afeta a análise geométrica de plantas baixas e cortes. Nem sempre é fácil discernir onde exatamente você deve colocar seu diagrama transparente para revelar a geometria oculta de uma planta baixa ou um corte.

Por exemplo, assim como há um retângulo raiz quadrada de dois aparente na planta da Casa Esherick, de Kahn, parece – se você incluir as chaminés da extremidade – que ela também se encaixa em um retângulo áureo.

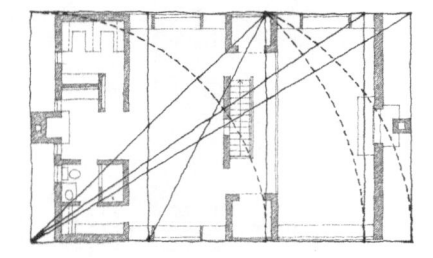

Porém, o retângulo áureo também "funciona" para a Casa Esherick em proporções levemente diferentes.

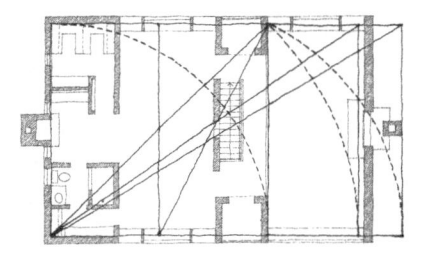

Um historiador pode ficar obcecado por identificar exatamente qual composição geométrica Kahn de fato utilizou e estudar seus desenhos para encontrar pistas. Contudo, dentro do contexto do aprendizado sobre como a arquitetura funciona e da exploração das várias maneiras como ela pode ser praticada, é suficiente estar razoavelmente certo de que Kahn de fato utilizou a geometria ideal em sua obra e refletir com cuidado sobre o que essa geometria oferece ao arquiteto (você) e àqueles que usam e percebem as edificações. Você deve explorar o uso da geometria ideal em seu próprio trabalho e decidir se ela ajuda ou não a atingir seu objetivo ou o que for necessário em certas situações. Você perceberá que uma quantidade surpreendentemente grande de arquitetos, ao longo dos séculos, utilizou a geometria ideal. Muitas das edificações do século XX que estão em *Twenty Buildings Every Architect Should Understand* apresentam o uso dela quando analisadas – Mies van der Rohe foi uma exceção. O perigo – ou talvez essa seja uma possibilidade com consequências positivas – é que você também acabe obcecado.

INTERLÚDIO: A esfera

A esfera é uma forma que você não pode reproduzir com seus blocos de construção. É uma forma geométrica ideal, um sólido simples, e, como tal, uma proposta interessante a ser realizada pela arquitetura.

O Panteon (1) foi construído em Roma no início do século II d.C.

O enorme Cenotáfio de Newton (2) foi projetado por Étienne-Louis Boullée no final do século XVIII, mas nunca foi construído.

O Rose Center for Earth and Space (3) foi construído no Museu Norte-Americano de História Natural, em Nova York, em 2000. Foi projetado pela Polshek Partnership e contém um planetário esférico.

As três edificações, de diferentes períodos da história, manifestam uma arquitetura baseada na esfera. Todas fazem alusão ao formato atribuído ao céu. Também ilustram os problemas que os arquitetos encontram ao tentarem criar espaços esféricos – problemas que envolvem conflitos entre a geometria ideal e algumas das geometrias reais. O primeiro está relacionado à geometria da construção, e o segundo, à geometria do movimento humano. Ambos estão relacionados à força constantemente vertical da gravidade.

As cúpulas hemisféricas construídas com alvenaria ou concreto desviam gradualmente a força da gravidade para o solo por meio da casca esférica, mas a força que atua em uma cúpula invertida é muito diferente. Pense no formato de um balão murcho colocado sobre uma mesa.

A parte superior terá a forma aproximada de uma cúpula, enquanto a parte inferior será achatada contra a superfície da mesa.

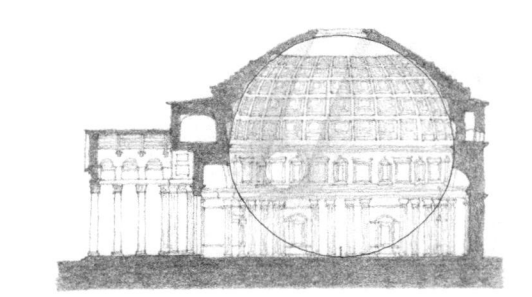

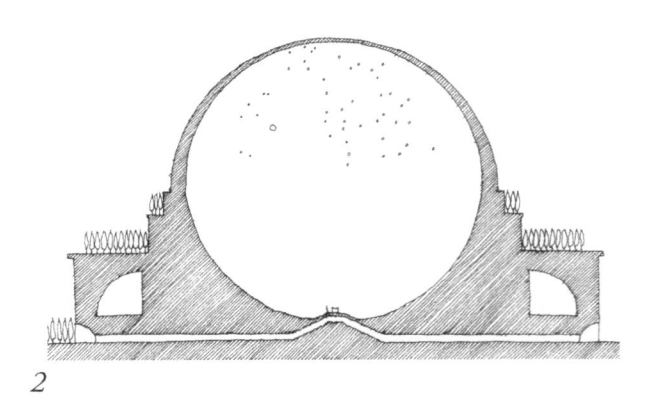

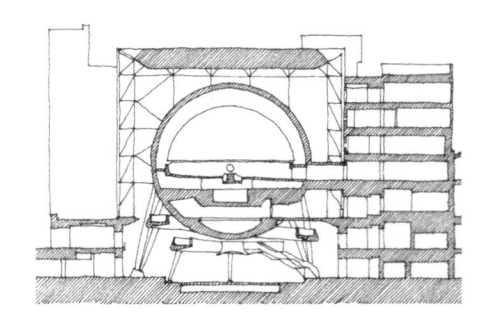

O Panteon lida com esse problema substituindo a parte inferior da esfera por um cilindro – as paredes verticais transferem o peso da cúpula para o solo. O Cenotáfio de Newton se baseia em uma enorme massa de alvenaria que envolve a parte inferior da esfera para lhe dar estabilidade. Por ser construído com uma estrutura de aço, o planetário do Rose Center of Earth and Space lembra mais a estrutura contínua de um ovo. Sua parte inferior é sustentada por suportes que apoiam a esfera no espaço.

A esfera pode ser uma representação extrema do círculo de lugar, expandindo-o à terceira dimensão. Porém, embora seja possível que cada um de nós ocupe o centro de um círculo desenhado no solo e sua extensão no espaço como cilindro, é impossível ocupar o centro de um grande espaço cilíndrico sem o uso de um trapézio. Também é fácil nos movimentarmos, como atores na orkestra circular de um teatro grego antigo, no solo horizontal delimitado por um círculo de lugar. Porém, uma esfera de lugar construída tem apenas uma pequena área na qual, poderíamos nos movimentar devido à influência da força da gravidade. Imagine tentar caminhar pela base de um wok (panela chinesa); uma superfície boa para andar de esqueite não será boa para caminhar. Em uma esfera perfeita, há apenas um ponto minúsculo em sua superfície que é horizontal.

Novamente, o Panteon soluciona esse problema substituindo a parte inferior da esfera por um cilindro com um piso circular, mas horizontal, sobre o qual podemos caminhar com facilidade. Aquela área minúscula da esfera que seria horizontal é marcada como centro do piso circular, logo abaixo do óculo que permite que um feixe de luz solar percorra o espaço.

O interior do Cenotáfio de Newton não foi projetado para que caminhássemos; a experiência do espaço no centro seria poderosa o suficiente, perto do ponto onde estaria o memorial de Isaac Newton (o "inventor" da gravidade).

O planetário, no Rose Center, resolve esse problema de maneira diferente. Um piso horizontal foi construído mais ou menos no centro do espaço esférico. Assim, enquanto seu aspecto exterior é de uma esfera, o interior é percebido como um hemisfério.

As esferas também apresentam desafios quanto à entrada. O Panteon tem menos problemas com a porta que os outros dois exemplos ilustrados aqui. A porta dá acesso ao cilindro, no nível do solo – mas mesmo assim há um leve conflito entre a geometria retangular e axial do pórtico e a geometria radial da planta circular.

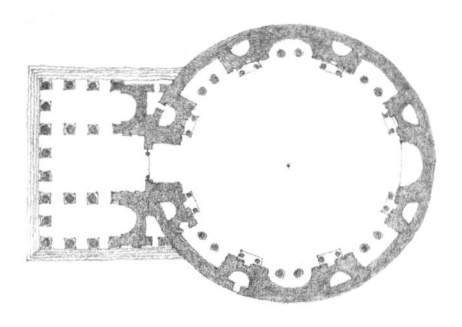

Boullée resolveu o problema criando a entrada do Cenotáfio de Newton no ponto mais baixo da esfera de lugar. O planetário do Rose Center é acessado por meio de uma passarela perto de seu diafragma.

Como muitos exemplos nos quais a geometria ideal é imposta à forma arquitetônica, os conflitos emergem com as geometrias reais: a maneira como as pessoas são constituídas e se movem, as maneiras como a gravidade atua e as maneiras como podemos construir as edificações com materiais.

EXERCÍCIO 10: Simetria e assimetria

Enquanto você coletava (para o exercício anterior em seu caderno de croquis) exemplos orientados pela geometria ideal, provavelmente percebeu diferentes estratégias dividindo as plantas em recintos ou espaços constituintes. Já exploramos a geometria do planejamento no Exercício 8, mas aqui temos outras questões a considerar, relativas à hierarquia espacial, ao movimento e às relações com o mundo externo.

A tendência ao longo de toda a história tem sido associar a geometria ideal com a simetria axial. Esta pode ser facilmente confundida com o eixo da porta, pois muitas vezes estão ligados. Porém, a simetria axial, tanto em elevação quanto em planta, é diferente, no sentido de que constitui uma ideia intelectual expressa primeiramente nos desenhos abstratos que os arquitetos fazem – plantas e elevações – e, como tal, é distinta de um efeito fenomenológico; isto é, somente quando você olha a planta de um arquiteto é que pode ver se ela é ou não organizada de forma simétrica em relação a um eixo, mas consegue sentir a força do eixo de uma porta quando se posiciona diante dele.

O eixo simétrico é um fator da geometria ideal. Ele foi motivo de disputa ao longo do século XX. A simetria e a assimetria sugerem diferentes posturas em relação à hierarquia e ao movimento entre os cômodos de uma edificação. Eles também podem levar a diferentes relações entre o mundo interior e o exterior.

EXERCÍCIO 10a. O eixo de simetria.

O eixo de uma porta pode se tornar um instrumento de organização espacial. Vimos isso em exercícios anteriores, quando, por exemplo, dispomos uma casa com uma cama em cada lado do eixo e uma lareira em seu foco.

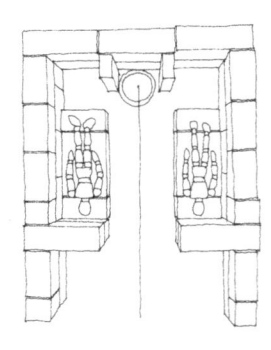

Vimos também que isso pode levar, conceitualmente, à forma clássica do templo, da mesquita ou da igreja, com seu senso de direção e de movimento ao longo do eixo até um ponto focal.

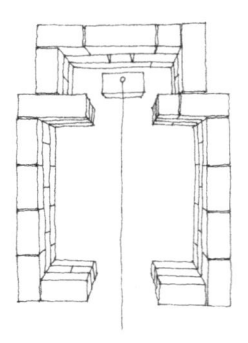

Quando desenhamos um eixo que inicia ou não em uma porta, ele pode se tornar não apenas uma linha de movimento e foco, mas também um princípio para a organização espacial. Seres humanos estáticos, em pé, tentando chamar atenção, são simétricos; então as plantas e a elevações das edificações também deveriam ser simétricas?

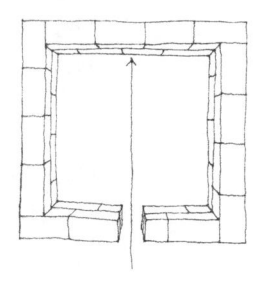

Há muitas maneiras de distribuir simetricamente em relação a um eixo os cômodos de uma planta baixa quadrada. A maior parte da arquitetura de estilo clássico e "Beaux Arts" segue essa regra (você pode procurar por "Beaux Arts" na Wikipédia).

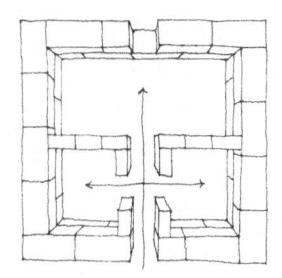

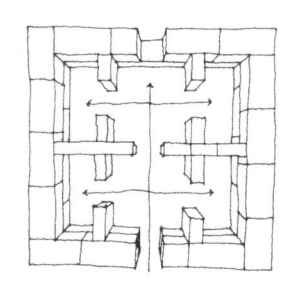

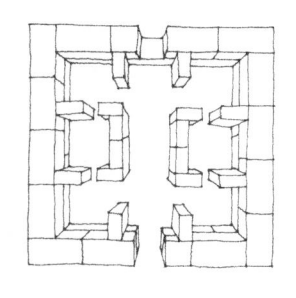

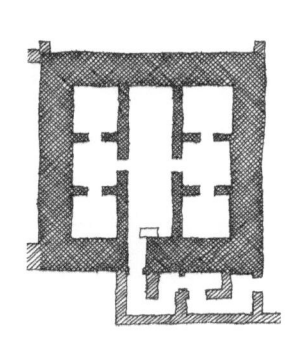

Todas definem um eixo central ao longo do qual uma pessoa se movimenta em direção ao cômodo mais importante e a partir do qual tem acesso aos cômodos secundários.

Tente todas as variações que conseguir com seus blocos. Você pode, por exemplo, lançar uma planta baseada em seu tabuleiro de xadrez de 3 × 3, como o do centro do *Necromanteion* (acima), provavelmente construído há três mil anos, na Grécia Antiga. Você também pode organizar sua planta em volta de um cômodo principal central, como na Vila Rotonda de Palladio (página 117) ou outras edificações influenciadas por ela, como a Vila Chiswick (abaixo, projetada por Lord Burlington e William Kent no final da década de 1720).

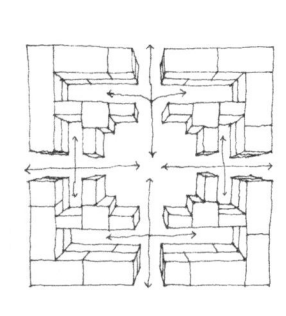

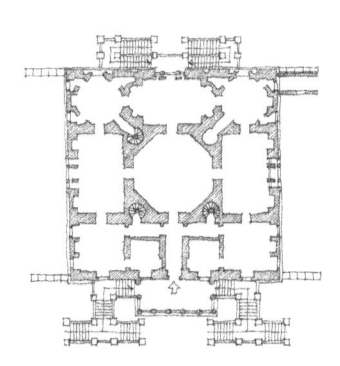

A simetria, enquanto ideia arquitetônica, é uma regra segundo a qual o que acontece em um lado do eixo deve ser espelhado no outro. É uma regra poderosa e frequentemente associada à hierarquia e à autoridade, mas, como todas as regras, incita a subversão.

UMA OBSERVAÇÃO: A (im)possibilidade da perfeição?

Uma aspiração associada ao uso da geometria ideal e sua aceitação como tendo autoridade nos projetos é o desejo de alcançar a forma perfeita. De maneira semelhante, uma aspiração associada com o uso da simetria axial é um desejo de atingir o equilíbrio perfeito ou a correspondência entre as partes – mas a geometria ideal ou a simetria perfeita são possíveis neste mundo? Como Platão sugeriu, são ideais ("formas") aos quais os seres humanos podem aspirar, mas nunca atingir completamente? A geometria ideal e a simetria perfeita são possíveis? Alguns exemplos sugerem que não.

Os problemas da imperfeição

No início do Exercício 9a, desenhamos uma grelha de 3 × 3 quadrados.

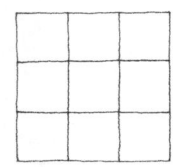

Utilizando um pedaço de papel quadriculado como base, poderíamos ter desenhado os quadrados a mão livre, de modo que seria compreensível se as linhas não fossem perfeitamente retas e os quadrados não fossem perfeitamente quadrados. Essa malha de 3 × 3 nasce de uma ideia perfeita, mas sua realização está longe disso. Esse exemplo mostra a diferença entre um ideal ("forma" – quadrado) e sua realização. Se tivéssemos utilizado uma régua, as linhas seriam mais retas, mas ainda assim a medição seria levemente imprecisa e a espessura da linha iria variar, por mais cuidadosos que tentássemos ser. Mesmo se tivéssemos utilizado um programa gráfico de computador e tomado muito cuidado para fazer o quadrado com o mesmo número de pixels em cada direção, sua representação no monitor seria distorcida.

Por maior que seja o cuidado que tomamos, nossa tentativa de fazer um quadrado perfeito na realidade sempre terá imperfeições, mesmo que apenas em um nível atômico. Você certamente achará impossível fazer um quadrado perfeito com seus blocos de construção.

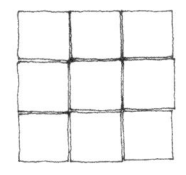

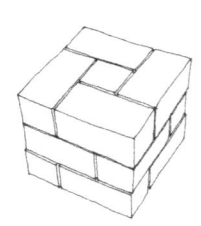

Embora provavelmente tenham sido cortados com bastante precisão, é provável que haja leves inconsistências em seus tamanhos, que se destacam quando montamos os blocos. As mesmas limitações se aplicam em três dimensões quando você tenta construir um cubo perfeito com seus blocos.

O problema da imperfeição também afeta as tentativas de atingir a simetria axial perfeita. É muito difícil – ou mesmo impossível – posicionar seu boneco em uma postura perfeitamente simétrica.

É possível que, em sua fabricação, braços, pernas e juntas correspondentes não sejam espelhados ou não se articulem exatamente da mesma maneira.

Provavelmente, o máximo que as pessoas reais conseguem ao adotar uma postura simétrica perfeita é quando ficam em pé tentando chamar atenção. Porém, mesmo assim é provável que seus corpos não sejam bem simétricos. Um olho ou uma orelha estará um pouco mais acima, e um pé será um pouco maior que o outro. Ninguém é perfeito.

Passamos quase todo nosso tempo em posturas assimétricas.

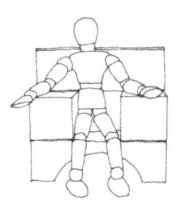

Assim, quando posicionamos uma pessoa em pé em nosso cubo (transformando-o em um lugar – um lugar para ficar em pé e discursar)...

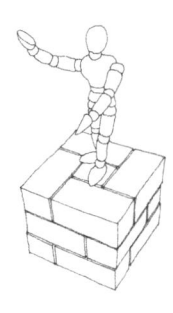

...percebemos que nossas tentativas de atingir a perfeição na geometria ideal e na simetria axial são prejudicadas de diversas maneiras: as imperfeições dos blocos e da pessoa, a assimetria do modo como os blocos são dispostos e a postura da pessoa. Talvez o valor esteja em nossa aspiração à perfeição, não em sua (inalcançável) conquista. Talvez a beleza esteja vinculada a um jogo entre a simetria e a assimetria (como no ritmo e na melodia na música), não a uma ou outra.

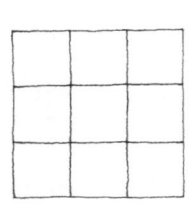

Problemas com a espessura (novamente)

Comece com a grelha de 3 × 3 quadrados. Aumente a espessura das linhas do quadrado (como se fossem paredes desenhadas em uma planta baixa).

Sim, as linhas não são bem retas e o quadrado provavelmente não é perfeitamente quadrado, mas também temos outro problema. Onde exatamente está o quadrado?

O quadrado se estende até os limites externos das linhas? Ele está definido pelos limites internos das linhas ou pelo eixo das linhas (tracejado no desenho)? (Esse problema afeta os jogos com bola: no futebol, a espessura da linha é considerada parte interna do campo, enquanto no rugby é considerada externa; no tênis, uma bola pode apenas tocar a parte externa da linha e ainda assim ser considerada "dentro"). Esse problema afeta a definição de uma figura geométrica ideal (quadrado, círculo, retângulo áureo...), por mais finas que as linhas sejam.

Agora divida o quadrado maior em seus nove quadrados componentes, usando linhas de mesma espessura. Digamos que o desenho esteja bastante expandido e as linhas tenham uma espessura de um pixel, de modo que, em um desenho de computador, não poderíamos fazê-las ainda mais finas. Esta é como a planta baixa de uma edificação de nove cômodos, sem portas, e um pixel é o equivalente à espessura de uma parede de tijolo.

Agora o problema da definição do quadrado é múltiplo. Podemos traçar as linhas no centro das linhas. Parece que temos nove quadrados iguais formando um quadrado maior, mas será que é realmente assim?

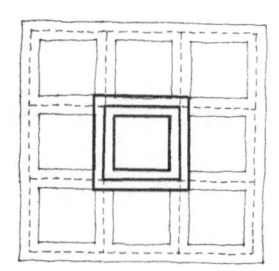

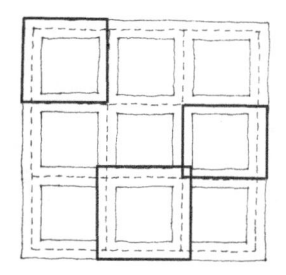

Temos um quadrado central que permanece quadrado se você o definir pelas faces interior, exterior ou central de suas linhas limítrofes. Porém, seja nas quinas ou no meio de cada lado, a definição dos quadrados se torna mais problemática.

Agora meça as extremidades externas do quadrado maior dividindo-as em três da maneira mais exata que conseguir. Una esses três pontos que equivalem a um terço do vão ao longo de todo o quadrado.

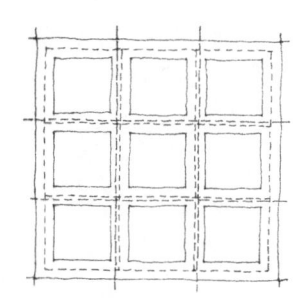

Eles não correspondem às linhas centrais das linhas que definem os quadrados menores. Começamos a perceber que não temos um grande quadrado composto simplesmente de nove quadrados menores iguais. Temos algo mais complexo.

Esse problema surge quando tentamos criar edificações de acordo com a geometria ideal. Também pode ser uma razão por que muitas vezes é difícil identificar, por meio da análise, quais figuras geométricas ideais um arquiteto usou ao projetar uma edificação e como as dimensões e as relações foram determinadas.

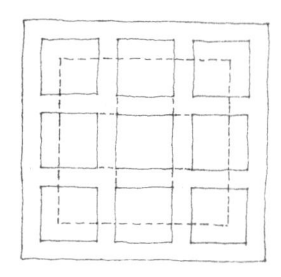

A única maneira de abordar a busca pela perfeição é eliminar a espessura das linhas e colocar os quadrados menores muito próximos uns dos outros.

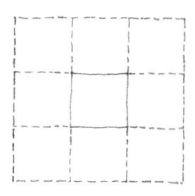

Para fazer isso de modo adequado, não podemos deixar de lado quaisquer linhas traçadas, pois não importa quão finas elas sejam, o problema da espessura permanece. Assim, o quadrado desaparece.

O único lugar em que um quadrado perfeito pode existir é em nossa mente, como uma ideia. Não pode existir como um desenho impresso em um livro, nem mesmo como um desenho muito preciso em um monitor de computador. E muito menos como uma edificação com paredes de materiais reais.

INTERLÚDIO: Casa em Grelha de Nove Quadrados

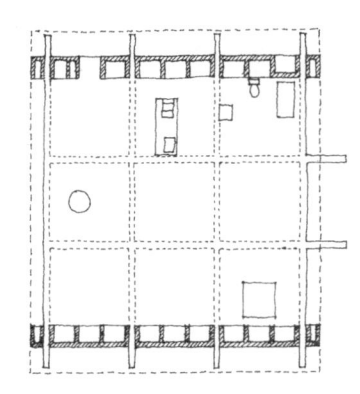

O arquiteto japonês Shigeru Ban projetou uma casa com base em uma grelha de 3 × 3 quadrados, no qual a espessura das paredes pode desaparecer. É a Casa em Grelha de Nove Quadrados, construída no Japão em 1997 (1 e 2). A casa tem paredes internas que podem ser deslocadas (sobre trilhos) para dentro de fendas nas paredes. Duas paredes de vidro externas e opostas também podem ser empurradas, abrindo a casa para o exterior. As paredes internas podem ser posicionadas para dividir o espaço de várias maneiras. Quando o espaço está completamente aberto, os equipamentos do banheiro e da cozinha e a cama ficam expostos para toda a casa e para o mundo. As paredes internas podem ser posicionadas conforme a privacidade necessária. Vários arranjos espaciais são possíveis (dentro das limitações da grelha), dependendo das circunstâncias.

  Mesmo assim, a geometria do espaço não evita o problema da espessura (veja a "Observação" anterior). É preciso reservar um espaço entre os quadrados secundários para os trilhos necessários, nos quais correm as paredes internas. Os trilhos não são necessários ao longo das paredes laterais (que acomodam armários), então o espaço básico da Casa em Grelha com Nove Quadrados não é perfeitamente quadrado. Além disso, em função de sua própria espessura, as paredes internas, quando estendidas, não criam uma parede perfeitamente reta, e sim uma escalonada.

  Talvez Shigeru Ban não estivesse tão interessado na perfeição geométrica. A ideia da Casa em Grelha com Nove Quadrados parece aludir à casa tradicional japonesa (3), com suas paredes internas corrediças que podem ser deslocadas para criar espaços abertos e abrir cômodos para o exterior. A geometria dos espaços na casa japonesa tradicional evita o problema da espessura ao tentar fazer com que os espaços entre as paredes tenham números inteiros de colchonetes, cada um é um quadrado duplo.

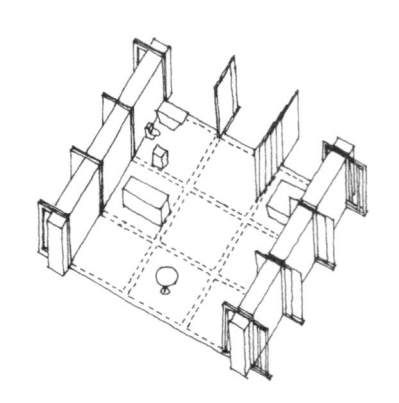

1 planta baixa

2

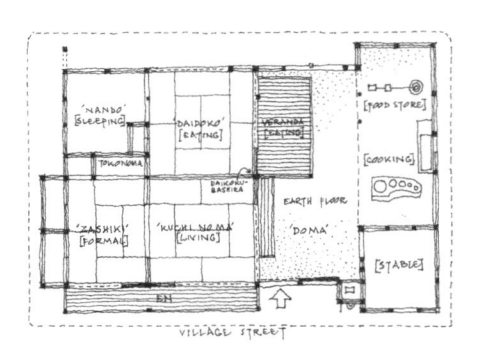

3

Estes se chamam "tatames". Assim, um cômodo de oito tatames é quadrado, enquanto um de seis tatames será um retângulo com proporções de 4 × 3 larguras de tatame.

Forças que estão fora de seu controle

Projetar formas de acordo com a geometria ideal pode expressar um desejo de atingir a perfeição – intelectual ou estética. Ela pode ser derivada da aspiração humana de superar a natureza como uma força criativa, pois os produtos desta sempre parecem, de certa maneira, ser falhos ou desviar do modelo perfeito. Talvez os seres humanos devessem se considerar os agentes da perfeição, trazendo ordem e disciplina à criação natural, que parece impensada e indiferente. Alguns veem essa postura humanista como heroísmo; outros, como arrogância – uma arrogância equivocada, pretensiosa e, em última análise, fútil.

Não precisamos interpretar a geometria ideal dessa maneira filosófica. Ela pode ter um papel mais prosaico na prática da arquitetura. Quando você se depara com uma folha em branco ou uma tela de monitor e se esforça para preenchê-las com um projeto, começar pelo desenho de um quadrado (por exemplo) cria um ponto de partida e um "corrimão" para orientá-lo durante esse processo. Ele o insere em um sistema de projeto baseado na geometria, segundo o qual você pode tomar decisões.

A geometria ideal talvez o ajude a tomar decisões que possa considerar como "certas", mas mesmo assim ela é hermética, isolada em seu próprio mundo (de localização incerta – veja as páginas 153–154 de *A Análise da Arquitetura*). Em sua forma perfeita, a geometria ideal só pode existir como uma ideia. Porém, mesmo quando nossa edificação se aproxima da forma perfeita, ela provavelmente será prejudicada ao entrar em contato com o mundo real.

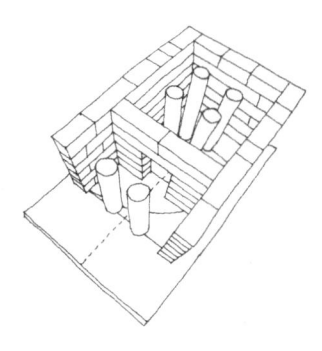

Aqui está um exemplo. Quando construí essa maquete para o Exercício 9b (acima), minha esposa passou carregando uma toalha.

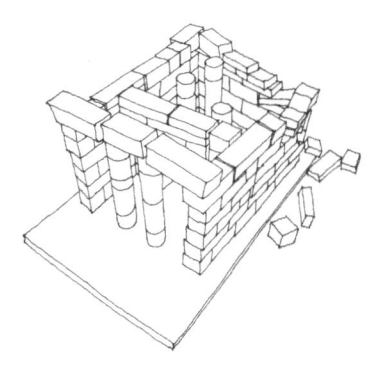

A ponta da toalha tocou na maquete, provocando o desmoronamento de uma parte. A forma da minha edificação mudou; foi afetada por uma força que estava fora de meu controle. Ela adquiriu uma forma que eu nunca poderia criar tomando uma decisão consciente. Mesmo se eu batesse na maquete deliberadamente, seria em um local predeterminado, de maneira mais forte ou mais delicada que a toalha, e o resultado seria diferente. Eu saberia que causei o dano de propósito. Mesmo se, depois de destruir a maquete completamente, eu a reconstruísse em sua forma danificada, com cuidado e precisão, o resultado seria diferente em conceito da maquete que fora acidentalmente tocada pela toalha.

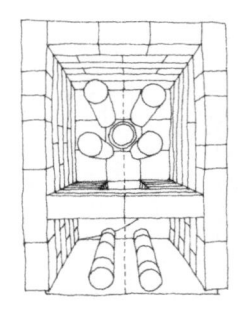

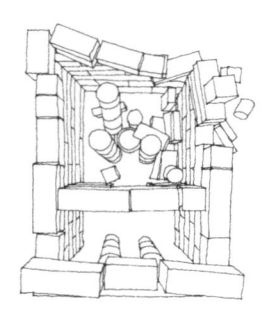

Pense em outras forças que afetam as edificações e mudam suas formas, prejudicando a perfeição que elas poderiam ter ou à qual aspirariam. Estas seriam o clima (chuva, vento, neve, sol...), as forças sísmicas (terremotos, maremotos, atividade vulcânica...), o crescimento das plantas e as ações das outras pessoas (danos causados pelo uso ou reforma, vandalismo, guerra...).

Como arquiteto, sua postura em relação aos efeitos dessas forças que estão fora de seu controle evoca o dilema de Hamlet: "Será mais nobre sofrer na alma as pedras e flechas do destino ingrato ou pegar em armas contra um mar de infortúnios e, lutando, pôr-lhes fim?". Mas uma terceira alternativa é explorar as forças que estão fora de seu controle em prol de um efeito estético ou poético.

Algumas das obras de arquitetura mais sutis e poderosas jogam com essa mescla entre o acidental e o controlado, entre a natureza e a ordem imposta pela mente. Isso tende a ser mais evidente em jardins cujo projeto imposto por uma mente é executado em forma de plantas que crescem de acordo com suas próprias naturezas. Alguns jardins pitorescos dos séculos XVIII e XIX, como o Velho Castelo Scotney, em Kent, beneficiaram-se da presença de uma edificação em ruínas como o foco de sua composição. Na Itália, Ninfa é um grande jardim (com oito hectares) criado dentro das ruínas de uma antiga cidade abandonada no século XIV.

Essa postura também pode determinar a intervenção em edificações antigas. No Castelvecchio, em Verona (na década de 1950), o arquiteto Carlo Scarpa permitiu que os resquícios de diferentes períodos da história da edificação contribuíssem para seu projeto. No Neues Museum, em Berlim, que foi reinaugurado em 2009 depois de permanecer em ruínas desde a Segunda Guerra Mundial, o arquiteto David Chipperfield manteve marcas dos danos causados pela guerra como uma lembrança do passado da edificação. Você pode ver esses jardins e edificações em:

Scotney – www.nationaltrust.org.uk/main/w-vh/w-visits/w-findaplace/w--scotneycastlegarden/w-scotneycastlegarden-history.htm

Ninfa – www.fondazionecaetani.org/visita_ninfa.php

Castelvecchio – www.comune.verona.it/castelvecchio/cvsito/

Neues Museum – www.neues-museum.de/

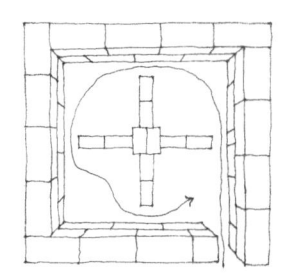

EXERCÍCIO 10b. Subvertendo a simetria axial.

Tente romper o poder do eixo como princípio organizador da simetria ocupando o centro ou bloqueando o eixo da porta.

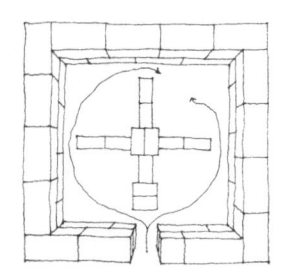

A planta baixa pode permanecer simétrica, mas sua simetria está subvertida pelo efeito que tem sobre a pessoa, cujo movimento é deslocado para um lado ou outro pela obstrução. Desse modo, a planta já não é percebida como simétrica, mas como uma rota circular.

A liberdade em relação à autoridade do eixo de simetria pode ser atingida simplesmente deslocando a porta.

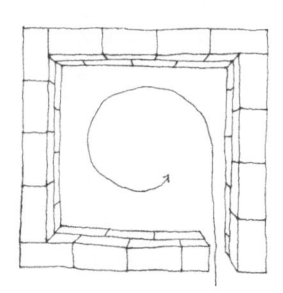

Uma entrada assimétrica torna o movimento axial impossível e pode reforçar uma rota circular ou aleatória.

Mario Botta, por exemplo, em sua casa-torre em Riva San Vitale (1973), criou uma rota praticamente em espiral pela edificação, começando por uma passarela de entrada deslocada no último pavimento. A casa foi organizada de acordo com uma excêntrica geometria ideal baseada no quadrado e no retângulo áureo.

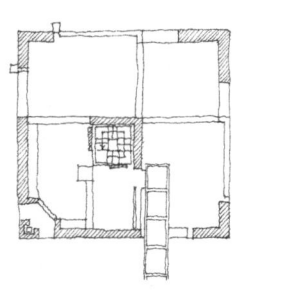

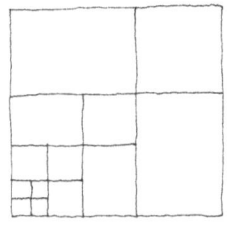

Você pode replicar (aproximadamente) a ideia da rota em espiral de Botta utilizando seus blocos. A rota leva a uma escada em espiral que desce quase no centro da torre.

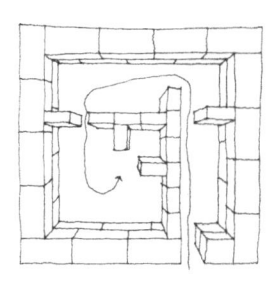

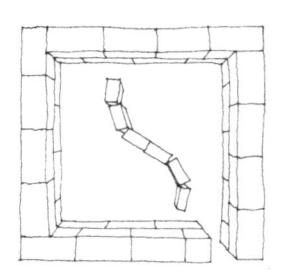

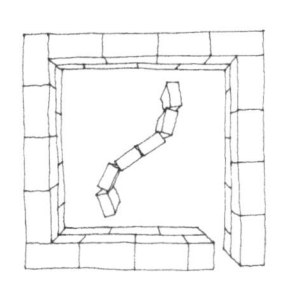

Começando com um espaço quadrado simples delimitado por uma parede externa, teste diferentes maneiras de dividir o espaço que sejam livres do poder dominador do eixo. Inicie com uma porta posicionada em uma quina em vez de no centro.

Você pode dividir o espaço com uma parede diagonal.

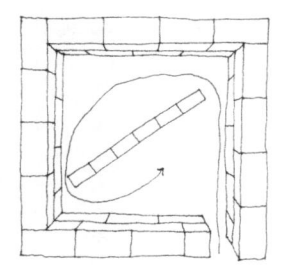

Isso (com algumas sutilezas adicionais) é exatamente o que Sverre Fehn fez quando recebeu o desafio (em 1998) de ordenar o espaço interior da Basílica de Palladio, em Vicenza, para uma exposição de sua própria obra.

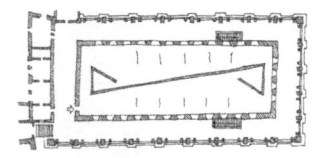

Sua parede diagonal pode até ser curva em vez de reta. Veja como a percepção dos espaços seria diferente em relação à posição precisa da parede. Acima, no desenho à esquerda, você entra em um espaço estreito através de uma porta provavelmente despercebida à sua esquerda, chegando aos poucos a um espaço maior; já no desenho à direita, você entra diretamente em um espaço maior, até encontrar uma porta em qualquer lado para o segundo espaço, mais isolado.

Você poderia organizar seu espaço com uma composição livre de paredes ortogonais, como Mies van der Rohe talvez tivesse feito.

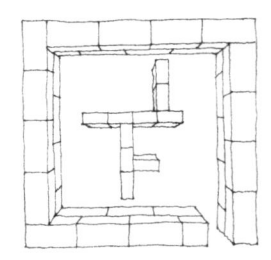

Isso pode fazê-lo questionar por que suas paredes precisam estar presas umas às outras e por que precisam estar confinadas por uma parede externa. As paredes internas podem começar a "fugir" pela porta.

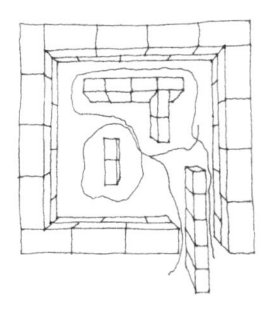

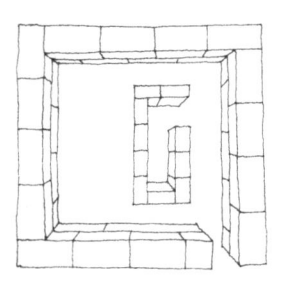

Seção dois – Geometria 133

Talvez sua composição livre de paredes "decida" que elas não precisam mais das paredes externas. Elas podem definir, ou sugerir, seus próprios círculos de lugar...

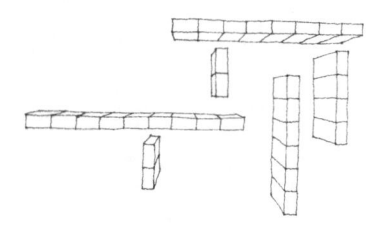

...por exemplo, com a ajuda de paredes de vidro transparente que não ocultem as vistas do mundo externo.

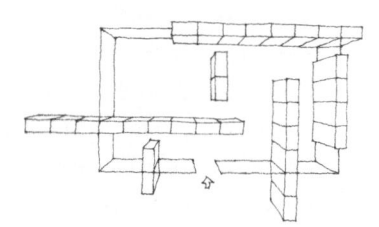

Você pode imaginar como esses espaços serão utilizados, talvez como um vestíbulo, um espaço de jantar, uma cozinha, uma sala de estar, um pequeno gabinete.

Você pode dividir seu espaço com um núcleo – um banheiro, um *closet*, uma cozinha... (acima, à direita). O uso de paredes de vidro em vez de alvenaria foi a ideia da Casa Farnsworth de Mies (veja *Twenty Buildings Every Architect Should Understand*) e de projetos relacionados, como a Casa de 50 x 50 pés...

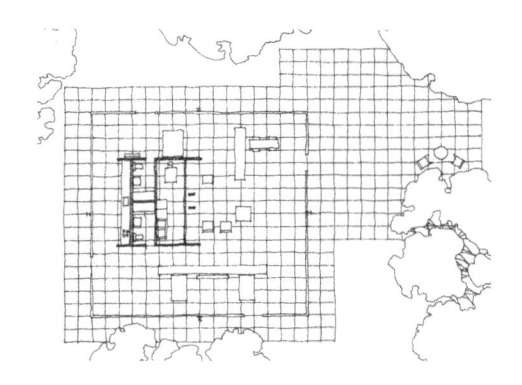

...onde um núcleo contém a casa de máquinas e os banheiros, mas também desempenha o papel de dividir o espaço da casa entre cozinha, dormitório e espaços de estar.

Em suas casas com pátio, Mies também experimentou o que poderia ser considerado como algo próximo à ideia inversa da arquitetura – isto é, dividiu o espaço dentro de um perímetro maciço com paredes de vidro.

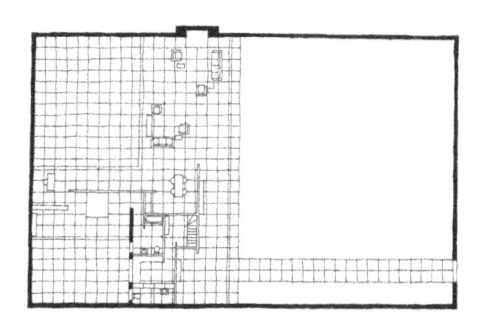

Em sua ampliação do Museu Nacional de Arquitetura, em Oslo (2008)...

...Sverre Fehn criou um recinto de vidro com cobertura sustentada por quatro colunas cercadas por uma parede externa de vedação separada em locais que criariam vistas específicas para o exterior. Você pode tentar fazer o mesmo com seus blocos.

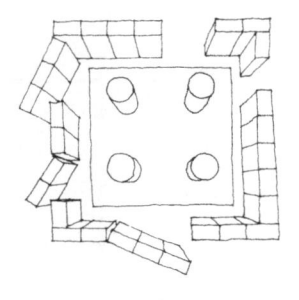

A entrada pela quina evita a possível relação axial com as quatro colunas. Repare como a natureza do espaço – sua dinâmica implícita (isto é, como você tende a se mover dentro e através dele) – muda quando você desloca a porta para o centro de uma lateral.

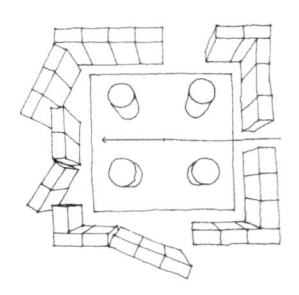

Mesmo que as rupturas nas paredes externas permaneçam assimétricas, a porta central cria um eixo relacionado ao centro do espaço, o que muda a natureza deste. A porta na quina é menos determinista; sugere um percurso não linear no espaço, onde as exibições, seus mostruários e suportes podem ser distribuídos de diversas maneiras informais.

A assimetria tem inúmeras ramificações no planejamento. Você pode explorá-las infinitamente e encontrar aquelas que parecem ter relação com o programa de necessidades ou o terreno ou que proporcionam uma experiência envolvente.

EM SEU CADERNO DE CROQUIS...

Em seu caderno de croquis... colete e desenhe exemplos de plantas baixas simétricas e assimétricas.

Você encontrará simetria e assimetria em todos os períodos da arquitetura. Colete apenas alguns exemplos de cada, incluindo plantas de edificações que possa visitar. Reflita sobre as diferenças. Em cada caso, considere questões como:

- a simetria é apenas um jogo gráfico do arquiteto para criar o que pode parecer um desenho equilibrado?
- quais são as implicações para o movimento e a percepção da pessoa; como estas são diferentes no caso das plantas baixas simétricas e assimétricas? (Pense sobre a direção e a irregularidade do percurso.)
- o que acontece quando você compõe várias simetrias pequenas dentro de um todo assimétrico?
- para você, há diferença entre estar em um espaço simétrico e um espaço assimétrico? De que maneira?
- como a simetria ou a assimetria no leiaute dos espaços pode afetar sua capacidade de saber onde está, de achar o caminho através de uma edificação?

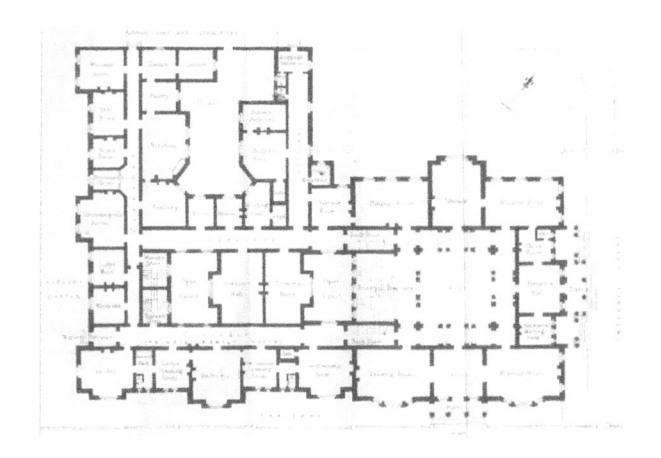

Esta é uma planta baixa hipotética de uma "Casa para um Cavalheiro Inglês", tirada do livro de Robert Kerr de mesmo título, publicado no século XIX. Por que parte dela é simétrica e parte é assimétrica?

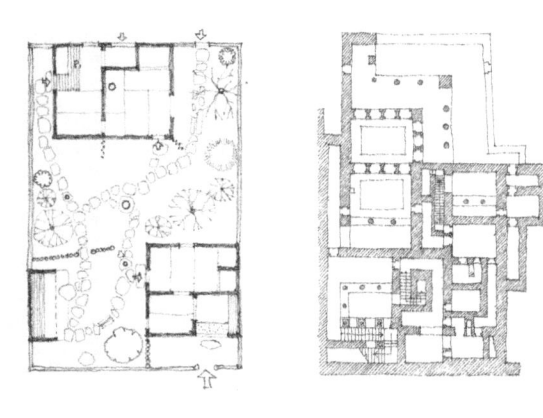

Acima, à esquerda, há uma planta baixa de uma casa de chá japonesa tradicional; à direita, a planta de parte do antigo palácio minóico, em Cnossos, que era considerado como sendo os Apartamentos Reais. Ambos evitam enfatizar os eixos das portas. O que essa assimetria pode indicar sobre as posturas em relação à hierarquia em cada caso?

136 EXERCÍCIOS DE ARQUITETURA

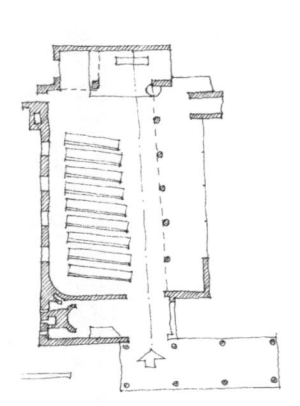

Como sua percepção da Capela do Cemitério, de Erik Bryggman, em Turku (1941), seria diferente daquela da Capela do Bosque, de Asplund (1918)?

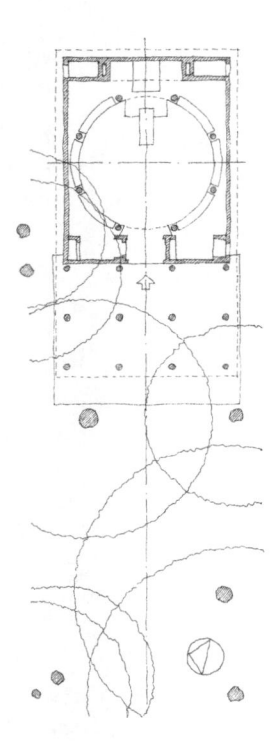

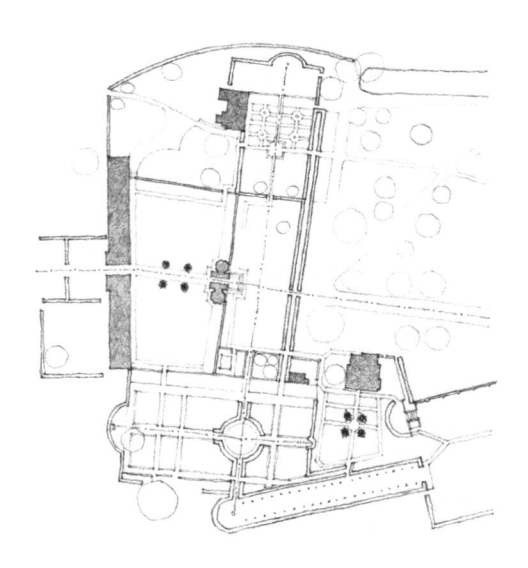

Acima temos o leiaute do jardim Sissinghurst, construído no início do século XX em meio a outras edificações, por Vita Sackville-West e Harold Nicholson. Abaixo vemos a planta baixa da Casa Martin (1904), de Frank Lloyd Wright. Ambos utilizam os eixos e a simetria dentro de um todo assimétrico. Como você diferencia suas posturas como arquitetos em relação à experiência de uma pessoa?

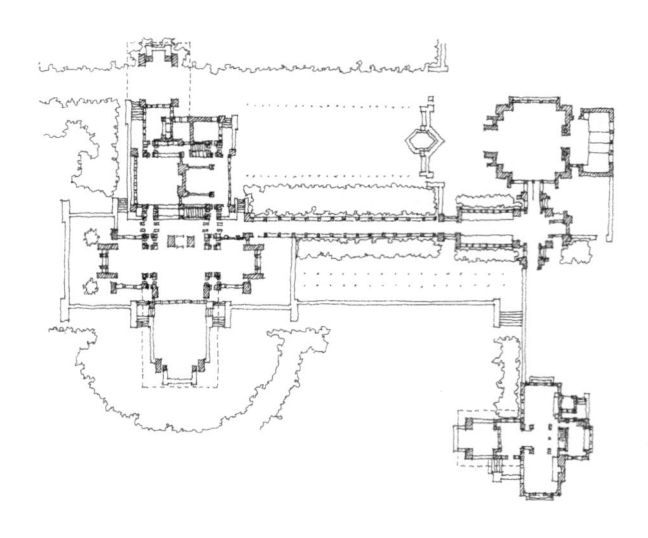

EXERCÍCIO 11: Brincando com a geometria

Você, como outros arquitetos, pode jogar de maneiras diferentes com a geometria ideal, sobrepondo, rompendo e distorcendo as geometrias. Assim, rapidamente nos aproximamos dos limites do que pode ser explorado por meio de seus blocos de construção infantis e sua prancheta.

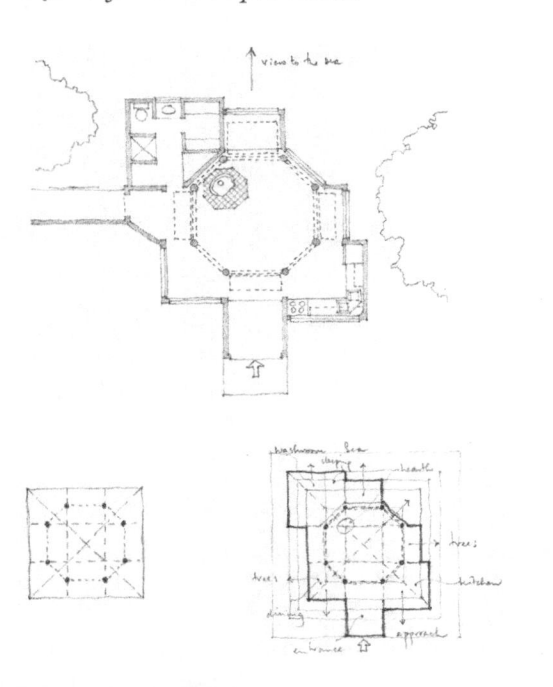

Em seu projeto da Casa Johnson, em Sea Ranch (na costa norte da Califórnia, 1965), William Turnbull começou com um quadrado, que relacionou com a geometria da construção (em madeira). Então fez adições e subtrações nesse quadrado para adequá-lo à implantação e às atividades que a casa acomodaria.

EXERCÍCIO 11a. A sobreposição de geometrias.

Talvez você não pensasse sobre isso ao construir diretamente no mundo real, mas quando começa a desenhar plantas de edificações antes de executá-las permite a interferência de recursos gráficos.

Podemos imaginar (de maneira lúdica e totalmente sem evidências) Andrea Palladio experimentando com um par de compassos enquanto tentava ter uma ideia para seu novo contrato de construção de uma grande casa para o religioso Paolo Almerico.

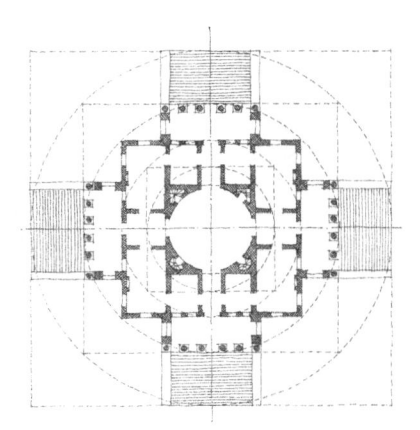

Com círculos e quadrados concêntricos, Palladio desenvolveu a estrutura da Vila Rotonda em volta de um único centro. Porém, ele poderia ter trabalhado sua geometria de muitas outras maneiras, rompendo com o centro e seus eixos de simetria relacionados.

Você pode, por exemplo, deslocar os quadrados de modo que criem uma composição de espaços excêntricos e com diferentes dimensões.

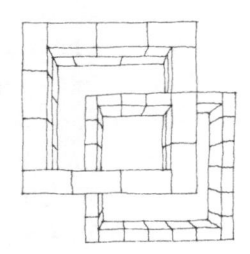

Poderia então remover partes das paredes para criar os espaços de que precisa. Você pode substituir uma quina por uma coluna (para sustentar a cobertura ou a parede superior) e construir algumas paredes de vidro para propiciar iluminação e vistas. (Você pode acrescentar suas próprias janelas.)

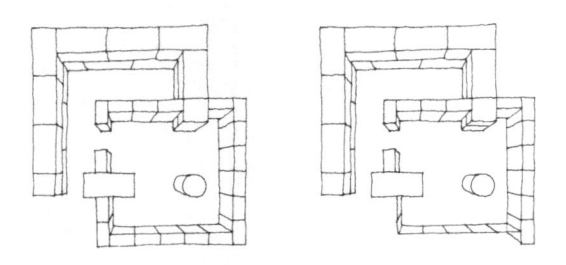

Você pode imaginar que esse exemplo um tanto simplista serve para acomodar um vestíbulo, uma cozinha e uma sala de estar, ou um banheiro e um dormitório. O resultado é semelhante à planta baixa da Casa Umemiya, construída no início da década de 1980 pelo arquiteto japonês Tadao Ando.

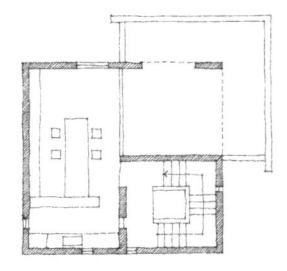

planta baixa do pavimento superior

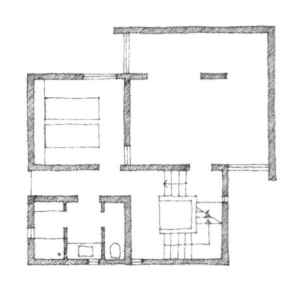

planta baixa do pavimento inferior

Há um dormitório, um banheiro e uma sala de estar no pavimento inferior, e uma sala de jantar, uma cozinha e um terraço externo parcialmente coberto no pavimento superior. A escada entre os dois quadrados ocupa uma quina do quadrado maior. Um quadrado é deslocado em relação ao outro em um ângulo de 45°, de modo que quase todos os espaços da casa também são quadrados – exceto pelo banheiro, que precisa dar espaço para a entrada, e a sala de jantar, que é um quadrado duplo.

Você também poderia sobrepor outras figuras geométricas ideais; um quadrado a um círculo, por exemplo.

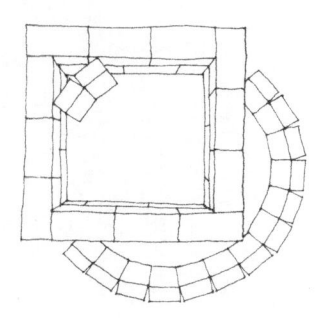

Aqui você também pode remover partes para permitir acesso entre os espaços que deseja criar.

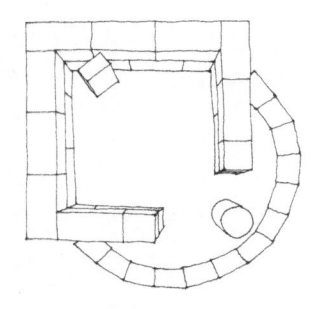

Este cômodo pode ter uma lareira de canto e uma sacada circular avançando em relação à quina oposta.

O Museu da Literatura (1989–1991), de Ando, em Himeji, no Japão, é baseado na composição de um círculo e um quadrado (abaixo), embora se torne mais complexo que o modelo anterior.

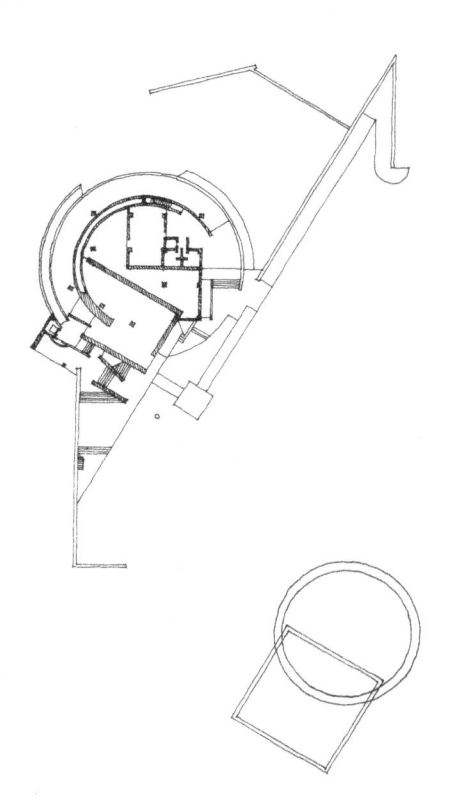

Você pode tentar sobrepor outras figuras utilizando seus blocos ou desenhando.

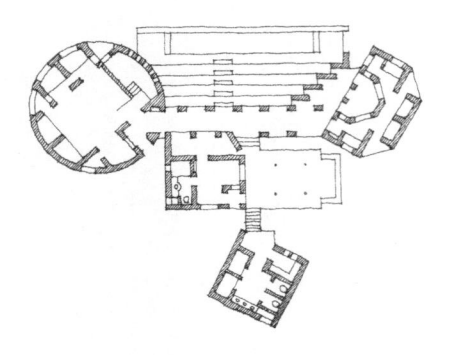

Em seu projeto do Refúgio das Crianças, em Damdana, na Índia (1999, à esquerda), Gautam Bhatia usou várias figuras geométricas. A edificação é de pedra e tijolo e, de modo geral, também segue a geometria da construção.

EXERCÍCIO 11b. Distorcendo a geometria.

Você pode acrescentar uma distorção (literalmente) girando um quadrado em relação a outro.

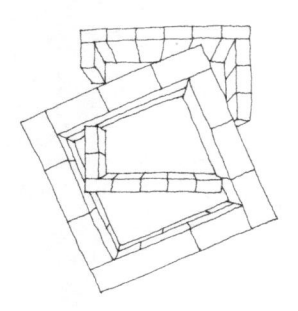

Novamente, precisaria remover partes das paredes para criar acesso entre um espaço e outro e talvez construir algumas paredes de vidro.

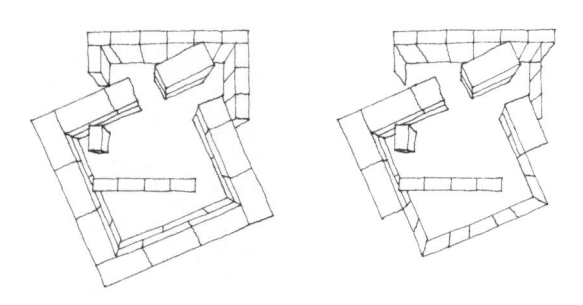

Esta poderia ser uma sala de estar com um solário, um armário triangular e um pequeno gabinete, acessado por um vestíbulo triangular.

Embora tenha sutilezas adicionais, essa é a abordagem de Ando em seu projeto do Centro de Seminários da Minolta, em Kobe, no Japão (também de 1989–1991).

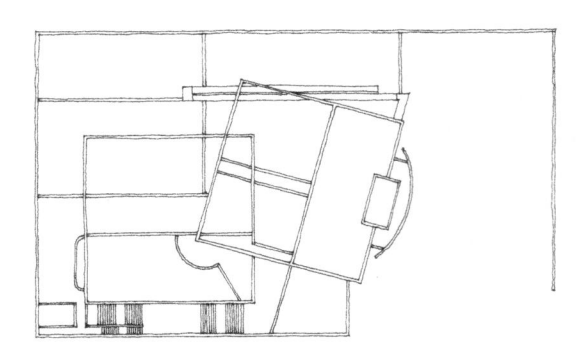

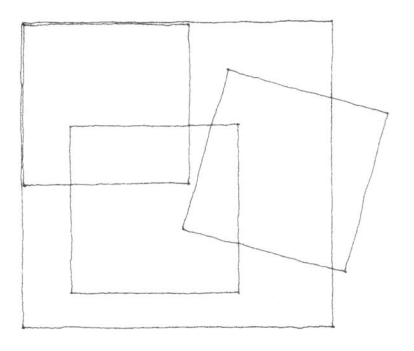

A planta do Centro de Seminários da Minolta é baseada em um conjunto de quadrados; um foi distorcido para romper com a previsibilidade da geometria.

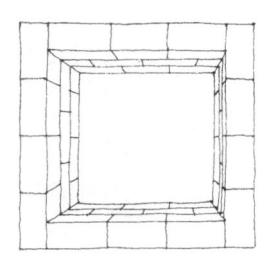

EXERCÍCIO 11c. Rompendo com a geometria ideal.

Outra alternativa seria ver o que acontece quando você rompe a geometria, por exemplo, deslocando uma parte (*1*), removendo um pedaço (*2*) ou a quebrando (*3*).

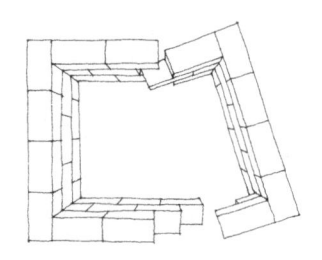

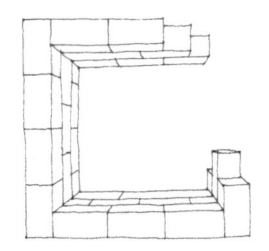

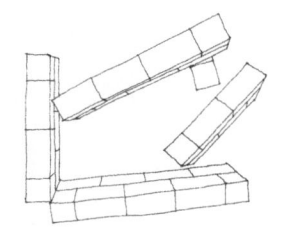

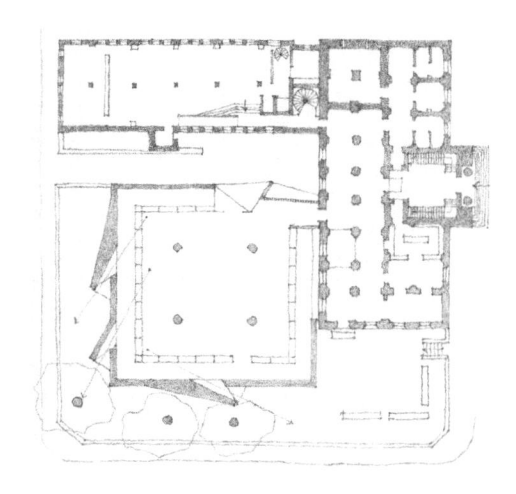

1

2

3

Em sua ampliação do Museu Nacional de Arquitetura em Oslo (veja também a página 134), Sverre Fehn rompeu a parede de vedação externa que cercava a caixa de vidro da galeria para oferecer vistas controladas para o exterior.

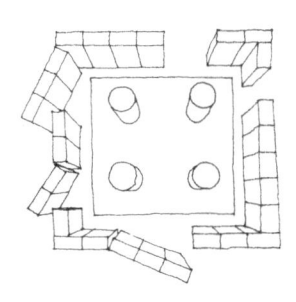

O arquiteto Álvaro Siza construiu a Casa Carlos Beires na metade da década de 1970. Você pode ver seu conceito na planta baixa. É como se a quina de um retângulo com proporções de 4 × 3 fosse rompida, com uma parede de vidro em ziguezague semelhante a um rasgo que atravessa a interrupção da parede.

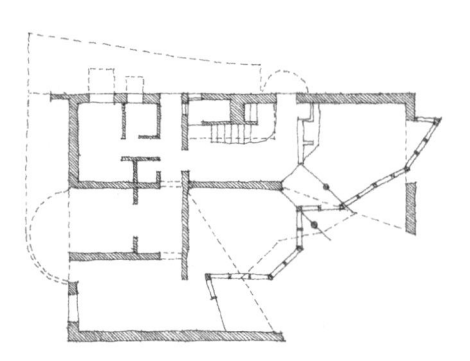

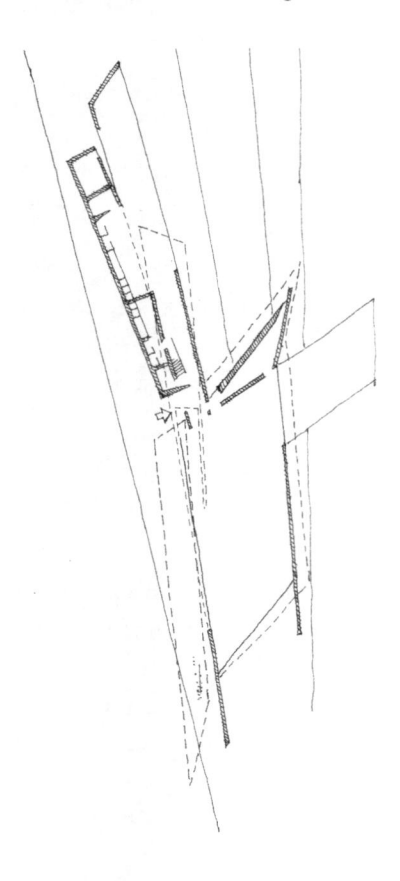

A "ruptura" manifesta na Estação de Bombeiros de Vitra, de Zaha Hadid, é mais drástica.

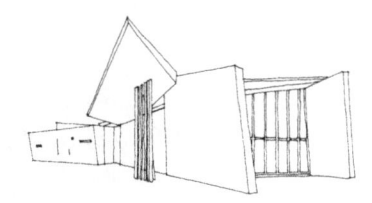

É como se os elementos de uma edificação ortogonal tivessem sido quebrados e recompostos de acordo com uma geometria alternativa deformada que foge da ortogonalidade (veja *A Análise da Arquitetura*, páginas 167–169).

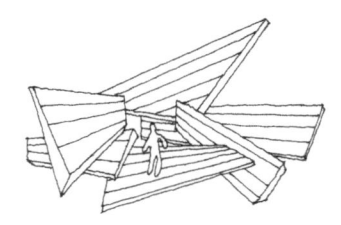

Isso começa a evocar a ideia de retorno da arquitetura à pilha amorfa de blocos com a qual começamos estes exercícios.

Tendemos a associar as geometrias rompidas a danos e destruição: a geometria ortogonal das edificações é afetada por um desastre – um terremoto, um maremoto, um furacão, uma guerra...

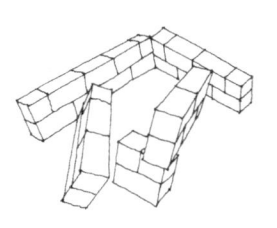

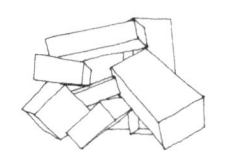

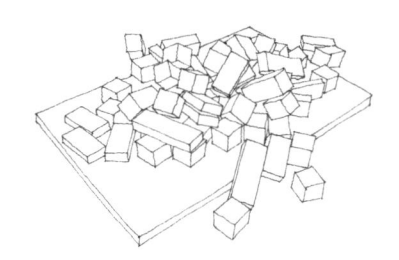

SEÇÃO DOIS – GEOMETRIA   **143**

Os arquitetos holandeses do MVRDV têm explorado a disrupção das geometrias alinhadas vertical e horizontalmente em propostas para um concurso, como a do projeto Tirana Rocks, na Albânia (*1*, 2009) e a Cidade do Motor, na Espanha (*2*, 2007). Em ambas as composições, é como se os blocos tivessem sido derrubados no solo. Sua geometria rompida lembra a casa pendente nos Jardins Bomarzo, na Itália (*3*, século XVI). Todas desafiam nossa expectativa de que as paredes sejam verticais e seus pisos, horizontais. Elas seguem a geometria da construção, mas com um ângulo. Os pisos da casa pendente, em Bomarzo, são inclinados, causando uma sensação estranha para quem está dentro dela. Ambas as propostas do MVRDV incluem espaços habitáveis, então seus pisos deveriam ser horizontais. A geometria inclinada dos três exemplos contrasta com a horizontalidade geral das superfícies onde caminhamos (e, no exemplo *1*, a superfície do lago ao fundo), a verticalidade geral das pessoas e das árvores e a ortogonalidade das edificações próximas (e, em um caso, o campo de futebol adjacente).

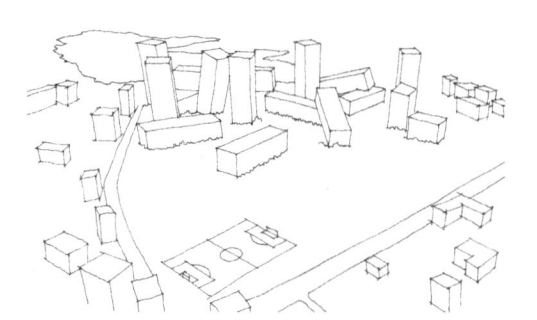

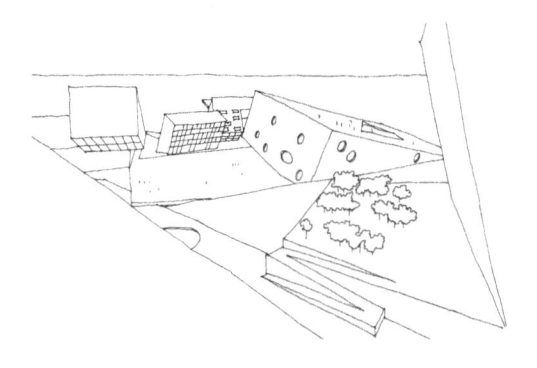

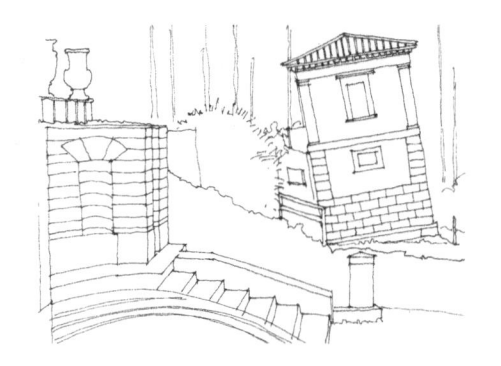

1

2

3

EXERCÍCIO 11d. Geometrias mais complexas.

A matemática, ou a maneira como a força permanente da gravidade (que para os físicos de Newton age de acordo com fórmulas que podem ser expressas na matemática) exerce seu poder, pode produzir formas geométricas mais complexas que o círculo, o quadrado ou o retângulo. O crescimento natural também parece às vezes seguir fórmulas matemáticas. Aqui estão dois exemplos para você experimentar: a curva catenária e a espiral.

Curva catenária

A curva catenária é, simplificando (sem a fórmula matemática), a curva de um pedaço de barbante ou corrente suspenso por suas duas extremidades (*1*). Por ser uma curva gerada pela força da gravidade, a catenária, quando invertida, também gera uma forma resistente para um arco. É a forma do Arco do Portal, em Saint Louis (*2*).

Você pode tentar construir um arco em catenária com seus blocos. Será preciso usar um cimbramento para sustentar seu arco temporariamente enquanto você o constrói. Isso pode ser feito traçando uma curva em catenária (retirada da Internet) em uma folha de papelão. Recorte e forme seu arco em volta dela. Você pode utilizar massa adesiva para preencher as juntas e colar os blocos.

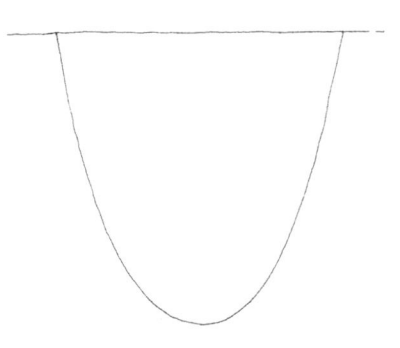

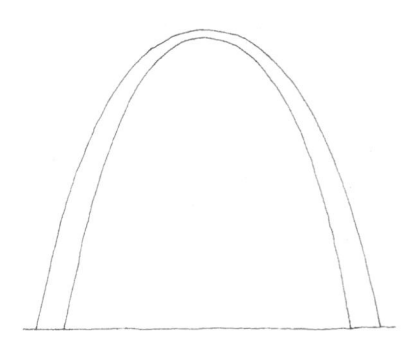

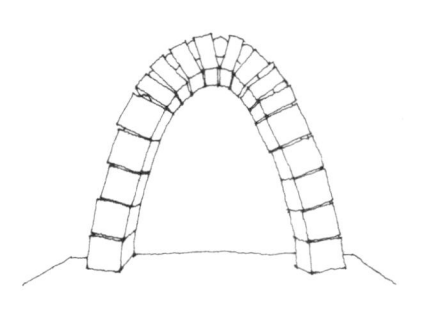

1

2

3

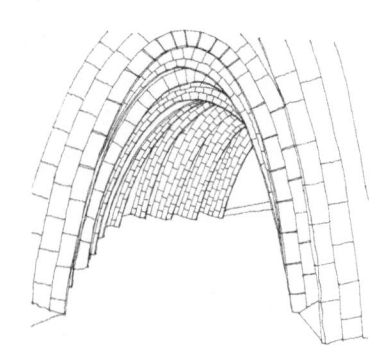

O arquiteto espanhol Antoni Gaudí utilizou arcos em catenária em suas edificações. O desenho acima mostra os arcos de tijolo no pavimento de cobertura de sua Casa Milà, em Barcelona (1910). Gaudí experimentou com maquetes complexas em catenária – pendurando pesos com barbantes – ao decidir sobre os formatos das abóbadas de seu projeto muito maior da Sagrada Família.

Espiral

A espiral é a forma de alguns tipos de conchas. É uma forma de crescimento.

Ela também é utilizada por arquitetos. Você pode traçar uma espiral em sua prancheta usando um lápis e um pedaço de cordão. Pegue um bloco cilíndrico e o coloque no centro da prancheta. Prenda uma ponta do cordão nesse bloco e o enrole em volta do cilindro. Amarre a outra ponta no lápis. Ao desenrolar o cordão, você pode traçar uma espiral na prancheta.

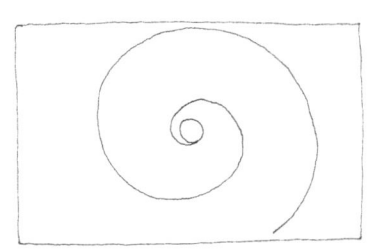

Depois construa sua espiral com blocos.

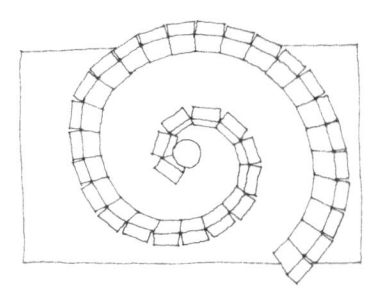

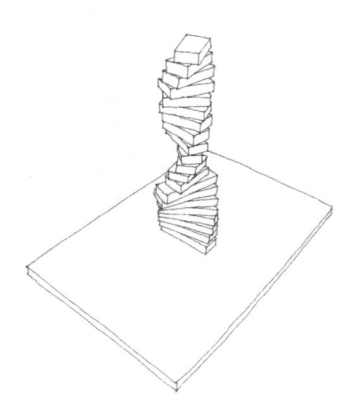

Você também pode construir uma espiral tridimensional – uma hélice. Construa uma torre girando uniformemente cada bloco. Essa é na verdade a forma de uma escada em espiral como as das torres de castelos medievais.

As espirais também têm sido utilizadas por arquitetos mais recentes.

A edificação "espiral" mais conhecida do século XX é, sem dúvida, o Museu de Arte Guggenheim de Frank Lloyd Wright, em Nova York (1959).

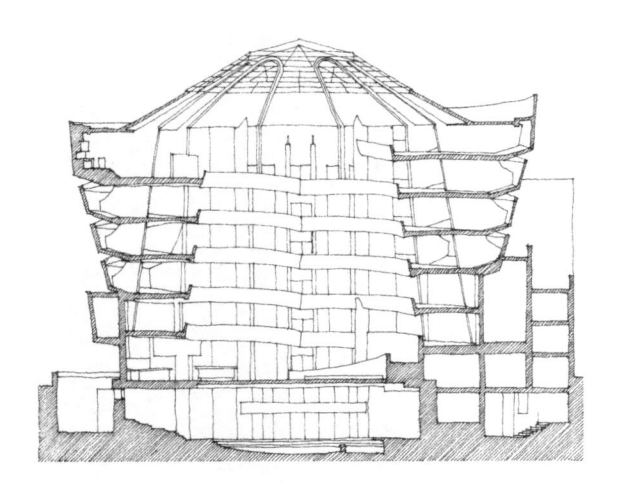

O edifício de apartamentos de Zvi Hecker no subúrbio de Ramat Gan, em Tel Aviv (Israel), é uma espiral complexa e rompida de quadrados e círculos (abaixo).

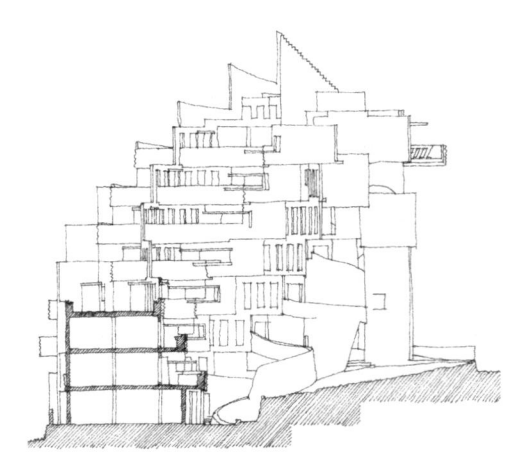

corte

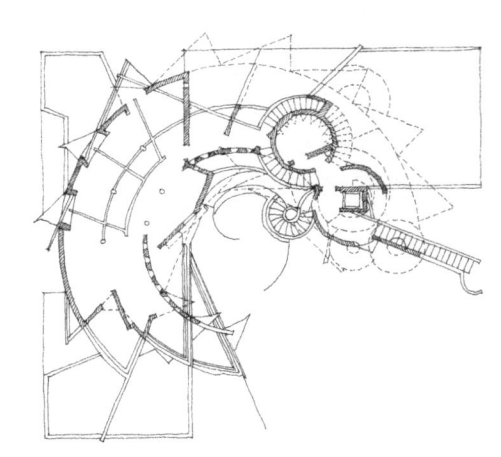

planta baixa

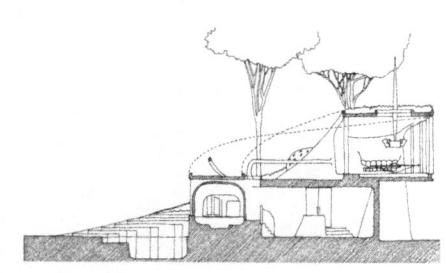

corte (em uma escala diferente)

nível superior

A Casa do Terceiro Milênio (1994, não construída), projetada por Ushida Findlay, é formada por uma espiral que leva a um terraço de cobertura e então volta para o piso térreo. Também diz-se que a proposta não executada de Daniel Libeskind para uma ampliação no Museu Victoria and Albert, em Londres, chamada de "The Spiral", era inspirada por uma tira dobrada de papelão.

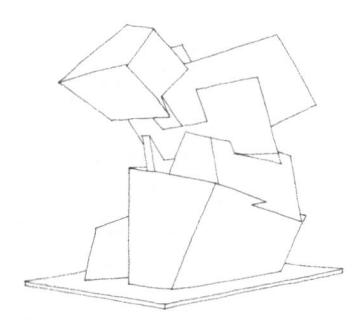

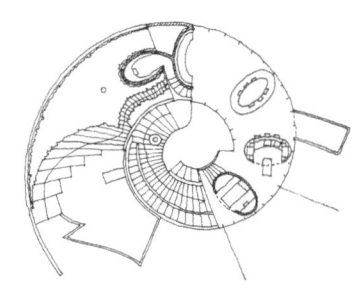

nível intermediário

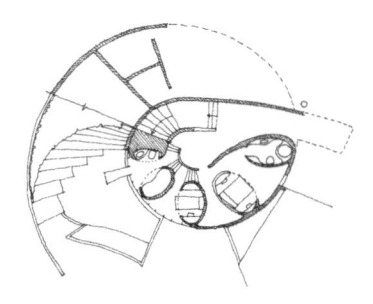

nível térreo

Assim como no caso da esfera e dos blocos inclinados do MVRDV, o piso se torna problemático na espiral de Libeskind.

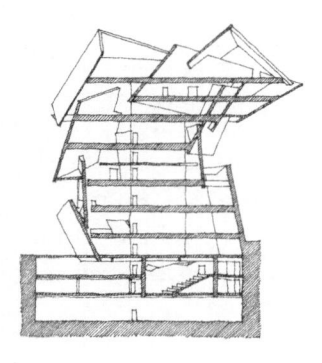

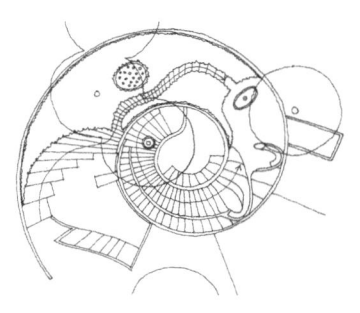

No Museu Guggenheim de Wright, o piso forma uma rampa que sobe suavemente por toda a edificação. Na Casa do Novo Milênio, de Ushida Findley, a espiral é formada por uma escada que faz um contraponto com os pavimentos horizontais de estar (que têm rodapés curvos). No corte de Libeskind, os pavimentos atravessam o espaço interno irregular da edificação, deixando a forma de espiral distorcida mais evidente no exterior.

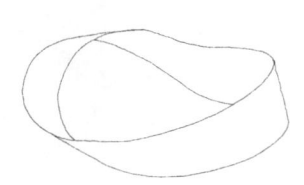

A faixa de Möbius

Os arquitetos têm utilizado diversas figuras geométricas (além do quadrado, círculo, etc., e da curva catenária e da espiral) como base para projetar edificações: pirâmides, prismas, elipses, parábolas, hipérboles... Não foi apenas Libeskind que se inspirou em um papel dobrado. Ben van Berkel, do UN Studio, criou uma casa baseada na faixa de Möbius, que tem apenas uma superfície (acima). Você pode fazer essa faixa cortando uma tira de papel e torcendo uma das extremidades em 180° ao colar as duas. A Casa Möbius, em Amsterdã (1998, abaixo), tem circuitos de espaço que estão relacionados com a vida da família que a habita.

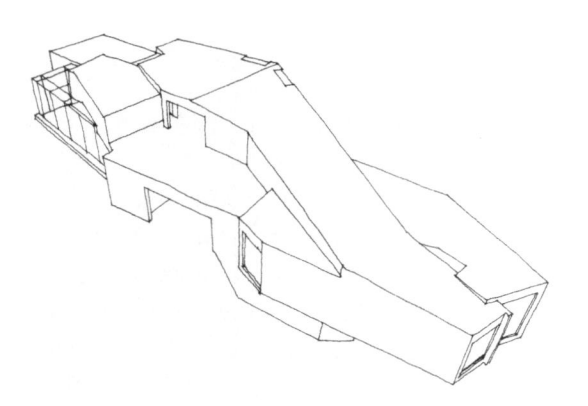

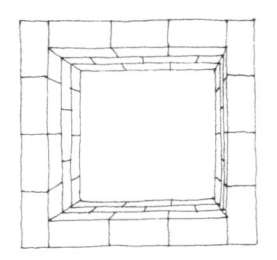

EXERCÍCIO 11e. Distorcendo a geometria.

Tudo que é estranho, peculiar ou curioso atrai a atenção. A distorção causa estranheza, pois inclui efeitos como a impressão de que vemos uma edificação com uma lente ou um espelho de distorção; a aparência deformada, amarrotada ou derretida das superfícies; a construção de edificações com as formas líquidas e fluídas. Esses efeitos têm sido criados mais facilmente com programas de computador.

Há um limite em relação a até que ponto você pode experimentar esses efeitos com seus blocos. A geometria de construção dos blocos é incompatível com as curvas livres necessárias. Nos desenhos a seguir, modifiquei as linhas dos blocos, tornando-os curvos. Também usei massa adesiva para variar a espessura das juntas entre os blocos ou para fazer elementos inclinados. Mesmo com as limitações dos materiais disponíveis, podemos perceber algumas das possibilidades de libertar a arquitetura das condicionantes impostas pela geometria da construção.

Por exemplo, construir uma maquete de blocos livre da autoridade do retângulo torna o processo mais escultórico. A posição e a orientação de cada bloco já não precisam ser previstas pela geometria ortogonal que este compartilha com os demais. Cada um é posicionado de sua própria maneira, conforme o que você achar adequado. Não há outra regra além da sua sensibilidade estética. Você curva e inclina suas paredes e coberturas livre de condicionantes.

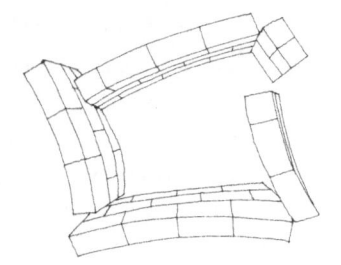

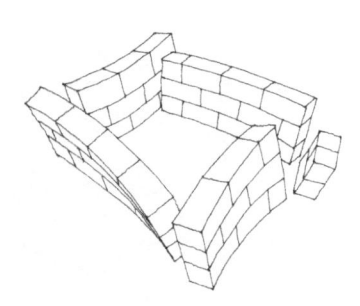

A liberdade (que é infinitamente maior quando utilizamos um programa de computador em vez de blocos de madeira) parece poderosa; sem dúvida é sedutora. Os formatos que de outra maneira seriam inconcebíveis se tornam possíveis. Porém, como no caso de outras geometrias não ortogonais, os resultados podem entrar em conflito, não só com a geometria da construção (que pode ser superada pelo poder do programa de computador), mas também com geometrias que não podem ser modificadas – as da gravidade, da pessoa, do mobiliário, das portas; aspectos da arquitetura relacionados com as geometrias reais. Além da complexidade da construção, não há problema em criar uma cobertura ou teto com uma geometria curva irregular. No entanto, posicionar as camas e os armários em cômodos de formato irregular e contra paredes curvas pode ser problemático.

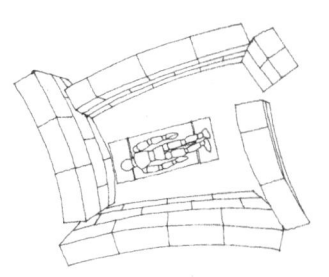

Embora possamos gostar de passear por colinas e vales, achamos desconfortável viver em espaços com pisos irregulares que prejudicam nosso equilíbrio.

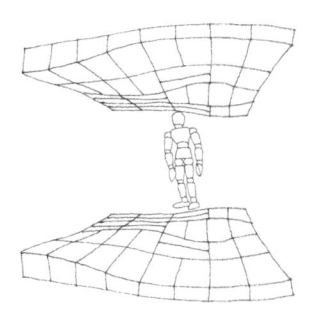

EM SEU CADERNO DE CROQUIS...

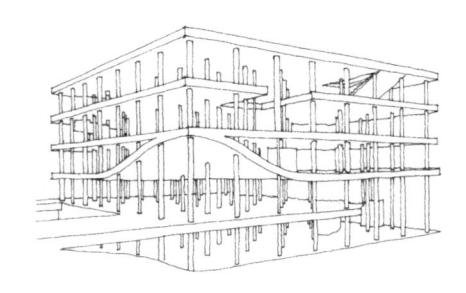

Em seu caderno de croquis... colete exemplos de edificações com geometrias distorcidas.

Os efeitos da distorção têm sido utilizados para brincadeiras, em atrações de parques de diversão, como "The House that Jack Built", ou para atrair a atenção por razões comerciais, como na Krzywy Domek (Casa Torta), construída em Sopot, na Polônia (abaixo, 2004), por Szotynscy & Zaleski, que é sobretudo, uma fachada distorcida.

A Casa Torta polonesa tem pisos horizontais, mas em seu projeto para o Pavilhão Holandês na Hanover Expo (à direita, 2000), cujos pavimentos simulavam tipos diferentes de paisagem, os arquitetos do MVRDV fizeram um piso com uma superfície que lembra uma série de colinas.

O MVRDV também empregou um plano de piso distorcido em seu projeto para a sede da emissora VPRO, em Hilversum, nos Países Baixos (1997, acima).

Você talvez lembre (da descrição em *Doorway* e *Twenty Buildings Every Architect Should Understand*) que na Igreja de São Pedro, em Klippan, Sigurd Lewerentz projetou um piso irregular, talvez como referência ao piso de São Marcos, em Veneza, mas também para sugerir o leve desequilíbrio de estar no convés de um navio.

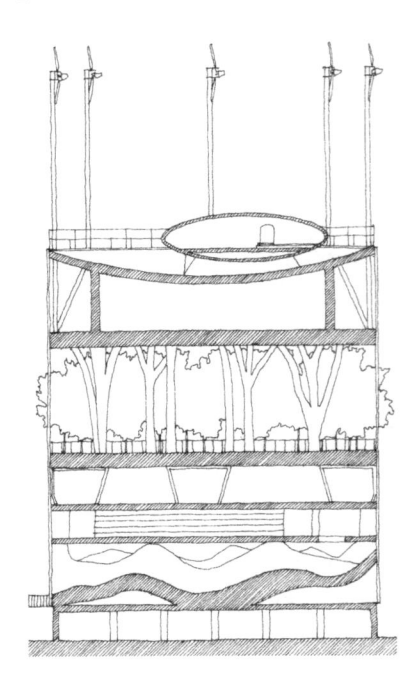

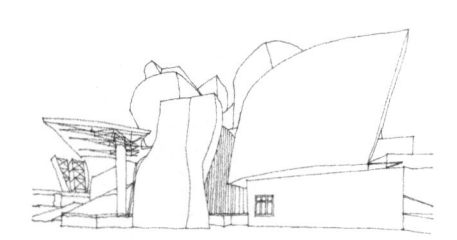

Seção dois – Geometria **151**

O exemplo mais conhecido de distorção é o Museu Guggenheim de Frank Gehry, em Bilbao, na Espanha (1997, acima). Muitos atribuem a transformação da economia da cidade à forma distorcida escultórica de seu revestimento externo de titânio polido, visto que o museu tem atraído multidões para ver seu contraste sensacional com as formas ortodoxas (e geralmente ortogonais) que se encontram a sua volta.

Muitos arquitetos exploram o potencial das geometrias curvas e distorcidas complexas possibilitadas por programas de computador.

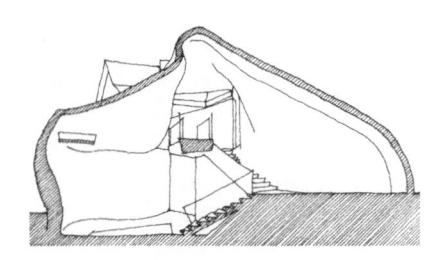

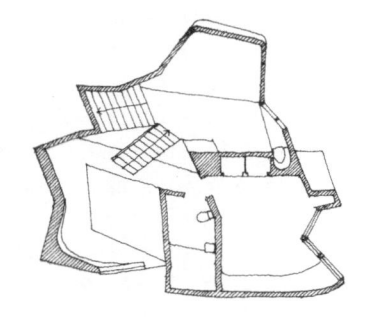

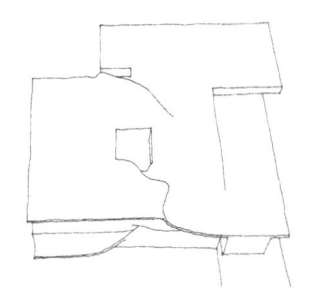

A Casa Torus, no condado de Columbia, em Nova York, foi projetada por Preston Scott Cohen em 1999.

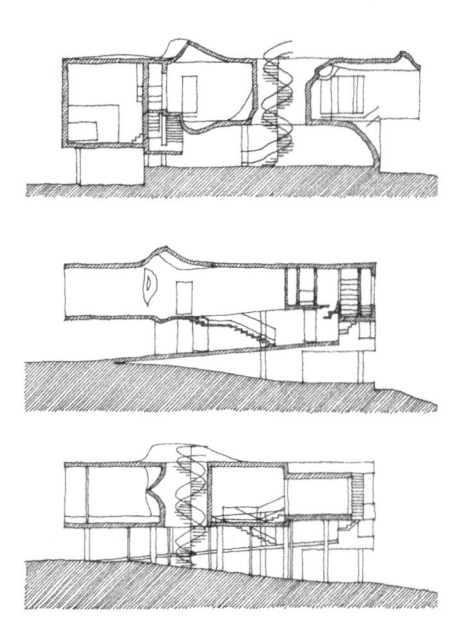

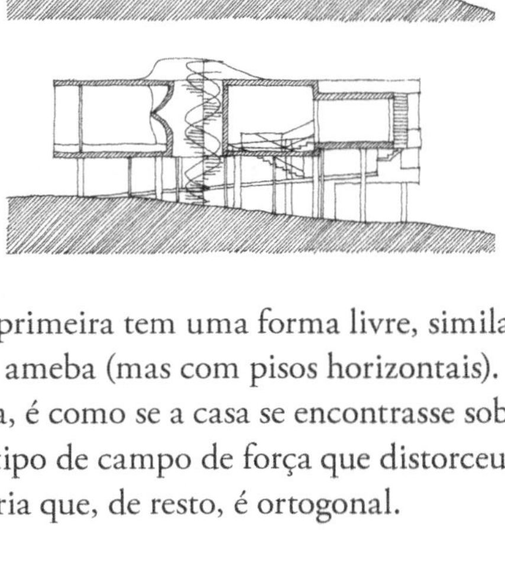

A primeira tem uma forma livre, similar à de uma ameba (mas com pisos horizontais). Na segunda, é como se a casa se encontrasse sobre algum tipo de campo de força que distorceu sua geometria que, de resto, é ortogonal.

A Casa Raybould, em Connecticut, nos Estados Unidos, foi projetada por Kolatan & MacDonald em 1997.

INTERLÚDIO: Utilizando um computador para criar formas complexas (baseadas na matemática)

As geometrias complexas podem ser geradas utilizando computadores. Elas são impossíveis de fazer com seus blocos; exigem recursos sofisticados para serem executadas com materiais reais. Envolvem o uso de um programa de computador para criar formas complexas (geralmente curvas) que seriam difíceis, se não impossíveis, de serem alcançadas por outros meios. O debate sobre isso ser ou não uma "boa ideia" continua. Elas podem produzir edificações sensacionais. Podem ser criticadas por reduzirem a arquitetura à escultura ao priorizar a forma sensacional tridimensional em relação a edificações e habitações sensatas e poéticas. Na edição da revista Building Design de 6 de maio de 2011, encontrei (e isso me poupa de ter de procurar mais fundamentação acadêmica) o seguinte:

> "Finalmente, Frank Gehry fez a famosa declaração, há cerca de 20 anos ao introduzir sua nova plasticidade exuberante, que podemos, com a ajuda do computador, construir qualquer forma em qualquer formato que pudermos imaginar. Então Cedric Price retrucou: por que construir qualquer forma ou formato de que não precisamos?" (Isso é, de certa maneira, como perguntar a montanhistas por que escalam montanhas.)

Até mesmo em meu programa de editoração eletrônica há um item, no menu, chamado "Pen Tool", com o qual posso riscar formatos curvos complexos.

Os programas de computador mais sofisticados permitem a criação de formas complexas em três dimensões e podem modelar e dimensionar as partes componentes a partir das quais essa edificação poderia ser construída (usando a Building Information Modelling – BIM, como mencionado na página 93, com programas "paramétricos", cuja breve definição está na página 170 de A Análise da Arquitetura). Um exemplo é o longo "véu" estrutural que cobre o Hotel Yas Marina (Asymptote Architecture, 2009), no circuito de corrida de Fórmula 1 de Abu Dhabi.

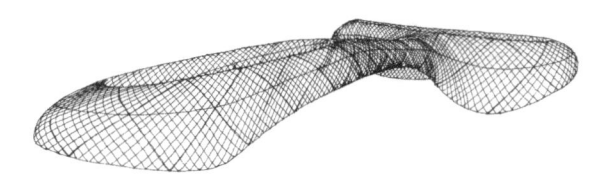

A geração de formas complexas por meio de programas de computador é uma aplicação de fórmulas matemáticas. Assim, pode ser considerada um tipo de "geometria ideal", mas expande o repertório das formas definidas pela matemática. A fascinação com o quadrado, o círculo, o retângulo áureo, etc. é ofuscada pela capacidade de produzir uma variedade infinita de formas que imitam as curvas complexas de uma onda que se quebra, uma concha, um tecido amassado, o pseudópodo de uma ameba... Ela aspira (novamente) à autoridade aparentemente geométrica da natureza. Agora, porém, ela não é vista em termos de círculos, quadrados, retângulos áureos, etc., mas em termos de fórmulas dinâmicas mais complexas: vetoriais, paramétricas e fractais em vez das geometrias euclidianas.

As possibilidades das formas geradas em computador desafiam (ou redefinem) a geometria da construção no sentido de que em geral cada parte que compõe as formas curvas complexas é diferente da outra. Em vez de usar elementos padronizados (como o tijolo ou a chapa retangular de vidro), elas precisam ser feitas individualmente e com precisão, além de ser identificadas

RESUMO DA SEÇÃO DOIS

com cuidado, de modo que sejam colocadas nas posições certas no quebra-cabeça da edificação final.
A arquitetura é fundamentalmente geométrica. Envolve dar forma a partes do mundo físico onde vivemos, tornando os lugares adequados a nós e nossas atividades. A geometria condiciona a maneira como construímos. É por meio dela que buscamos a forma perfeita ou a imitação da natureza.

Algumas das dificuldades no aprendizado da arquitetura vêm do fato de que ela envolve não apenas um, mas vários tipos diferentes de geometria. O que é mais perturbador é que essas diferentes geometrias nem sempre estão de acordo umas com as outras – elas raramente combinam, não importa o quanto você estiver consciente delas, de suas assertivas relativas de prioridade, o quanto você tentar resolver os conflitos. Visto que essas geometrias se relacionam com diferentes aspectos da arquitetura – a criação de lugares, a forma da pessoa, o mundo, a relação entre as coisas, a acomodação de reuniões sociais, a junção dos componentes de uma edificação, a composição de plantas complexas, a forma escultórica... – cada uma representa questões diferentes. Elas provocam maneiras extremamente diferentes de fazer arquitetura. Você pode ver suas assertivas de prioridade como prática, estética, moral.

Você deve ter consciência dos tipos diferentes de geometria. As decisões podem ser tomadas, então, com base na tentativa de harmonizá-las, de encontrar meios-termos, reconciliá-las ou explorar seus conflitos.

Nesta seção, vimos que a arquitetura pode envolver vários tipos de geometria – alguns emergem da maneira como o mundo funciona; outros nós criamos por meio da matemática.

Essas diferentes geometrias incluem:

- o **círculo de lugar** e seu **centro**;
- o **eixo** estabelecido pela porta, que se relaciona com os olhos (linha de visão) da pessoa e pode criar um ponto focal em um espaço fechado ou remoto e externo na paisagem ou além do horizonte;
- as geometrias do **mundo** e da **pessoas**, ambas com quatro lados ou direções – norte, leste, sul, oeste e frente, costas, esquerda e direita;
- nossa tendência relacionada de **alinhar** as coisas para torná-las bem organizadas ou para **sentir** que elementos díspares podem ser reunidos (compostos) em um todo integrado;
- a **antropometria** – a geometria do corpo humano, suas dimensões e a maneira como se movimenta;
- a **geometria social** – os padrões que os seres humanos criam quando se reúnem em grupos;
- as geometrias impostas pelos formatos dos materiais utilizados para a construção e as maneiras como podem ser agrupados – a **geometria da construção**;
- as geometrias do **mobiliário** e do **planejamento**, que se relacionam com a da construção;
- a **geometria ideal** derivada de fórmulas matemáticas simples ou da construção

mecânica – quadrados, círculos, retângulos raiz quadrada de dois, retângulos áureos, etc., cubos, esferas, cilindros, prismas, etc.
- as **geometrias ideais mais complexas**, que parecem refletir ou transcender as formas e os processos naturais – fraturas, distorções, ondas, conchas, amebas...

Simplificando, essas geometrias se dividem entre aquelas que são encontradas com frequência no mundo e em nossa existência – as geometrias reais – e aquelas que tentamos impor ao mundo – a geometria ideal. As primeiras incluem a geometria de nosso próprio corpo e aquela por meio da qual interpretamos nosso mundo, assim como a geometria que condiciona a maneira como construímos. A segunda envolve as geometrias que construímos matemática e mecanicamente, seja com réguas e compassos, seja com computadores.

Algumas pessoas tornaram a autoridade das geometrias reais na arquitetura uma questão moral e estética (apesar de termos visto que muitas vezes elas entram em conflito – como quando o círculo de lugar entra em conflito com a geometria da construção). Outras afirmam que é com a geometria ideal (hoje utilizando o potencial dos computadores) que os seres humanos podem se libertar do "natural" para atingir a perfeição ou a novidade e progressivamente superar o que é considerado possível.

Somente você pode decidir quais dessas posturas adotar.

Há um óbvio parentesco entre a arquitetura e a geometria. Ambas se encontram, em primeiro lugar, na mente. A arquitetura é a manifestação das geometrias reais. A geometria ideal oferece assistência ao arquiteto; fornece formas prontas – o quadrado, o cubo, o círculo, o cilindro, a esfera, o retângulo áureo, o retângulo raiz quadrada de dois, a espiral, a curva catenária, formas mais complexas criadas pelo computador – que podem ser aplicadas ao projeto. Ela pode ser sedutora, devido à aparente "perfeição" de seus formatos ou da sutileza das formas criadas pelo computador, que parecem imitar as belas formas da natureza. A autoridade que a geometria ideal parece ter e as possibilidades que o computador oferece podem facilmente ofuscar outras considerações na mente do arquiteto. Elas oferecem um mundo que transcende o pragmático, o cotidiano e até mesmo o real. Mas esse é um mundo em que é fácil esquecer da pessoa, do círculo de lugar, da geometria da construção... É um mundo em que a autorrealização (por parte do arquiteto) pode substituir a consideração por aqueles que irão viver em uma edificação e usá-la. De estruturas para a vida, as edificações podem se tornar objetos de atenção, vistas até mesmo como esculturas enquadradas em uma fotografia.

Agora vamos deixar a prancheta e os blocos para trás e sair para o mundo.

Seção Três
PASSANDO AO MUNDO REAL

Seção Três
PASSANDO AO MUNDO REAL

Este terceiro grupo de exercícios vai tirá-lo do mundinho isolado que era a prancheta sobre a qual construiu maquetes com seus blocos de madeira infantis. Os próximos exercícios exigem que você saia para o mundo real, para o qual as edificações geralmente são projetadas e onde muitos outros fatores entram em jogo.

Os estudantes de arquitetura raramente podem construir seus projetos. Na maioria das vezes, em todas as faculdades de arquitetura, eles precisam trabalhar de maneira abstrata, produzindo desenhos e maquetes em escalas menores que a realidade. A construção é uma atividade muito cara, impedida por normas, pela necessidade de permissões e pela dependência de empreiteiros competentes. Estudantes de pintura pintam seus quadros; estudantes de escultura esculpem suas obras; estudantes de literatura escrevem seus romances. Até mesmo estudantes de composição musical organizam seus colegas em uma orquestra para tocarem música. Mas é muito difícil – geralmente impossível – que os estudantes de arquitetura vejam seus projetos se transformarem em edificações reais. À medida que os projetos propostos no ateliê da faculdade começam a ficar mais complexos e têm como objetivo serem considerados permanentes, a probabilidade diminui mais ainda. Porém, bem no início do curso de arquitetura, quando as coisas ainda são relativamente rudimentares, há um momento privilegiado em que é possível conseguir tempo para vivenciar a emoção de mudar o mundo (pelo menos uma pequena parte dele) criando uma verdadeira obra de arquitetura, mesmo que seja apenas temporária e em uma escala modesta. (É claro que esse é um momento privilegiado que pode ser repetido muitas e muitas vezes ao longo de sua carreira, toda vez que for à praia ou estiver sobre colinas... toda vez que começar a pensar sobre como resolver um projeto.)

EXERCÍCIO 12: Criando lugares na paisagem

Este exercício tem mais dimensões e sutilezas do que você pode pensar de início. Ele introduz muitos aspectos da arquitetura que permanecem relevantes e mantêm seu potencial mesmo nas obras mais sofisticadas. Ainda que se destine ao mundo real, a maior parte da arquitetura é criada de maneira abstrata, por meio de desenhos e maquetes (na mesa de desenho ou no computador), mas neste exercício você trabalhará com a realidade, em terrenos reais, com materiais reais, criando lugares reais. Isso significa que você pode se adequar de maneira mais sensível (do que quando trabalha de maneira abstrata) às particularidades do contexto com o qual estiver trabalhando: sua topografia (o relevo do terreno, corpos d'água, belvederes, o horizonte...); as condições dominantes (brisas, o sol, condições do solo...); os recursos disponíveis (materiais de construção, ajuda de outras pessoas); as coisas que já se encontram no local (naturais ou criadas por outras pessoas, próximas ou distantes).

A adaptação a essas particularidades e a interação com elas enriquecem a arquitetura. Levá-las em conta e explorá-las, evitará que sua arquitetura se limite ao seu mundo conceitual hermeticamente fechado. Isso não significa que você não precisa pôr suas próprias ideias em prática.

EXERCÍCIO 12a. A preparação.

Há muitas coisas a refletir neste exercício. Antes de começar, tenha em mente o seguinte:

- você pode realizar este exercício onde quiser – na praia, no bosque, em um cais, no alto das árvores ou penhascos... ou simplesmente em seu jardim ou quintal –; (seja aonde for, certifique-se de que não está invadindo uma propriedade alheia – peça permissão se precisar fazê-lo); se você não pode ir a lugar algum, tente realizar o exercício em sua imaginação (afinal, é nela que a arquitetura começa), mas é melhor trabalhar com situações, condições e materiais reais;

- uma questão inicial em qualquer projeto de arquitetura (exceto quando um terreno é predeterminado e exíguo) é decidir sua localização – em um espaço aberto, debaixo de uma árvore, contra uma rocha ou muro, junto a um riacho... –; isso envolve a capacidade de reconhecimento do terreno; sua decisão sobre o local terá importantes consequências, possibilidades e problemas; pense sobre como seu lugar se relacionará com o contexto, e tire proveito de vistas, abrigo, suporte, acesso definido (isto é, uma maneira de entrar e sair controlável), etc.;

- pense com cuidado e criatividade sobre como aproveitar o que já está no local (não que você *precise*, mas seria uma pena perder uma

- oportunidade); você pode usar aquela árvore para o sombreamento, aquela rocha como âncora para seu lugar ou como um assento ou altar, aquele muro como suporte para uma cobertura de proteção, o córrego para fornecer água e refrescar seus pés...;
- outra importante decisão inicial é sobre o conteúdo desejado de seu novo lugar – o programa de necessidades de seu projeto –; o lugar será ocupado por você mesmo ou deseja que ele acomode um "bem" específico (seu cachorro, outra pessoa, uma obra de arte, algum "deus"...) ou emoldure uma atividade particular (preparar e fazer refeições, jogar um jogo, realizar alguma cerimônia ou ritual, contar uma história, cantar, trocar carícias...)? Talvez não passe de um lugar para se sentar e observar o mar; lembre-se de que a possibilidade de ocupação é essencial para a criação de lugares;
- você pode usar quaisquer materiais disponíveis (contanto que não cause danos criminosos, mate árvores ou pegue algum bem alheio sem permissão); se quiser, também pode levar alguns componentes prontos – barbante, corda, um cobertor, uma toalha de praia, um para-vento, uma pequena barraca...; ou pode decidir criar um lugar apenas com materiais que encontrar no local;
- você também pode levar ferramentas; se tiver um escavador mecânico, poderá cavar buracos maiores que com sua próprias mãos (!)... mas, falando de maneira geral, uma faca e uma pequena pá seriam suficientes; lembre-se de que o objetivo deste projeto não é causar danos irreversíveis.
- a criação de lugares pode envolver tanto a remoção quanto a adição, tanto a escavação quanto a construção; pode envolver cavar uma vala rasa na areia ou limpar o solo de gravetos e pedras;
- sua tarefa é criar um lugar real, *não* uma maquete (como um castelo de areia, uma casa de bonecas de areia, um cruzamento rodoviário de areia...);
- não seja ambicioso nem modesto demais em suas aspirações; alguns dos lugares mais poderosos na paisagem são simples – uma pedra vertical ou um círculo de pedras, uma caverna, uma plataforma na borda de um precipício, a sombra de uma árvore...; a qualidade não é uma consequência direta da complexidade; se você quer criar lugares simples que não envolvam muito tempo, crie vários; porém, pare para pensar sobre qual o seu poder na paisagem; pense sobre o que fazem por você e como lhe afetam enquanto seu usuário e criador;
- pense sobre o que fará depois de começar (isso se chama "ter uma ideia" – lembre que a essência da arquitetura é ter ideias); mas também esteja preparado para modificar sua

ideia (para melhor) diante da necessidade de se adaptar ao que acontecer com seu lugar ou ao impacto que você causou durante sua intervenção;

- a criação de lugares sempre depende de ideias; você precisa tê-las; ninguém sabe de onde elas podem surgir (muitas vezes de sua memória, que precisa ser realimentada constantemente), mas, como arquiteto, elas são sua matéria--prima principal e essencial;

- aproveite o poder (e a emoção) de mudar o mundo (de preferência, para melhor!);

- depois, o melhor provavelmente seria remover seu lugar e devolver o terreno a seu estado anterior; mas se não precisar fazer isso logo, observe como os outros respondem ao seu lugar, utilizando-o (como você planejou?), circulando em torno dele e suspeitando de seus poderes, adaptando-o, destruindo-o...;

- reflita sobre seus próprios sentimentos ao desmontar seu lugar (fiquei sabendo de um escoteiro que chorou quando o acampamento onde vivera por uma semana foi fechado); às vezes com perversão, temos prazer em destruir um lugar, talvez querendo negar aos outros o prazer de desfrutar dele ou apagar a culpa de uma afronta arrogante ao mundo (embora ter a audácia de mudá-lo seja essencial para um arquiteto).

O que você poderia aprender

O principal objetivo desta tarefa é fazer sua imaginação se engajar no propósito principal de toda a arquitetura: identificar lugares. Ela exige que você faça isso na realidade (em vez de abstratamente ou por meio do desenho ou modelagem). Ela lhe faz criar obras reais (embora temporárias) de arquitetura. Isso é possível porque pede para criar de uma maneira temporária, em terrenos comuns ou disponíveis, utilizando materiais que estiverem à mão; isto é, não exige permissões formais nem será extremamente caro. Envolve uma resposta a condições reais: o sol, o clima, a topografia (o perfil do terreno), o horizonte, os elementos existentes na paisagem e outras criaturas (inclusive outras pessoas). Este exercício também o convida a pensar com cuidado sobre como seu lugar acomoda o conteúdo que irá emoldurar: a pessoa, os bens, as atividades, a atmosfera...

Mesmo que o exercício possa tender à produção de lugares de escala relativamente pequena, construídos de maneira rudimentar, ele ainda assim permite a exploração de muitas das dimensões e fatores sutis que estão em jogo na arquitetura.

EXERCÍCIO 12b. Identifique um lugar por opção e ocupação.

Em sua forma mais rudimentar, a arquitetura não envolve qualquer construção. Ela começa com a ocupação; você identifica um lugar simplesmente ao estar nele.

Seja onde estiver na paisagem, investigue seu entorno e escolha um lugar para ocupar.

Se tiver dificuldade para decidir, uma opção é usar o acaso (que é usado em decisões sobre criação de lugares desde a Antiguidade) – o acaso pode envolver jogar algo e ver onde cai, observar onde certo pássaro pousa, assistir a uma criança que está aprendendo a caminhar se mover e ver onde ela cai... e então criar seu lugar ali. Ao fazer isso, o acaso decidirá por você, mas também lhe trará desafios (principalmente se o pássaro pousar no alto de uma árvore, no meio de um penhasco ou no mar, ou se a criança cair em uma poça); no entanto, você não deve se desviar de seu princípio de segui-lo.

Uma alternativa seria parar para decidir onde ocupar analisando as vantagens e desvantagens de uma gama de possibilidades. Ao fazê-lo, permita que surjam em sua mente ideias sobre o que você poderia fazer nesse lugar, mesmo que seja apenas sentar e ler um livro; embora também possa escolhê-lo como lugar para contar os transeuntes ou realizar alguma cerimônia; você pode querer que seja um lugar para pegar de surpresa um amigo ou para ter uma conversa com privacidade.

Independentemente do lugar que escolher, a atividade que será desenvolvida (mesmo que passiva) irá (ou deveria) influenciar sua escolha; atividades diferentes exigem circunstâncias diferentes.

Ao realizar essa tarefa, você está fazendo algo que já fez inconscientemente muitas vezes, mas dessa vez esteja consciente do que está fazendo e como está tomando suas decisões.

Não modifique ainda seu lugar de nenhum modo, mesmo que comece a pensar sobre como poderia acrescentar ou retirar algo para torná-lo mais confortável ou para permitir que a atividade escolhida fosse feita com maior eficiência. Você já começou a fazer arquitetura simplesmente ao escolher seu lugar e ponderar sobre os fatores que influenciam sua decisão. Começar a pensar em como modificá-lo o leva para o segundo estágio da arquitetura (muitas vezes considerado como o primeiro) – isto é, ter ideias sobre como mudar o mundo (uma pequena parte dele) fisicamente, de acordo com as necessidades e com sua vontade.

EM SEU CADERNO DE CROQUIS

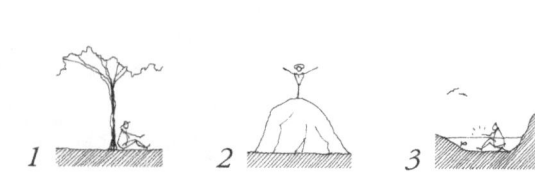

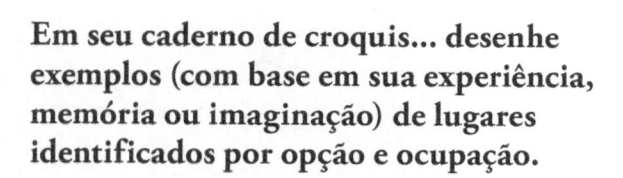

Em seu caderno de croquis... desenhe exemplos (com base em sua experiência, memória ou imaginação) de lugares identificados por opção e ocupação.

Em algum momento de sua vida, você provavelmente sentou sob a sombra de uma árvore (*1*) ou subiu ao ponto mais alto de uma rocha (*2*). Talvez você tenha se sentado dentro de uma poça na rocha, batendo as mãos na água (*3*), ou se abrigado em uma caverna para se proteger da chuva e do vento ou se esconder dos amigos (*4*). Talvez você tenha subido em um galho elevado para observar o território ou apenas para demonstrar coragem (*5*), ou seguido um caminho cuidadosamente, pisado de pedra em pedra para cruzar um córrego (*6*). Esses são exemplos de identificação de lugar por opção e ocupação e em todos você exerce sua capacidade de arquitetura em seu nível mais rudimentar.

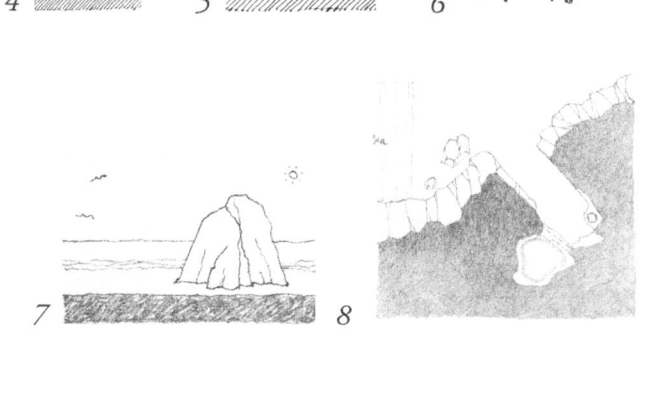

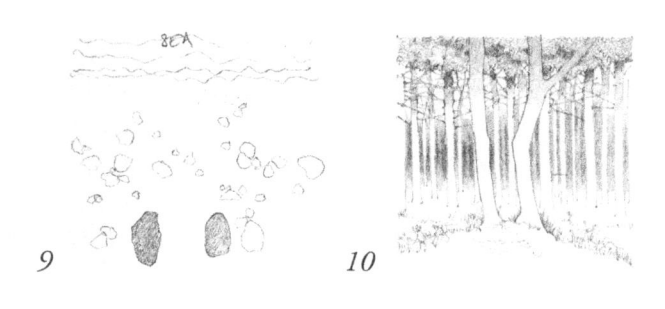

Você completaria o Exercício 12b se fizesse qualquer uma dessas opções, mas é possível que haja outras oportunidades. Talvez você queira apenas se acomodar ao lado de uma rocha que chame a atenção na paisagem (*7*), sentindo-se acompanhado ou ancorado – ou seja, sentindo que está em um lugar específico, não apenas "flutuando no espaço". Você poderia entrar em uma fenda de rochedo para se esconder dos outros (*8*). Poderia encontrar duas pedras e sentar no meio delas (*9*) ou duas árvores que formam uma porta (*10*). Poderia encontrar uma clareira no bosque (*11*) que transmita a sensação de um cômodo. Você não precisa fazer nada. Assim que você os vê (reconhece-os como lugares) e os ocupa (mesmo que apenas mentalmente), eles se tornam lugares. Todos eles podem ser as sementes a partir das quais a arquitetura mais desenvolvida e permanente se desenvolve.

Talvez você queira encontrar um lugar onde possa fazer uma apresentação. O diretor de teatro Peter Brook e sua companhia têm feito apresentações em locais informais por todo o mundo. Ele descreve como são escolhidos:

"Com um pragmatismo simples (que é a base de tudo), olhamos à nossa volta e percebemos que em certo lugar há árvores bonitas ou uma árvore junto à qual os moradores da aldeia normalmente se reúnem, ou então um lugar aberto, onde sopra uma brisa. Em um lugar o solo é irregular; em outro, é plano. Em um lugar há uma pequena clareira onde o solo se eleva em um lado, criando um anfiteatro natural, então mais pessoas podem assistir... Em termos espaciais, trata-se de uma experiência que todo arquiteto deveria vivenciar, que é encontrar o que é útil – isso é interessante, aquilo não é."

Peter Brook, citado por Andrew Todd e Jean-Guy Lecat em *The Open Circle*, 2003, p. 49–50.

A sensibilidade ao que é "útil" é parte da resposta das pessoas à paisagem e de sua relação com ela desde a Antiguidade. Locais como Dunino Den, na Escócia, têm sido utilizados para cerimônias há centenas ou mesmo milhares de anos. Sua topografia é teatral. Há um promontório rochoso em uma ravina arborizada junto a um rio.

corte

planta

Você pode imaginar cerimônias acontecendo em cima do promontório e sendo assistidas pelas pessoas que estão à beira do rio abaixo.

Belvedere e refúgio; refúgio e arena

Em seu livro *The Experience of Landscape* (1975, página 58), Jay Appleton cita o zoólogo austríaco Konrad Lorenz:

"Estamos caminhando pela floresta... Aproximamo-nos de uma clareira... Agora caminhamos lentamente e com mais cuidado. Antes de passarmos pelos últimos arbustos e sairmos, chegando à grande área livre de uma campina, fazemos o que todos os animais selvagens, todos os bons naturalistas, javalis selvagens, leopardos, caçadores e zoólogos fariam em circunstâncias semelhantes: um reconhecimento, antes de sair da floresta, buscando aproveitar o que ela oferece tanto ao caçador quanto à caça – isto é, ver sem ser visto."

Você poderia levar isso em consideração ao escolher seu lugar. Ao sentar no meio das árvores junto a um lago...

...você está escondido, mas pode assistir ao que acontece na "arena" da água. Ao sentar em uma caverna, você tem a segurança de seu refúgio e a vantagem de um belvedere, de modo que pode ver todos, amigos ou inimigos, que se aproximam.

É como se sua relação com o lugar fosse uma expansão da relação entre o interior de sua cabeça e o mundo.

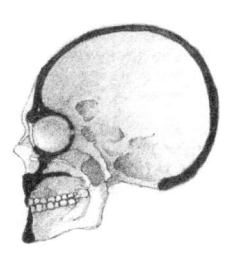

O lugar que você escolhe ocupar na paisagem é como um crânio extra, dentro do qual você pode buscar proteção. Sua porta ou janela são seus olhos.

A relação com o horizonte, a superfície do terreno

Ao avaliar e escolher seu lugar, você também pode querer levar isto em consideração:

"Meu interesse sempre foi em onde colocar o homem em relação ao horizonte" (a superfície do solo) *"em um ambiente construído... Tudo o que construímos precisa ser ajustado em relação ao solo, de modo que o horizonte se torna um aspecto importante da arquitetura... Onde, entre o céu e a terra, eu coloco as pessoas?"*

Sverre Fehn, citado por Fjeld em *Sverre Fehn: The Pattern of Thoughts*, 2009, p. 108–110

Os lugares têm caracteres e potenciais muito diferentes, dependendo de sua relação com a superfície do terreno.

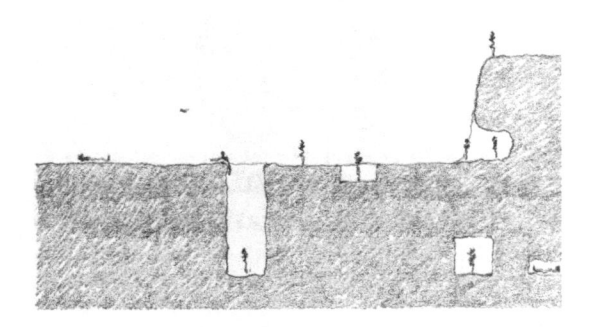

Pense nas diferentes relações que você pode estabelecer com a paisagem se estiver sobre um penhasco, em uma caverna, em uma caverna subterrânea... se estiver em um plano nivelado.

O mero uso

Os lugares podem ser criados pelo mero uso. Ovelhas cruzando as encostas de uma colina (ou gatos em um gramado) criam caminhos. Homens riscando palitos de fósforos em ombreiras de portas para acender seus cachimbos deixam manchas pretas de enxofre na pedra. Uma poça de sangue em uma calçada marca a cena de um assassinato. Os dedos de inúmeros peregrinos lustram o dedo do pé de um santo. Em um filme sobre suas origens, o artista Miroslav Balka mostra uma pequena área de piso gasto na casa de sua avó, onde ela se ajoelhava para rezar todos os dias. Ele chama isso de "vestígio". Era a capela de sua avó e agora é seu santuário. O filme está disponível em: http://channel.tate.org.uk/media/47872674001 (junho de 2010). Os lugares são receptáculos de memórias. Lugar e significado, lugar e memória, estão relacionados entre si. Os lugares expressam a relação íntima entre a pessoa e o mundo que é ocupado.

INTERLÚDIO: Uluru (Rochedo de Ayer)

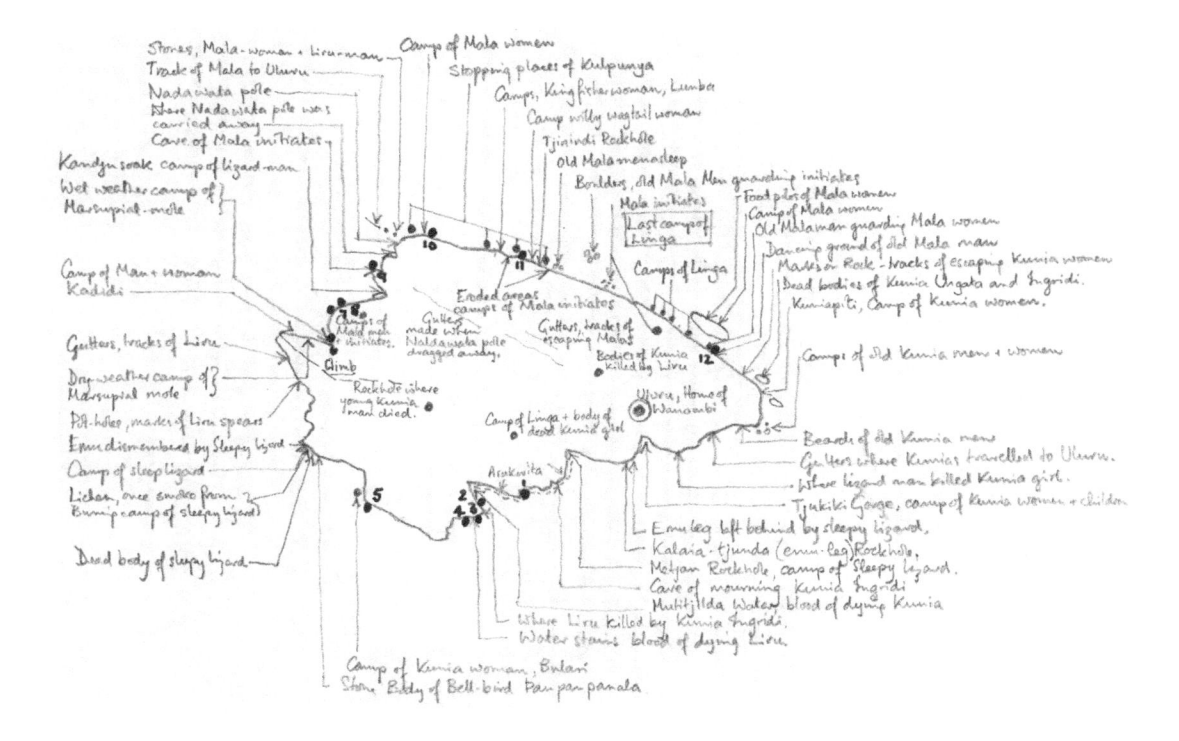

Atribuir significado aos lugares na paisagem é essencial para a maneira como conferimos sentido ao mundo em que vivemos. Escolhemos lugares para sentar, esconder, dormir... segundo critérios de conforto, abrigo, segurança... Esses lugares também adquirem significado por meio da memória. Ao revisitar uma praia, podemos nos lembrar de uma rocha específica onde sentamos sob o sol ou uma caverna onde nos escondemos ao brincar de esconde--esconde. Os lugares podem adquirir significado por meio da associação com a história – é lá que fulano fez aquele discurso, foi assassinado, foi morto em um acidente de avião... – ou com mitos.

A cultura aborígene tradicional australiana tem uma relação íntima com a paisagem. Em termos de arquitetura construída, pouco é feito. Sua arquitetura consiste quase totalmente em conferir significado a lugares específicos na paisagem. Em Uluru (Rochedo de Ayer), por exemplo, há centenas de lugares específicos, cada um associado a um evento mítico específico. Essa atribuição de significados a lugares faz desse rochedo vermelho gigante o equivalente aborígene de uma das grandes catedrais da Europa.

A cultura aborígene tradicional confere sentido à paisagem mais ampla de maneiras semelhantes. Pela memória de versos relatados em um passado indeterminado, os aborígenes contam histórias de eventos mitológicos do Dreamtime*. Estas mantêm e conferem sentido à paisagem por muitas gerações.

Fazemos algo similar no bairro onde crescemos e vivemos. Podemos contar histórias que envolvem lugares específicos e relatá-las sobrepondo um mapa pessoal de sensações ao ambiente físico e árido. Esses mapas, sejam pessoais ou culturais, são importantes na arquitetura. Eles são manifestações significativas dela, uma vez que derivam de nossa capacidade – e necessidade existencial – de identificar lugares.

---

* N. de T.: Na mitologia dos aborígenes australianos, o Dreamtime é a época durante a qual os espíritos totêmicos criaram o mundo.

EXERCÍCIO 12c. (Comece a) melhorar seu lugar de alguma maneira.

Você selecionou um ponto que reconhece como um lugar. Talvez possa habitá-lo, ocupá-lo e, de alguma maneira (talvez sutil), sinta-se "à vontade" nele. Agora faça algo que o torne melhor, mais adequado às suas necessidades práticas ou mais interessante, envolvente ou bonito.

Você pode acampar com cadeiras, toalhas e um para-ventos dentro de uma fenda nas rochas ou em sua entrada (*1*), identificar-se com o lugar e sugerir que, como um caramujo em sua concha, você pode entrar nele por segurança (ou apenas para vestir sua roupa de banho).

Você pode marcar o solo entre as duas rochas com toalhas, para torná-lo mais confortável, e abrir um guarda-sol para se proteger (*2*). Ao fazer isso, criou para si uma pequena casa utilizando as paredes paralelas das pedras.

Em uma noite fria, você pode fazer uma fogueira no centro da clareira, em uma área rochosa (*3*). Assim, ela se torna um lugar para cozinhar, conversar ou cantar.

Em Dunino Den (*4*), uma bacia circular foi cuidadosamente escavada no topo de um promontório rochoso, provavelmente para ser utilizada em rituais como batismos. Ao lado da bacia, há um entalhe que parece ser uma plataforma. Talvez fosse o lugar do sacerdote encarregado da cerimônia.

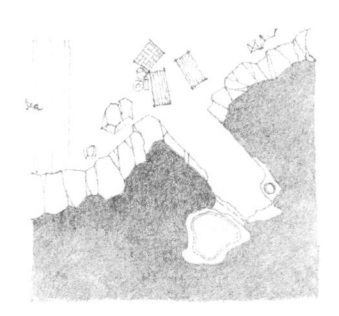

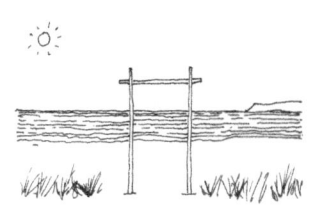

Outros sentidos

Você pode intervir de outras maneiras além de mudar fisicamente o tecido da paisagem. Pode identificar seu lugar, por exemplo, com sons. O arquiteto norueguês Sverre Fehn escreveu:

"Certa vez, visitei a Grécia e durante o dia sentei sob uma árvore." (isto é, Fehn criou seu próprio lugar na paisagem) "Estudei um pastor e seu rebanho." (refúgio e arena) "Pensei: eis aqui uma pessoa que caminha na paisagem com seu som. Ele faz construções sonoras com seu apito. O homem com o instrumento tinha um diálogo de som com a paisagem. O pastor encontrou seu próprio teatro na paisagem."

Sverre Fehn, citado e traduzido para o inglês por Fjeld em *Sverre Fehn: The Pattern of Thoughts*, 2009, p. 15

Fehn prosseguiu, evocando o som de um sino de igreja (e ele também poderia ter citado o muezim convocando os fiéis para a oração em uma mesquita), chamando a atenção para seu poder arquitetônico de identificar um lugar (associando-o a uma religião ou evento específico).

Você também pode identificar um lugar com cheiros (ou perfumes). Pode imaginar situações em que o cheiro é um ingrediente importante para o caráter de um lugar.

Realizei este exercício de criação de lugares como um projeto para estudantes de várias faculdades de arquitetura. Certa vez, alguns estudantes criaram seus lugares construindo uma simples porta com três varas no ponto mais alto de uma duna de areia.

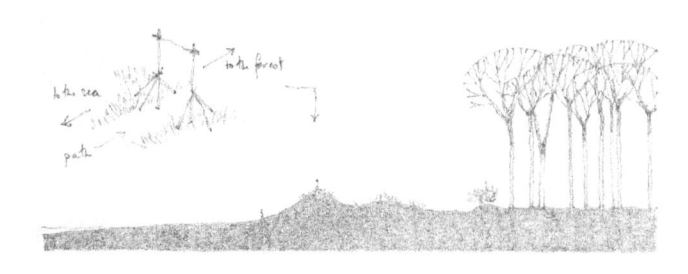

Ao nos aproximarmos da porta, em direção ao mar, ela identificava o primeiro lugar onde eles conseguiram ter uma vista completa da imensidão do mar (no topo). Na direção oposta, marcava o ponto onde começaram a perceber o perfume da floresta de pinheiros. A porta identificava o lugar de um limite de nossa percepção. Marcava e emoldurava-o com uma obra elementar de arquitetura.

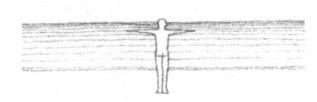

EXERCÍCIO 12d. Criando um novo lugar em áreas abertas.

Você também identifica um lugar por si só, sem construir sobre ele. Uma praia é como uma tela totalmente em branco. Ao se posicionar de pé em uma praia, como o monge na pintura "O Monge à Beira-Mar" (1808–10), de Caspar David Friedrich...

...você identifica um lugar. Com sua própria orientação (a geometria de seu corpo), começa a conferir a arquitetura àquele lugar.

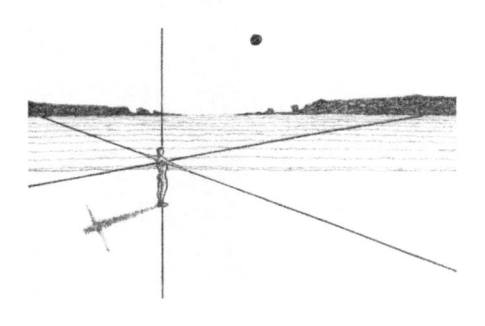

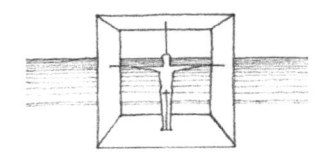

Assim, você é como a semente a partir da qual uma edificação (um templo ou uma casa) pode se desenvolver. A direção para a qual está voltado poderia se tornar a direção da elevação principal da edificação (acima). Ela faria a mediação entre você e seu entorno, e também representaria sua presença e geometria.

Ao dançar na praia...

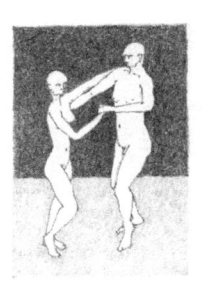

...você estabelece seu próprio palco (seus limites serão marcados por seus passos). Esse lugar é o precursor da *orkestra* (o palco do antigo teatro grego, inserido na paisagem). Ele invoca a relação poderosa entre as pessoas, uma atividade e uma paisagem.

Ao deitar no solo, você cria uma cama.

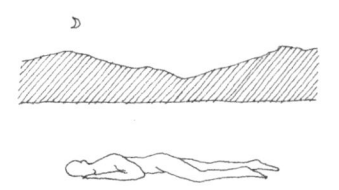

INTERLÚDIO: Richard Long

O artista Richard Long tem criado muitos lugares em paisagens por todo o mundo. Você pode ver algumas fotografias de sua obra em: www.richardlong.org/sculptures/sculptures.html *(maio de 2011).*

Ele tem criado caminhos ao andar repetidamente ao longo de uma linha. Ao caminhar, seus pés gastam a grama ou compactam o solo, deixando traços de seu trajeto.

Os resultados são memórias tangíveis de sua presença, deixando uma linha específica repetidas vezes. (Como desaparecem gradualmente, ele as registra em fotografias.) Esses caminhos também lembram os caminhos marcados por ovelhas ao passarem repetidamente pelas mesmas rotas ao lado de uma colina. Long tem criado círculos da mesma maneira, caminhando continuamente em círculos sobre a mesma linha.

Às vezes ele faz linhas ou círculos com pedras ou pedaços de madeira recolhidos no terreno, impondo-lhes uma geometria (quase) perfeita, que apenas a mente poderia criar.

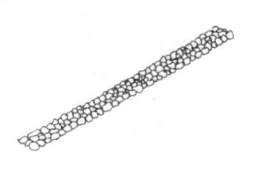

Às vezes ele faz uma linha ou círculo apenas com a remoção de pedras, para abrir um caminho ou um lugar para apresentações.

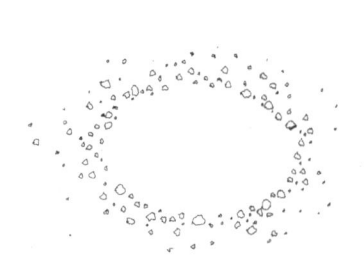

Algumas de suas esculturas parecem identificar lugares; outras parecem negá-lo. (A negação de lugares também é um ato de arquitetura.)

Ele também criou lugares e memórias tangíveis com seu corpo. Em um dia chuvoso, ele procura uma rocha grande e plana e, deitado sobre ela, espera pela chuva. Enquanto a chuva cai, fica deitado sem se mover; quando para, ele se levanta e fotografa a área seca (a "sombra" da chuva) deixada na rocha, no formato de seu corpo...

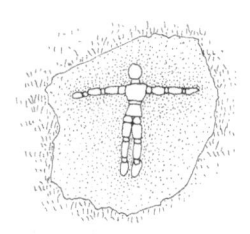

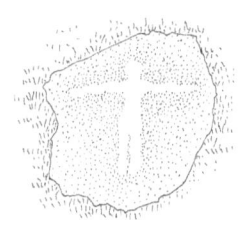

...um "lar" abandonado por seu morador.

EXERCÍCIO 12e. O círculo de lugar.

Desenhe um círculo de lugar ao seu redor.

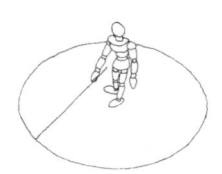

Você fez isso com seu boneco articulado sobre a prancheta, mas agora sinta o poder de um círculo de lugar que você possa ocupar. Sinta a maneira como ele lhe emoldura e separa do mundo à sua volta. Perceba o limite que ele cria entre o interior e o exterior, e o ultrapasse. Pare no lado de fora e pense sobre o poder do círculo na paisagem mais ampla. Imagine que o interior do círculo é um lugar especial, até mesmo mágico, onde coisas estranhas podem acontecer com você (e o círculo de fato é poderoso: ele lhe destaca quando está dentro dele). Espere um pouco antes de entrar novamente. Sinta o leve impacto ao pisar na linha. Todos esses efeitos são partes das dimensões emocionais fundamentais de toda a arquitetura baseada na identificação de lugares. Não importa o quão sofisticada a arquitetura se torne, ela começa com essa separação rudimentar de um lugar interior separado dos outros. Isso também ocorre mesmo quando a linha de divisão, o limite, não está tão clara quanto a linha que você traçou na areia.

Ao desenhar seu círculo, você identificou um lugar que não existia antes (de uma maneira sutil, mas significativa, você modificou o mundo). Embora não seja mais que uma linha na areia, ele persiste. Continua representando sua presença, mesmo depois de você sair de dentro dele. É a forma mais rudimentar que sua "casa" pode adotar. Para torná-la uma casa propriamente dita, você precisaria fazer mais, mas é assim que começa.

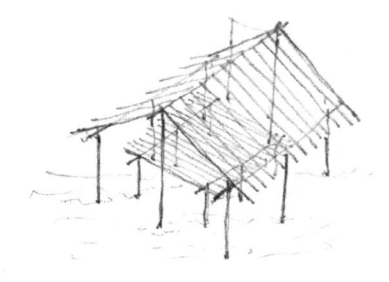

A separação – distinção de um lugar a partir de seu entorno – nem sempre se dá no solo. Em 2008, houve grandes enchentes na região de Bihar, na Índia. Algumas pessoas que perderam suas casas criaram plataformas para dormir acima da água. Elas as protegeram do sol com coberturas, que também as protegeriam de outras chuvas.

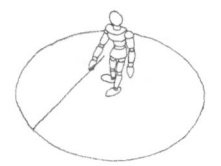

EXERCÍCIO 12f. (Comece a) modificar seu círculo de lugar (para torná-lo mais forte ou mais confortável).

A partir de seu círculo de lugar, pense sobre como pode torná-lo mais forte como lugar, mais confortável (cômodo) como moradia ou mais adequado para outro propósito (talvez um espaço para exibir um objeto ou realizar uma cerimônia). Utilize quaisquer materiais que estiverem à mão: pedras; madeira trazida pelo mar; grama; a própria areia (ou terra); até mesmo outras pessoas.

Enquanto isso, veja que partir da ideia do círculo de lugar o leva a um modo de pensar sobre sua edificação diferente do que se partisse da ideia de que está projetando uma edificação como um objeto (um objeto escultórico). As formas que partem do círculo de lugar estão preocupadas em *criar uma moldura* (para a pessoa, um objeto, uma atividade...), não em *ser emolduradas* (como em uma fotografia ou um desenho). Como consequência, a pessoa é tratada como um ingrediente – em vez de um espectador – da arquitetura. Você pode pensar sobre a aparência de sua edificação posteriormente; pense primeiro sobre o que ela faz à pessoa e por ela.

Marco ou foco

Você pode começar erguendo algo na vertical, como um foco ou marco do lugar. Poderia ser uma peça de madeira trazida do mar...

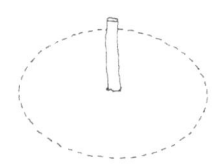

...ou uma pedra (a maior que conseguir).

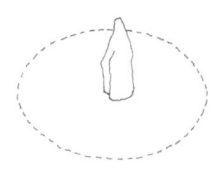

Você pode colocar uma grande pedra plana como se fosse um altar, uma mesa ou um túmulo.

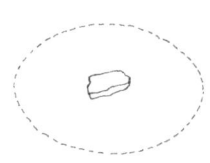

Você pode fazer uma fogueira. Ela define um círculo (sem limite claro) de calor e luz.

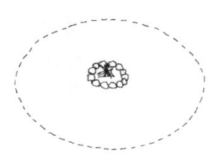

Ou pode plantar uma árvore (que levará tempo para crescer).

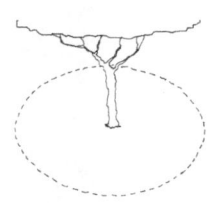

Cada intervenção gerará seu próprio círculo de lugar (presença). A árvore define seu círculo com sua copa, criando um lugar que você pode ocupar.

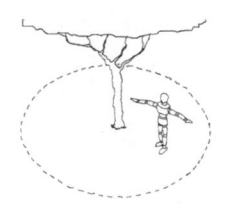

Cada intervenção também gera (pelo menos) outros dois círculos: o círculo íntimo no qual você pode tocar (ou cuidar ou abraçar) o marco...

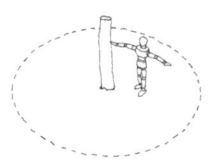

...e o grande círculo de visibilidade, no qual você pode ver o marco.

Lugar de apresentação

Agora faça círculos cujo centro você possa ocupar. Tente definir seu círculo com pedras. Você pode ficar em pé no centro e se tornar o foco do círculo.

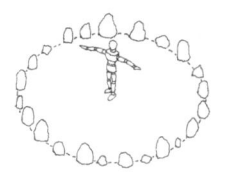

O círculo também se torna um espaço aberto para apresentações; um espaço para o "faz de conta" e para rituais.

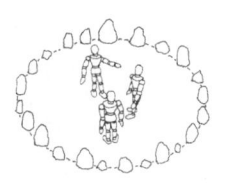

Portas e eixos

Com seu círculo de pedras, você também pode experimentar, como fez com seus blocos de madeira na prancheta, criando uma porta como ponto específico no qual se cruza o limite entre o exterior e o interior...

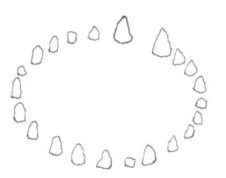

...uma porta que gera um eixo, que pode estabelecer um vínculo com um elemento remoto, como uma montanha distante ou o sol nascente (ou poente).

Você pode brincar com combinações de foco, círculo de lugar, você mesmo e a porta que torna possível a relação axial com o elemento remoto.

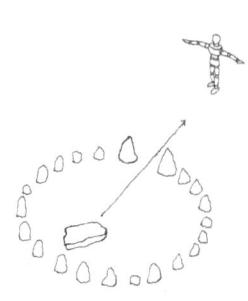

Tente diferentes permutações. Aprecie o poder de estabelecer uma matriz espacial – uma composição arquitetônica de elementos – que organiza sua ideia de mundo que o cerca e sua relação com ele.

Templo, igreja, mesquita...

Ao fazer isso, você terá de fato construído um templo, uma igreja ou uma mesquita, dependendo da distribuição dos elementos que tiver escolhido. Você criou uma verdadeira obra de arquitetura no mundo real, com a qual pode se relacionar de maneira real. Uma igreja, por exemplo, cria um círculo de lugar (embora possa ter planta baixa cruciforme) em volta de um altar.

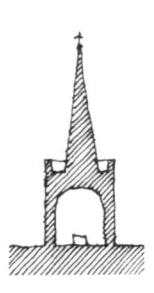

Seu campanário funciona como um marco que pode ser visto de longe.

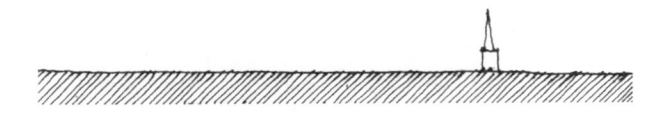

A porta oeste de uma igreja (e sua orientação) estabelece um vínculo com o leste (e o sol nascente) e a alinha com os pontos cardeais do mundo.

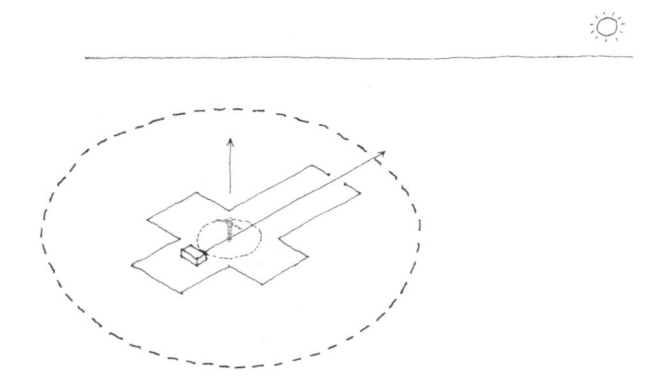

E se você construir (ou apenas imaginar) uma flecha sobre o círculo de lugar da igreja, também está indicando a direção vertical – o *axis mundi* (eixo do mundo) – que alcança o céu (até o paraíso). O campanário (marco) gera, então, seu próprio círculo de lugar (tracejado), que pode ser identificado pelo muro do pátio da igreja, o solo sagrado onde os mortos estão enterrados, como se estivesse protegido por um escudo ou um campo

"Eu adorava meu tapete de oração. Ainda que fosse de qualidade ordinária, eu o achava lindo. É uma pena que o perdi. Onde quer que o colocasse, sentia uma afeição especial pelo pedaço de terra sob ele e pelo seu contexto imediato, o que, para mim, é uma indicação clara de que era um bom tapete de oração."

Yann Martel – Life of Pi, 2003.

de força gerado pela igreja e seu altar. Não importa seu estilo ou ornamentação, uma igreja é uma composição dos elementos básicos da arquitetura: foco (altar), círculo(s) de lugar, marco, porta e seu eixo e a pessoa. É uma composição que tem o efeito de conferir forma não apenas a seu lugar específico, mas também a uma interpretação do mundo a seu redor. Ela confere à pessoa um lugar com o qual se relacionar; dá sentido ao mundo.

Você também pode criar um pequeno templo para si.

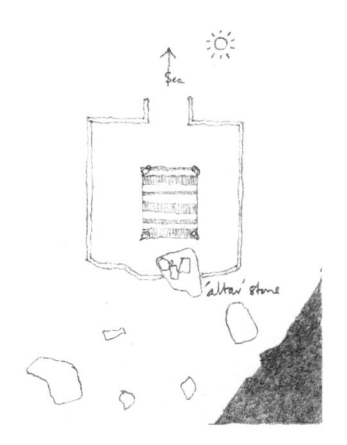

Neste exemplo, alguém escolheu uma pedra específica na praia como altar. Adjacente a ela, sugeriu as paredes de um pequeno templo com uma porta, cujo eixo estabelece uma relação entre o "altar" e o horizonte sobre o mar. Dentro desse pequeno templo, colocou sua toalha, como um catafalco em uma capela de crematório.

EXERCÍCIO 12g. Criando lugares com pessoas.

Tente fazer arquitetura utilizando seus amigos como materiais de construção. Uma linha de pessoas pode ser um muro (como a linha de defesa em um jogo de futebol).

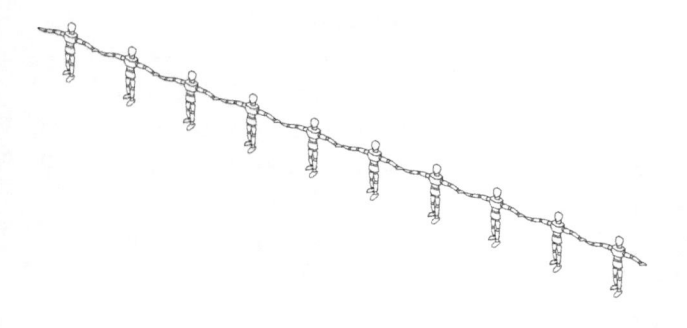

Logo antes da construção do muro que dividia Berlim Ocidental e Oriental, na década de 1960, sua posição foi identificada (defendida) por uma linha de soldados russos, que constituíam, por si próprios, o Muro de Berlim.

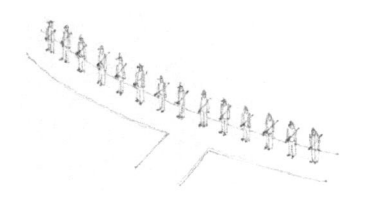

Com dois de seus amigos, crie uma porta.

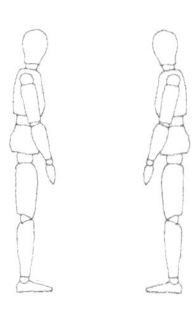

Caminhe através dela. Sinta aquele leve impacto ao atravessar.

Em 1977, Marina Abramovic e seu colega Ulay ficaram nus, em pé, na entrada de uma de suas exibições (chamada "Imponderabilia"). Os visitantes precisavam passar de lado entre eles, escolhendo quem iriam encarar enquanto passavam.

Se você tiver amigos o suficiente, organize-os para formar um caminho, como uma guarda de honra que leva à porta de uma igreja no funeral ou casamento de um soldado.

Distribua seus amigos em um círculo (um precursor do círculo de pedras) para identificar um lugar dentro do qual alguma atividade em grupo (ritual, jogo, luta...) pode acontecer.

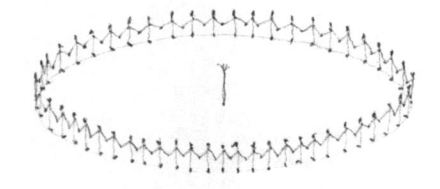

Eles também podem estar voltados para fora, em uma formação defensiva, como quando os soldados formavam quadrados ou os colonizadores dos Estados Unidos colocavam suas carroças em círculo para se defenderem de algum ataque.

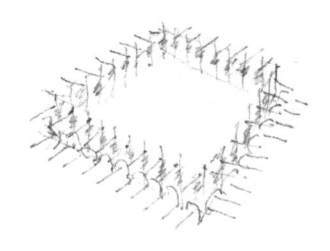

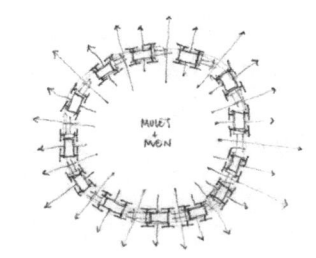

Você pode tornar essas geometrias sociais mais permanentes ao construí-las de maneira física. Uma formação defensiva se tornaria uma espécie de fortaleza; uma guarda de honra pode se tornar mais permanente com o plantio de uma alameda dupla de árvores ou a disposição de duas linhas paralelas de postes comuns.

Um círculo de pessoas pode se tornar um círculo de barracas ou casas. O círculo pode ser formado pelas casas em volta de uma praça comercial ou da área verde de uma comunidade.

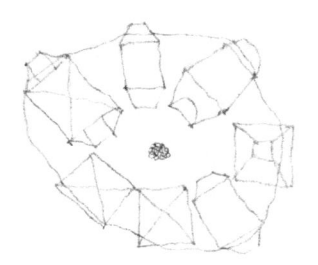

"No final da tarde, eles começaram a construir um castelo de areia perto da beira d'água... As paredes precisavam ser aprumadas, era necessário fazer janelas, conchas eram incrustadas em intervalos regulares e a área dentro da torre de menagem deveria ser confortável, feita com algas secas... Quando tudo estava pronto e eles já haviam caminhado em volta de seu feito várias vezes, reuniram-se dentro da muralha e sentaram para esperar a maré. Kate estava certa de que o castelo estava tão bem construído que resistiria ao mar. Stephen e Julie concordaram, ridicularizando a água quando ela simplesmente subia pelos lados, vaiando-a quando corroeu uma parte do muro."
  Ian McEwan – *A Child in Time*, 1987.

Neste exemplo, algumas crianças construíram (moldaram) um lugar para se sentarem juntas e conversarem.

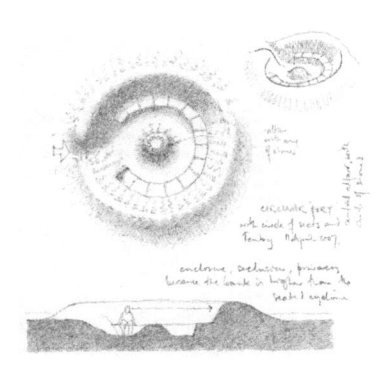

Elas empurraram a areia com as mãos para criar uma depressão na praia, e a aprofundaram ao moldar a areia no formato de um banco circular, deixando uma porta voltada para o mar. O muro era alto o suficiente para esconder seus ocupantes do resto da praia e para conferir a sensação de proteção às pessoas que estavam sentadas dentro dele. Em volta da base do muro, em seu interior, as crianças formaram um banco dividido em lugares individuais. No centro, onde poderia haver uma lareira, construíram um altar decorado com pedras. É a manifestação de alguma ideia arquitetônica (baseada na geometria social) como uma casa da Idade do Ferro (veja o Estudo de Caso 1 em *A Análise da Arquitetura*, 3ª edição)...

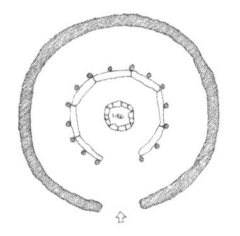

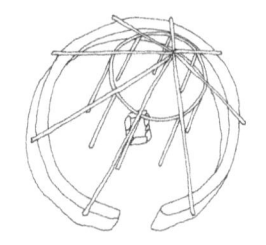

...ou uma casa do capítulo medieval.

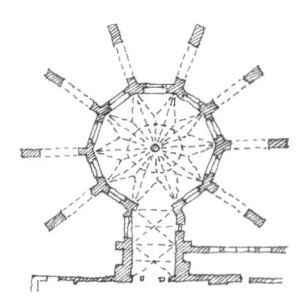

Brincar com combinações de foco, círculo de lugar, porta e seu eixo e você mesmo (e amigos) é uma questão de trazer aquelas ideias que explorou com seus blocos para a realidade e para fora do mundo conceitual de sua mente (e da arena da prancheta ou mesa de desenho). Esse processo é essencial para a arquitetura, que se origina na mente, mas, quando executada, transforma a realidade. Você pode continuar brincando com as ideias que explorou com seus blocos nos primeiros exercícios deste livro.

INTERLÚDIO: A criação de um lugar na paisagem pelas tribos aborígenes australianas

A arquitetura tradicional das tribos aborígenes australianas consiste principalmente em criar lugares na paisagem. (A maioria dos exemplos foi tirada de Native Tribes of Central Australia, 1898, de Spencer e Gillen.)

A maneira aborígene de atribuir sentido a seu mundo por meio da trama de versos relatados que relacionam os lugares entre si na paisagem em uma rede de histórias já foi mencionada (na página 165). Partes específicas da paisagem são associadas a mitos particulares. Emily Gap, por exemplo, é o local de culto da tribo Witchetty Grub (Larva de Mariposa). Lá, a paisagem geral, que é o vestígio de um córrego em uma ravina, adquire um significado como percurso seguido pelos ancestrais. Muitas histórias são associadas às suas próprias características específicas na distribuição das rochas, árvores, cavernas... O percurso ancestral leva a uma caverna sagrada ao lado da ravina (1), onde cerimônias são realizadas em um círculo em volta de um altar de quartzito, que representa uma larva de mariposa. O círculo é formado por rochas menores que representam os ovos da larva. Durante o ritual, homens da tribo formam outro círculo fora deste, onde golpeiam juntos e ritmicamente as rochas.

Todas as cerimônias exigem arenas onde possam ser realizadas. Áreas do terreno têm suas pedras e seus arbustos removidos, deixando uma borda com entulho marcar o limite entre o interior e o exterior (2). Essas arenas nem sempre são circulares. Vários marcos estabelecem a área onde a cerimônia será realizada, indicando onde eventos específicos acontecem. As pessoas que não estão participando – o resto da tribo, o público – ficam do lado de fora do limite.

Os marcos e as plataformas são erguidos para sustentar, exibir e honrar resquícios ou outros objetos sagrados (3 e 4). Alguns são colocados em seus próprios círculos de lugar.

Cavam-se túmulos onde os mortos são enterrados (5) sentados e voltados para o acampamento da tribo, com uma simbólica "portinhola" de acesso para o espírito, na forma de uma depressão na terra ao lado.

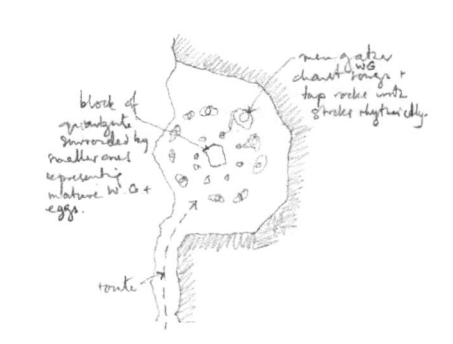

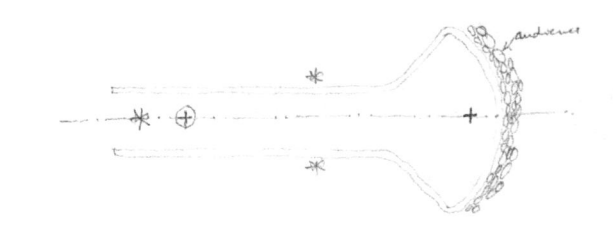

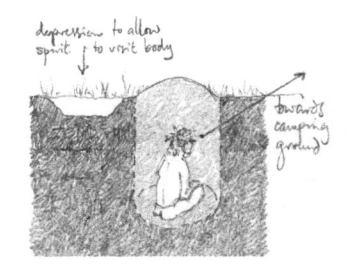

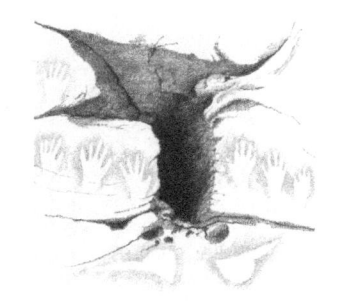

Seção três – Passando ao mundo real 179

1

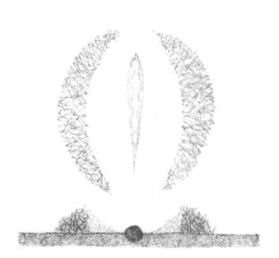

2

Como pode ser visto na página 69 de A Análise da Arquitetura (3ª edição), pequenas fendas nas faces das rochas podem ser usadas como túmulos (1), marcados com as silhuetas das mãos dos parentes.

Totens sagrados, feitos de terra e decorados com pigmentos, são protegidos com arcos de galhos secos (2). Esse desenho mostra, em planta baixa e corte, a representação – a corporificação – de um deus cobra.

Pequenos abrigos são construídos para proteger uma fogueira da brisa dominante e criar um lugar protegido para se sentar (3). Os abrigos podem ser construídos para separar um iniciado do mundo por um tempo, antes de passar por um ritual.

As paredes podem ser construídas com galhos secos para separar uma cerimônia – como a circuncisão de um menino – do restante da tribo. Assim que ela acaba, em um mastro sagrado, a parede de galhos é aberta para criar uma porta através da qual o menino retorna à tribo como adulto.

Outras tribos criam um altar formado pelos parentes (homens) do menino (5). Essa é a mesa sobre a qual a operação é realizada.

Todos esses são exemplos do ímpeto humano pela criação de lugares, que é a semente de toda a arquitetura. Os lugares – sejam eles identificados apenas por meio do uso, formados pelas próprias pessoas ou modificados pela construção – são essenciais para o funcionamento de qualquer cultura. De sua própria maneira, você pode experimentar todos esses lugares aborígenes, criando lugares na paisagem, reconhecendo o potencial de lugares que já estão lá, criando novos lugares, limpando o solo, utilizando outras pessoas, definindo círculos de lugar, erguendo marcos, plataformas, abrigos… Você pode sentir a energia desses lugares afetar sua percepção do mundo, seu lugar nele e até mesmo sua própria identidade.

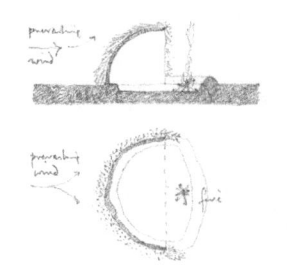

3

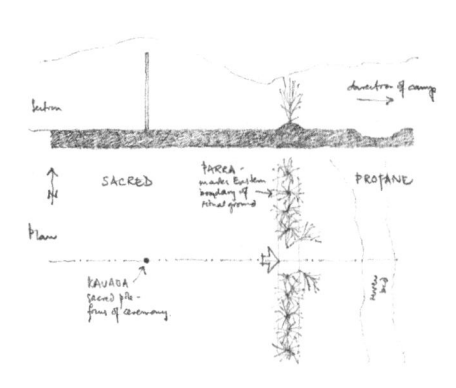

4

5

INTERLÚDIO: Ettore Sottsass

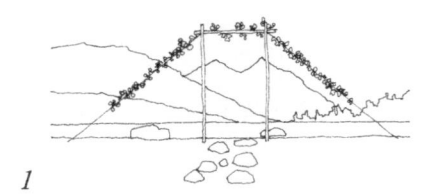

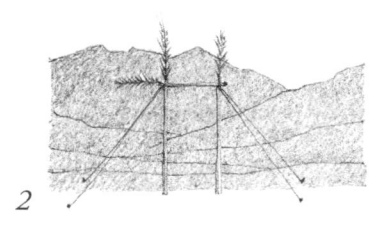

1

2

3

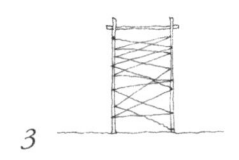

Na década de 1970, o designer Ettore Sottsass brincou com a criação de lugares na paisagem. Em alguns casos, ele posicionou a porta no centro do círculo de lugar, colocando um limite – um ponto de transição – no foco da atenção.

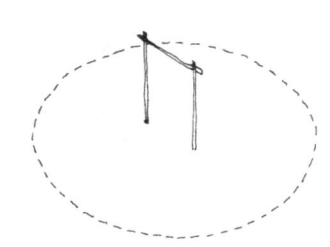

4

5

Ele criou, por exemplo, uma "Porta através da qual você encontrará seu amor" (1), que emoldurava a vista de uma montanha que ficava atrás um lago e tinha um caminho rochoso que levava a ela. Ele também fez uma "Porta através da qual entrará na escuridão" (2) e outra "Porta através da qual você talvez não passe" (3). Essas portas na paisagem nos remetem aos portais xintoístas japoneses tradicionais (4). Elas se mostram como objetos visíveis, mas nossa relação com elas envolve a ideia que sugerem a nossas mentes de como seria atravessá-las e o que encontraríamos ou sentiríamos ao fazê-lo.

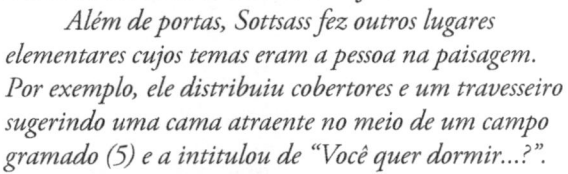

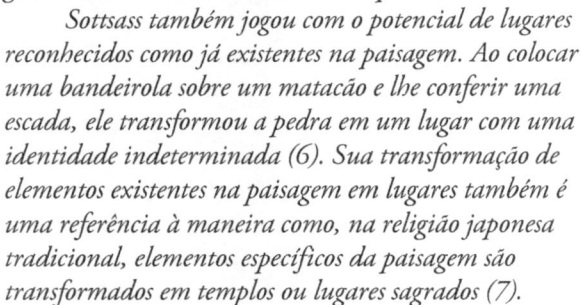

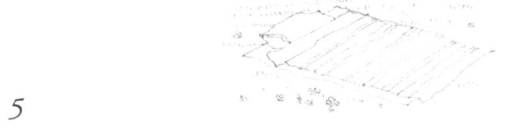

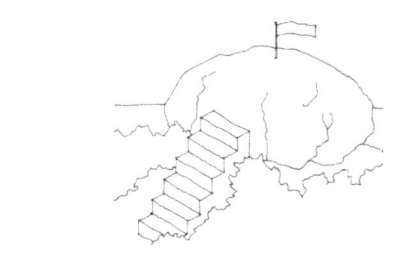

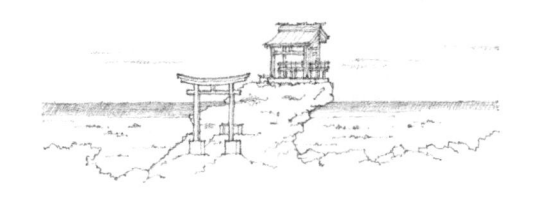

Além de portas, Sottsass fez outros lugares elementares cujos temas eram a pessoa na paisagem. Por exemplo, ele distribuiu cobertores e um travesseiro sugerindo uma cama atraente no meio de um campo gramado (5) e a intitulou de "Você quer dormir...?".

6

Sottsass também jogou com o potencial de lugares reconhecidos como já existentes na paisagem. Ao colocar uma bandeirola sobre um matacão e lhe conferir uma escada, ele transformou a pedra em um lugar com uma identidade indeterminada (6). Sua transformação de elementos existentes na paisagem em lugares também é uma referência à maneira como, na religião japonesa tradicional, elementos específicos da paisagem são transformados em templos ou lugares sagrados (7).

7

Exercício 12h. A antropometria.

Experimente como o tamanho e a mobilidade de seu próprio corpo influenciam sua ocupação, transposição e criação de lugares na paisagem.

Pense, por exemplo, sobre como escolher um lugar para se sentar na paisagem. Você escolhe uma rocha pela altura (*1*)? Você escolhe algum lugar no qual pode se encostar, um tronco de árvore (*2*)? Você se acomoda em uma duna (*3*) para formar um assento mais confortável na areia, deixando uma marca (*4*) que estabelece um "trono" para o qual você pode retornar?

Suba um aclive (*5*), prestando atenção na maneira como pisa e nas marcas que deixa na areia. Molde degraus na areia (*6*), por exemplo, com pedaços de madeira trazidos pelo mar, e teste diferentes alturas em cada degrau. Avalie quais alturas são mais confortáveis para subir os degraus. Tome notas em seu caderno de croquis.

Caminhe, prestando atenção nas pegadas que deixa, nos espaços entre elas (*7*) e em como elas começam a criar um percurso.

Faça portas de alturas e larguras diferentes (*8*), incluindo aquelas que são muito grandes ou muito pequenas. Sinta como cada porta lhe afeta ao passar por elas. Meça e registre os diferentes tamanhos e suas reações em seu caderno de croquis.

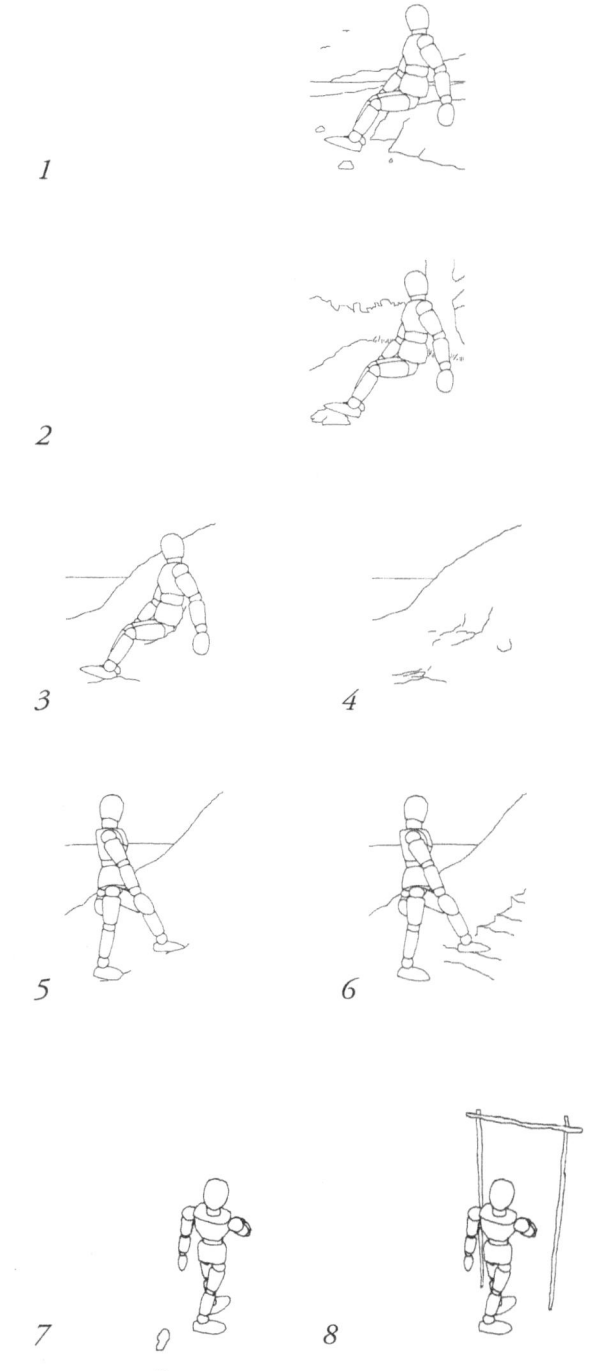

Exercício 12i. A geometria da construção.

Experimente fazer elementos arquitetônicos – paredes, plataformas, valas, coberturas, caminhos, marcos... – utilizando os materiais que estiverem à mão onde você estiver. (Lembre-se de que os elementos arquitetônicos são os meios pelos quais são identificados os lugares para ocupação.)

Você pode fazer elementos arquitetônicos cavando, empilhando e moldando, como quando cava uma vala na praia, amontoando a areia como se fosse um muro à sua volta (*1*).

Você pode fazer elementos arquitetônicos cravando, como quando insere estacas ou pedras no solo (*2*).

Você pode fazer elementos arquitetônicos trançando, entrelaçando gravetos para fazer uma parede de pau a pique (*3*).

Você pode fazer elementos arquitetônicos inclinando, ao inclinar galhos e uni-los, para criar um tepi (*4*).

Você pode fazer elementos arquitetônicos reunindo, cortando galhos e montando uma estrutura (*5*).

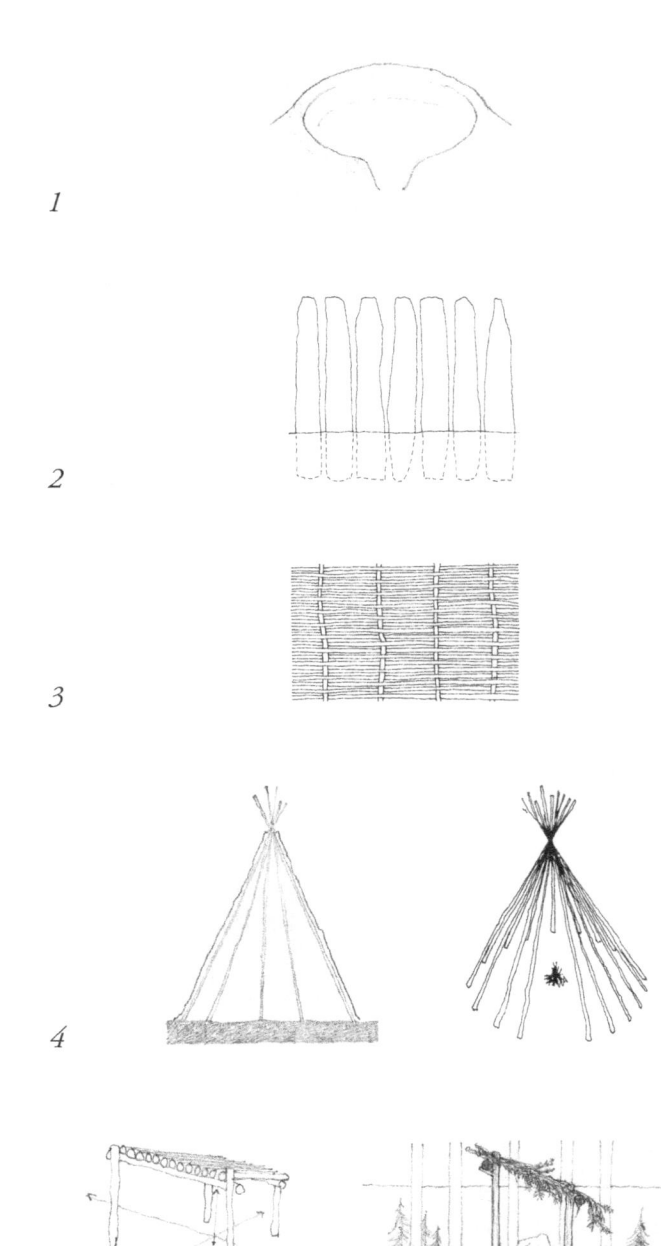

Você pode fazer elementos arquitetônicos construindo, ao empilhar pedras para construir um muro. Nesse caso, a forma de seu muro será influenciada pelas características das pedras com as quais você tentar construí-lo. Talvez você tenha dificuldade para equilibrar pedras irregulares umas sobre as outras (*6*) ou tenha a sorte de encontrar pedras planas que se equilibram bem nas fiadas (*7*). Tentar construir um muro com pedras encontradas no campo o tornará mais consciente dos benefícios de utilizar blocos retangulares de dimensões padronizadas (*8*, como você fez nos primeiros exercícios deste livro). Se você estiver em um campo nevado, também pode cortar seus blocos no formato necessário para construir um iglu (*9*).

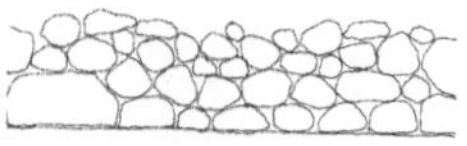

Você pode fazer elementos arquitetônicos apoiando, esticando, suspendendo, como quando estica uma corda entre duas árvores para sustentar um pedaço de lona para fazer uma proteção contra a chuva ou o sol (*10*).

A tenda *yurt* dos mongóis é feita trançando varas de madeira (*11*).

Esta pequena casa em Kerala foi construída empilhando e moldando lama, montando uma estrutura de cobertura e entrelaçando folhas de coqueiros para formar a cobertura (*12*).

Até as edificações mais sofisticadas são condicionadas pelas geometrias desses variados tipos de construção – como você deve ter concluído quando coletou exemplos em seu caderno de croquis ("Em seu caderno de croquis…", página 76).

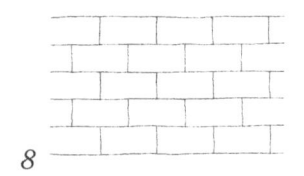

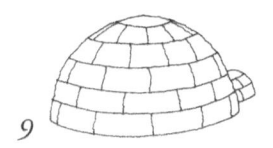

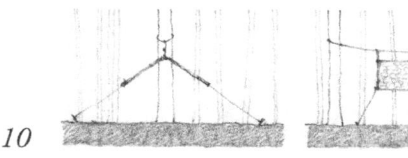

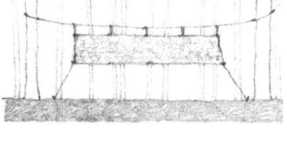

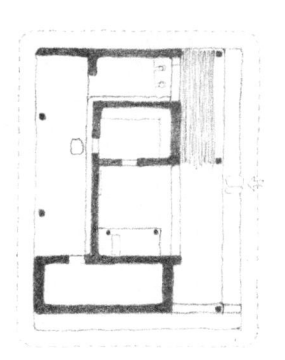

Exercício 12j. Respondendo aos condicionantes.

Quando você estava fazendo maquetes com seus blocos sobre prancheta, não levou em consideração os condicionantes reais que afetam sua criação de lugares. Você poderia se preocupar com a forma em um mundinho livre de sol, chuva, vento, temperatura do ar e presença de pessoas reais.

Ao começar a criar lugares com condicionantes reais, você pode continuar se comportando como se estivesse naquele mundinho separado e ignorar o sol, a chuva, o vento, a temperatura do ar, as condições do terreno e a presença de outras pessoas. Ou pode começar a pensar sobre como sua criação de lugares permite explorar e atenuar a influência desses fatores. Pode começar a pensar sobre como poderia se proteger do sol excessivo, da chuva que encharca, do vento que arrepia... como poderia se aquecer em um dia frio, refrescar-se em um dia quente... lidar com um terreno irregular ou instável... ter privacidade (em seu lugar) ou chamar mais atenção para si e se tornar mais visível para as outras pessoas.

A criação de lugares na paisagem é frequentemente descrita e discutida em termos de proteção e sobrevivência. Na Grã-Bretanha, os programas televisivos de aventuras, como o de Ray Mears, demonstram várias maneiras de montar barracas em diferentes circunstâncias para se defender dos fatores listados acima.

Mesmo que os lugares que você criar não sejam necessariamente rudimentares, esses são os mesmos fatores trabalhados nas edificações ao longo de toda a história, inclusive na edificações mais sofisticadas e avançadas da atualidade. Mas você pode se conscientizar dos princípios da exploração e atenuação das condições climáticas criando pequenos lugares, utilizando materiais simples na paisagem.

Ao realizar este exercício, a primeira coisa a fazer é analisar os condicionantes do local onde você deseja criar um lugar. Há fatores que deseja atenuar? Há fatores que possa explorar? Essas avaliações podem (ou deveriam) influenciar o local específico onde você decidir construir. Em um clima frio, pode, por exemplo, escolher um local mais protegido ou voltado para o sol. Em um clima quente, pode procurar um lugar que seja sombreado por árvores ou aberto para um vento dominante.

Aqui temos alguns exemplos do que você pode tentar fazer. Lembre-se de que os principais fatores a serem explorados ou atenuados são o sol, a chuva, o vento, a temperatura do ar, as condições do terreno e a presença de outras pessoas.

O vento persistente é cansativo e pode esfriar o corpo. Os animais, nas encostas de colina, procuram espaços côncavos protegidos dos ventos desagradáveis. As pessoas podem fazer isso, mas também podemos criar para-ventos. Na praia, você pode cavar um buraco junto a um grande pedaço de madeira (um tronco de árvore) para criar um espaço côncavo onde possa se proteger do vento.

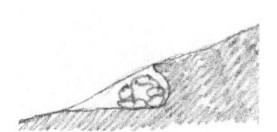

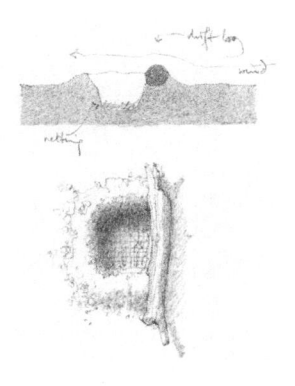

Você talvez tenha levado um para-vento de tecido para a praia, ao lado do qual pode se sentar, protegido do vento.

Experimente até onde vão os efeitos benéficos do para-vento. Qual o tamanho da área protegida do vento? A que distância você precisa ficar sentado para ficar protegido do vento?

Reflita também sobre como o para-vento se relaciona com outros fatores, como o sol e as outras pessoas.

Dependendo da posição do sol (acima), você poderia estar protegido do vento em pleno sol ou na sombra. Isso cria diferentes circunstâncias.

Talvez você aprecie a privacidade parcial que o para-vento proporciona e decida colocar mais um, em seu outro lado (embora o vento não esteja vindo daquela direção), para ter privacidade em relação a seus vizinhos.

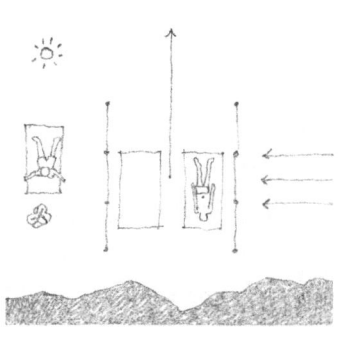

Veja como, no croqui acima, esses dois simples para-ventos não protegem apenas o lugar do vento e dos olhos alheios – da maneira como estão posicionados, o penhasco atrás protege suas costas, e juntos eles estabelecem um eixo que orienta o lugar em direção ao mar. Esses dois para-ventos, promovidos a paredes permanentes, poderiam facilmente se tornar um templo ou uma casa.

Mas, se você estiver em um clima quente e úmido, talvez queira abrir seu lugar para o vento e, ao mesmo tempo, protegê-lo do sol.

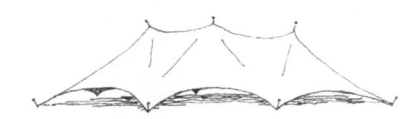

Talvez queira apenas se proteger do sol.

Talvez queira se proteger da chuva enquanto abre seu lugar para receber os ventos refrescantes.

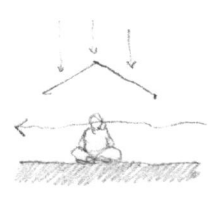

Em um clima frio e chuvoso, é provável que queira se proteger tanto da chuva quanto do vento.

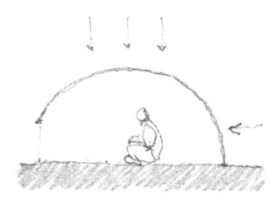

Talvez também sinta a necessidade de fazer uma fogueira para se manter aquecido e seco. Você pode construir seu lugar de modo a reter o calor do fogo...

...ou fechá-lo completamente...

...embora deva considerar para onde irá a fumaça.

Você também pode precisar lidar com as condições do terreno. Em um terreno encharcado (se não conseguir encontrar um mais seco para criar seu lugar), pode criar uma base de toras de madeira e construir seu abrigo sobre ela.

Ou, se precisar criar um lugar quando houver uma enchente, talvez precise construir uma plataforma (como o povo de Bihar precisou fazer nas enchentes de 2008).

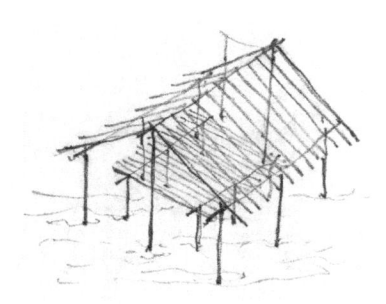

Perceba como essas estruturas simples também respeitam a geometria da construção.

Você pode querer se proteger não tanto dos olhos alheios, mas de animais predadores. Assim, pode cercar seu lugar com uma paliçada de galhos pontiagudos, criando um círculo de lugar no qual as ameaças não entrem.

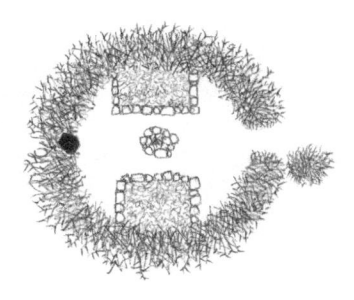

Esse é o tipo de acampamento que os caçadores masais criam com galhos espinhosos para se proteger dos animais durante a noite. Veja como ele está ancorado em uma árvore e tem uma lareira no centro de seu círculo de lugar. Um monte de galhos fecha a porta e completa o círculo de proteção.

INTERLÚDIO: O acampamento de Nick

Em seu conto "O Grande Rio de Dois Corações", Ernest Hemingway descreve a criação de um acampamento para uma noite:

"O terreno se erguia, com suas árvores e areia, voltado para a campina, a curva do rio e o pântano. Nick largou sua mochila e seu estojo de pesca e procurou um terreno plano. Ele estava com muita fome e queria montar seu acampamento antes de cozinhar. Entre dois pinheiros, havia um terreno razoavelmente plano. Ele tirou um machado de sua mochila e cortou fora duas raízes protuberantes. Isso criou um pedaço de terreno nivelado grande o suficiente para dormir. Ele alisou o solo arenoso com sua mão e arrancou todas as samambaias pela raiz. Suas mãos tinham um cheiro bom de samambaia. Ele alisou a terra desenraizada. Não queria nada que formasse caroços sob os seus cobertores. Um, ele dobrou em dois, sobre o solo. Os outros dois ele esticou por cima. Com seu machado, cortou um pedaço grosso de um dos tocos grandes e o dividiu em pequenas estacas para a barraca. Ele as queria longas e sólidas para que se mantivessem firmes no solo. Com a lona já espalhada pelo chão, a mochila apoiada em um pinheiro parecia muito menor. Nick amarrou a corda que sustentava o topo da barraca no tronco de um dos pinheiros e levantou a lona do chão com a outra extremidade da corda, amarrando-a no outro pinheiro. A lona ficou pendurada na corda como um cobertor grosso em um varal. Nick passou uma vara que havia cortado por baixo do topo da lona e então formou a barraca prendendo seus lados. Ele esticou os lados e cravou as estacas no chão com a parte chata do machado até que os laços da corda fossem enterrados e a lona ficasse extremamente esticada. Na entrada da barraca, Nick colocou uma tela para se proteger dos mosquitos. Ele engatinhou por baixo dela para colocar na cabeceira da cama várias coisas que estavam em sua mochila, sob uma inclinação da lona. Tinha um cheiro agradável de lona. Agora havia ali algo misterioso e familiar. Nick estava feliz quando entrou na barraca. Não havia se aborrecido em nenhum momento do dia. Mas isso era diferente. Agora tudo estava pronto. Ele passara o dia ocupado, mas agora estava tudo pronto. A viagem havia sido árdua. Ele estava muito cansado. Estava pronto. Ele montou seu acampamento. Ele estava lá, no bom lugar. Estava em sua casa, onde a construíra. Agora estava com fome. Saiu da barraca, engatinhando sob a tela mosquiteira. Já havia escurecido, mas havia alguma luz dentro da barraca. Nick pegou sua mochila e encontrou, tateando, um longo prego em um pacote de papel, no fundo da mochila. Ele o cravou no pinheiro, segurando firme e batendo suavemente com a parte chata de seu machado. Pendurou a mochila no prego. Todos os seus suprimentos estavam nela. Agora estavam longe do chão e protegidos. Nick estava com fome. Jamais havia sentido tanta fome. Abriu e virou uma lata de carne de porco e feijão e uma de espaguete na frigideira... Fez fogo com alguns pedaços de madeira que pegara do tronco de pinheiro. Sobre o fogo, ele prendeu uma grelha, cravando seus quatro pés no chão com sua bota. Nick colocou a panela e a lata de espaguete na grelha, sobre as chamas."

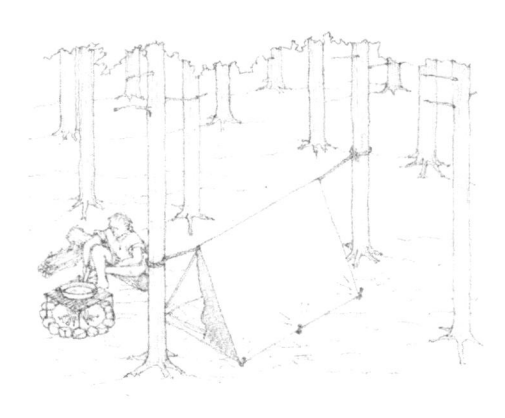

Ernest Hemingway – "O Grande Rio de Dois Corações" (1926).

O relato de Hemingway talvez seja detalhado demais. Meu desenho do acampamento de Nick está na página anterior. A primeira decisão de Nick foi encontrar, reconhecer e decidir sobre o local de seu lugar. Ele já tinha em mente uma ideia do que iria fazer e levou alguns componentes prontos. Ele pretendia criar um lugar para dormir protegido por uma barraca feita com sua lona, que seria sustentada por uma corda. Precisava de duas árvores com a distância certa entre a qual poderia esticá-la. Antes de começar, ele sabia o que queria; tinha uma ideia (arquitetônica) pronta. Ela provavelmente não foi criada por Nick; talvez ele tivesse aprendido vendo outros fazerem. Ainda assim, foi ele quem decidiu usar essa ideia nesse local específico. Ele levou os elementos necessários – lona, corda, cobertores, tela mosqueteira...

Ele encontrou duas árvores. Uma vantagem é que elas estavam em uma área elevada, nos limites do bosque, com uma vista para a campina, o rio e o pântano. Um refúgio com uma boa vista é sempre um bom lugar – não é totalmente aberto nem completamente escondido, sem causar agorafobia nem claustrofobia; um local onde você pode ver as pessoas passarem, mas permanecer oculto. Embora o solo entre os dois troncos no aclive fosse plano, não é muito confortável dormir em um aclive.

Também não é muito confortável dormir sobre raízes nodosas, por isso Nick preparou o solo removendo-as com seu machado. Depois preencheu os buracos e tornou o lugar ainda mais confortável com as camadas de cobertores. Ele mudou o terreno, criando uma área onde poderia se deitar com relativo conforto. O local para dormir estava pronto. A maior parte da criação de lugares (na arquitetura) começa com mudanças na superfície do terreno. O lugar de Nick também precisava estar protegido de uma possível chuva, então ele estendeu a corda entre as árvores para sustentar a lona, que prendeu firmemente com estacas no chão. Ele também queria se proteger de mosquitos, então pendurou sua tela mosqueteira na entrada. Dessa maneira, Nick respondeu aos condicionantes de seu lugar. Depois organizou seu interior, colocando na cabeceira de sua cama as coisas de que poderia precisar durante a noite.

Quanto tudo estava pronto, Nick ficou satisfeito. Ele estava orgulhoso do cuidado que tomara ao criar seu lugar. Desfrutou do conforto tanto psicológico como físico do refúgio que criara para si. A partir do grande espaço ao ar livre, ele havia criado um pequeno espaço interior onde poderia se retirar para dormir. Porém, também precisava de uma fogueira para preparar alimentos. A fogueira é uma parte integrante da arquitetura do acampamento de Nick. Não seria sensato colocar uma fogueira dentro da barraca, mas não fica claro na descrição onde ele a colocou. Podemos imaginar que ele a colocou em algum lugar próximo, mas não tanto, da entrada da barraca e teve o cuidado de tirar de sua volta materiais que pudessem pegar fogo e espalhá-lo. Talvez ele tenha feito um círculo de pedras para proteção. Para sustentar sua panela, levara uma grelha. Ele provavelmente também procurou uma tora para se sentar enquanto cozinhava. Com o prego na árvore para pendurar sua mochila, afastando-a do solo (não está em meu desenho), o lugar de Nick estava pronto. O acampamento conferiu uma forma física à sua existência naquele local; identificou seu lugar. Proporcionou a ele um lar temporário, um centro para sua vida. Enquanto estivesse lá, ele estruturaria tudo que Nick fizesse e serviria como um ponto de referência. Como seu arquiteto, Nick criou para si não apenas um lugar confortável para dormir, mas deu sentido ao mundo que o cercava. (Não é à toa que ficou feliz!)

Exercício 12k. Delimitando atmosferas.

Tente criar um lugar que tenha uma atmosfera particular.

A criação de lugares é frequentemente associada ao estabelecimento, à estruturação e à configuração de uma mudança na atmosfera, literal ou metaforicamente. O objetivo de qualquer abrigo simples é fechar um volume de espaço que permanecerá aquecido quando o exterior estiver frio ou talvez resfriado quando o exterior estiver quente, agradável quando estiver ventando lá fora, seco em um dia chuvoso, privado quando o lado externo for público. Esses são os objetivos (práticos) principais de qualquer lar. Um iglu, por exemplo, retém o ar aquecido pelos corpos de seus usuários ou por uma vela.

Na paisagem das Ilhas Shetland, assolada pelos ventos, os fazendeiros constroem *"planty crubs"*...

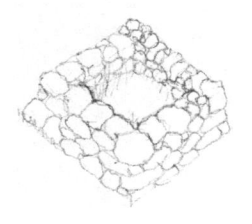

...que são recintos pequenos, delimitados por muretas rústicas de pedra, criando espaços protegidos do vento, dentro dos quais o pasto dos animais crescerá.

Os viajantes do deserto de Gobi aquecem pedras em uma fogueira e então as cobrem com terra para formar uma cama ao ar livre que permanecerá aquecida durante a noite fria.

Mas os lugares (inclusive aqueles que você fizer para este exercício) também podem criar diferentes tipos de atmosferas, e de diferentes maneiras. A criação de lugares pode estimular a criatividade. Antropólogos do século XIX registraram tribos aborígenes australianas construindo elaboradas plataformas sombreadas sobre pequenas fogueiras, para poderem descansar protegidos do sol forte pela sombra e dos insetos pela fumaça.

Algumas tribos nativas norte-americanas constroem, como parte de rituais de purificação, ocas para suar (como as saunas escandinavas). O vapor emitido da água lançada sobre as pedras quentes era conservado dentro de um abrigo simples coberto de peles de animal (acima).

Os aborígenes australianos às vezes fazem um "iglu" de gravetos para isolar um jovem que se prepara para passar por uma cerimônia de iniciação.

Se você é a pessoa que fica sozinha lá dentro, sob os olhos das demais que estão do lado de fora, essa estrutura contém uma atmosfera enervante de isolamento.

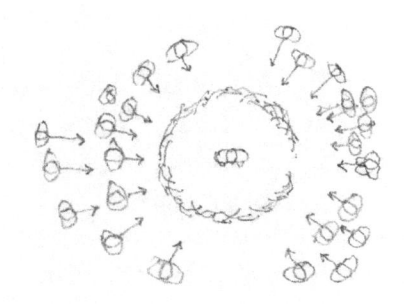

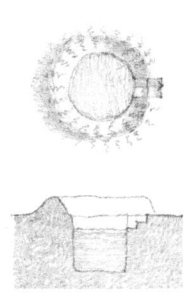

Os lugares também podem enquadrar o sobrenatural, podem conter uma atmosfera considerada sagrada. No início da tragédia *Édipo em Colono*, de Sófocles, o rei Édipo – que havia tirado a própria visão – e sua filha Antígona chegam a Colono, nas proximidades de Atenas. Depois de sua viagem, eles procuram um lugar para descansar em um arvoredo que lhes parece sagrado, mas logo são advertidos pelos moradores locais de que não podem ficar ali, pois aquele local na verdade é dedicado a um deus.

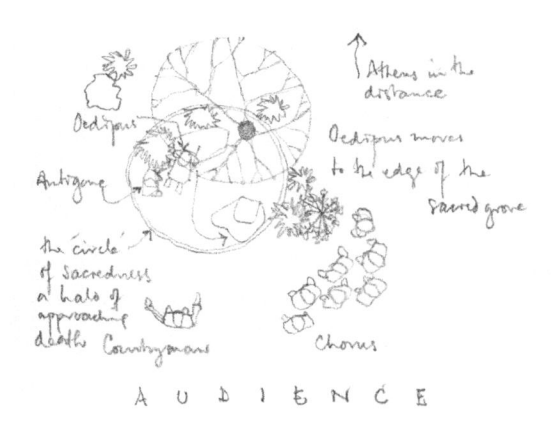

Este desenho mostra como o palco pode ser organizado para uma apresentação da peça de Sófocles. Mesmo nesse ambiente artificial, o lugar demarca a sensação de presença do deus; o espírito do deus define o lugar. Antígona e seu pai ficam enquadrados pelo halo do lugar, isolados dos moradores locais que os circundam em pé.

Como já mencionamos, antropólogos do século XIX registraram pessoas fazendo representações totêmicas de deuses animais...

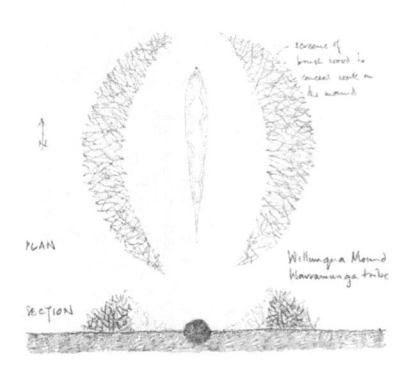

...e as protegendo da vista com barreiras de galhos, definindo um lugar marcado pelo espírito do deus. A maioria das religiões fez coisas semelhantes. As igrejas não só abrigam suas congregações durante as missas, mas também encerram o espírito sagrado da religião. Mesmo uma pequena capela em um campo aberto pode conter e delimitar uma atmosfera sagrada.

Exercício 121. Estabelecendo regras para o uso do espaço.

A arquitetura estabelece a matriz espacial de nossas vidas. Teste as maneiras como você pode organizar o uso do espaço criando "regras" na forma de paredes, portas e outros elementos arquitetônicos.

Quadras e campos esportivos são bons exemplos.

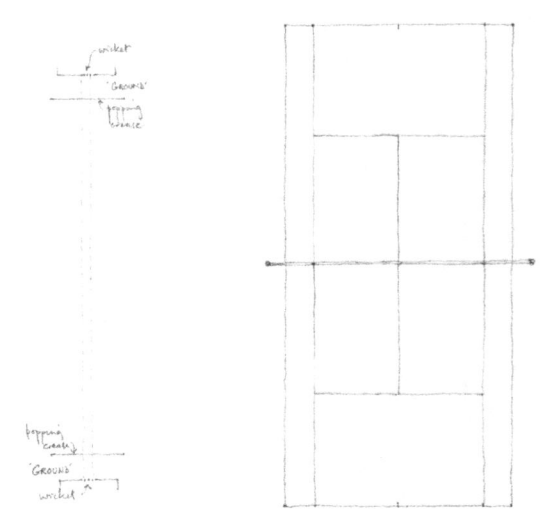

Um campo de críquete e uma quadra de tênis são fundamentais para os sistemas de regras de seus respectivos esportes. Eles consistem em elementos arquitetônicos: limite, foco, parede; e estabelecem a matriz espacial onde os jogos acontecem.

Com as casas, ocorre algo parecido. Uma casa estabelece a matriz espacial onde a vida de seus moradores é ordenada. Há locais para cozinhar,

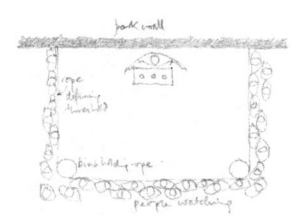

O espaço para a apresentação de um mágico de rua pode ser organizado por uma mesa e uma corda colocada sobre a calçada como um limite para manter certa distância da plateia.

comer, sentar, ver televisão, trabalhar, cultivar plantas...

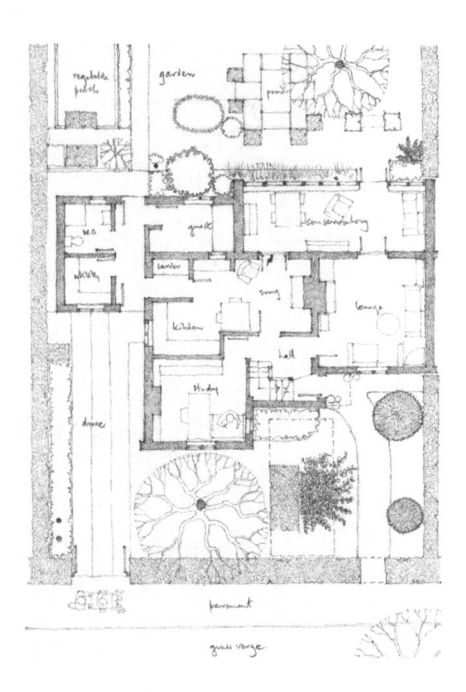

Em seu ensaio sobre "A Casa Berbere", o antropólogo e filósofo francês Pierre Bordieu descreveu a organização espacial das casas de alguns norte-africanos (no alto, à direita). A casa organizava suas vidas, representando suas estruturas sociais e crenças espirituais.

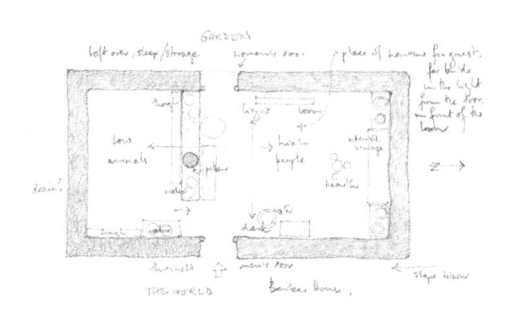

As barracas das tribos do deserto na Líbia são organizadas para dividir o espaço das mulheres e o dos homens. O espaço das mulheres é maior porque é lá que o trabalho doméstico é feito.

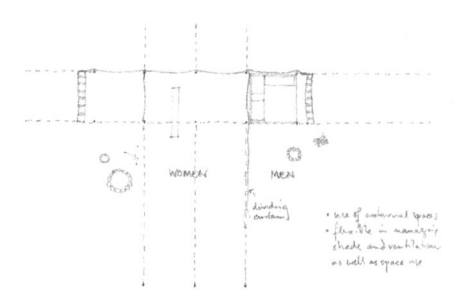

O espaço dessas barracas no deserto é organizado por grandes pedaços de tecido removíveis, e suas coberturas são sustentadas por mastros e esticadas por tirantes de corda.

A arquitetura também estabelece a matriz espacial para rituais e cerimônias. John Neihardt, em seu livro *Black Elk Speaks*, relata as descrições do leiaute dos locais de cerimônia feitas por um velho cacique Sioux. As regras determinavam como os campos deveriam ser organizados, relacionando-os ao mundo em geral.

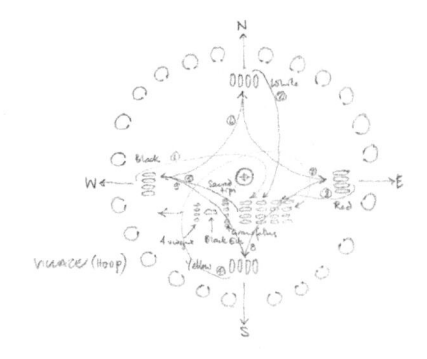

Esses terrenos para cerimônias continham regras detalhadas segundo as quais os rituais deveriam acontecer. Rituais intrincados aconteciam dentro de uma estrutura precisa de marcos que indicava os pontos cardeais a partir do centro para o grande círculo do horizonte.

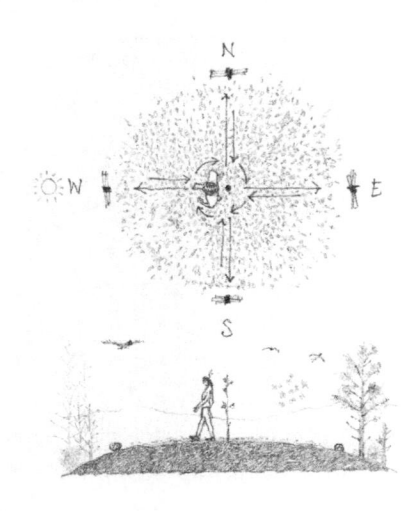

Um guerreiro pode precisar realizar movimentos de um ritual, por exemplo, caminhando partia de um mastro central, atravessando um solo coberto de flores, até chegar a cada ponto cardeal e parar por um longo período. Nessas circunstâncias, o terreno se torna a estrutura para a coreografia do ritual.

No filme *Dogville* (2003), Lars von Trier faz alusão ao modo com a arquitetura estabelece as regras da interação espacial representando o cenário da história – um vilarejo minúsculo – com linhas brancas em um piso preto.

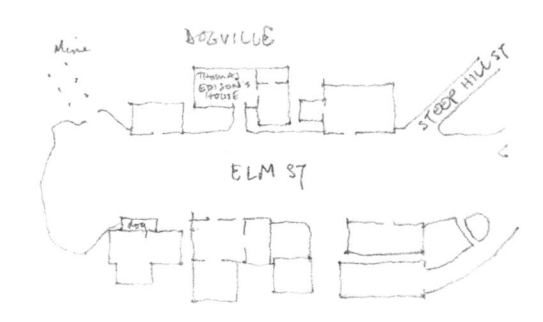

As linhas no piso preto, como linhas de giz em um quadro negro, definem os territórios das ruas, casas e outras edificações da cidade. Como as linhas de um campo de esportes, elas estabelecem as regras espaciais dentro das quais a história acontece.

Até mesmo na praia organizamos nosso espaço, criando lugares para os pais e as crianças, no sol e na sombra, e lugares para colocar nossos pertences.

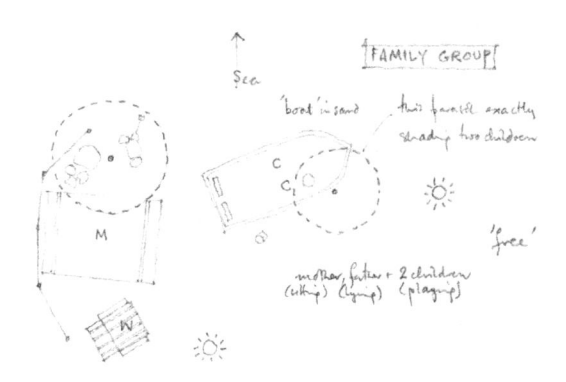

Exercício 12m. Experimente o tempo como um elemento da arquitetura.

Tente criar na paisagem uma sequência de lugares que conduza a pessoa por uma série de situações e experiências.

Nestes exercícios, você já encontrou o tempo como um elemento da arquitetura. A porta que alguns estudantes fizeram no ponto mais alto de uma duna de areia é um exemplo.

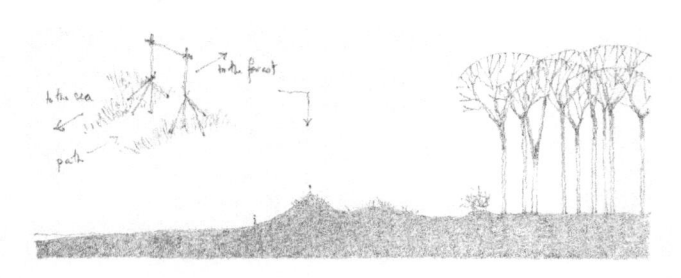

Ela pode ser um objeto estático, identificando um limite estacionário específico onde a pessoa vê o mar ou sente o cheiro da floresta, mas ela estabelece o foco para pequenas séries de experiências envolvendo o elemento temporal.

Você pode desenhar cada uma dessas experiências em um *storyboard* (como chamam os cineastas). Isso não é apenas uma maneira de registrar experiências, mas também de desenhar uma sequência coordenada destas.

Seu *storyboard* para a porta da duna pode ser assim. A sequência é anti-horária: vai de cima para baixo, à esquerda, e depois de baixo para cima, à direita. (Os desenhos não precisam ser complexos.)

1 localize a porta

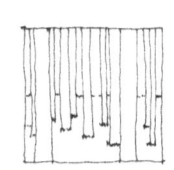

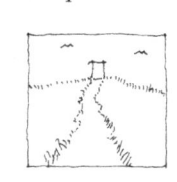

2 encontre o caminho

3 suba a duna

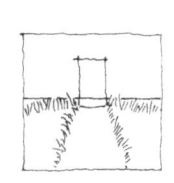

4 vislumbre o mar

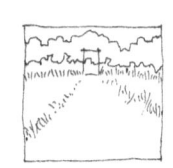

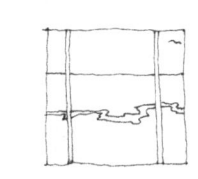

5 cruze o limite

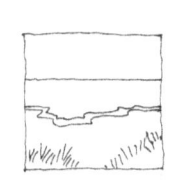

6 desça até a praia

7 volte

8 suba a duna

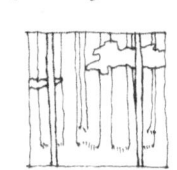

9 sinta o cheiro das árvores

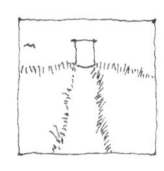

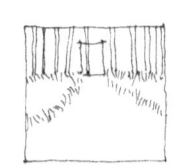

10 desça até a floresta

Você poderia estender essa sequência estabelecendo um objetivo a ser alcançado depois de passar pela porta. Talvez seu objetivo seja um marco na praia...

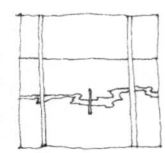

...ou um assento sobre o qual você se imagina sentando como na fábula em que o Rei Canuto segura a maré...

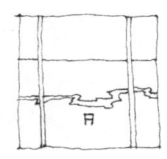

...ou algo inalcançável.

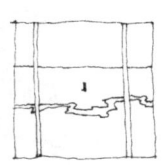

Outra possibilidade é que sua porta seja a entrada de um labirinto.

Você pode construir um recinto simples entre as árvores, ocultando um espaço e gerando uma ideia de mistério sobre o que pode estar ali...

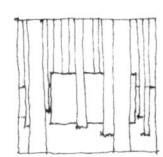

...com uma entrada obscura que provoca um leve tremor ao se entrar nesse mundo escondido.

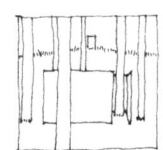

Quando você inclui o tempo como elemento da arquitetura, ela se torna semelhante a uma música ou um filme – um meio pelo qual pode provocar várias emoções na pessoa. Coordenar as experiências é uma dimensão rica da arquitetura.

EM SEU CADERNO DE CROQUIS...

Em seu caderno de croquis... desenhe os lugares que você criou na paisagem.

Você pode desenhar seus lugares da maneira como os vê, como se tirasse uma foto. Porém, é mais importante que os desenhe da maneira como são em sua mente, que é responsável por suas formas. Como arquiteto, você deve ser capaz de ver e entender tudo sobre os lugares que projeta e cria, não apenas sua aparência externa ou interna. Os desenhos mais importantes para o projeto e a representação dos lugares são a planta baixa e o corte. Esses são os desenhos da mente, não apenas dos olhos; são desenhos que ilustram a organização espacial conceitual (a estrutura intelectual) da obra em vez de ser apenas sua aparência visual.

corte

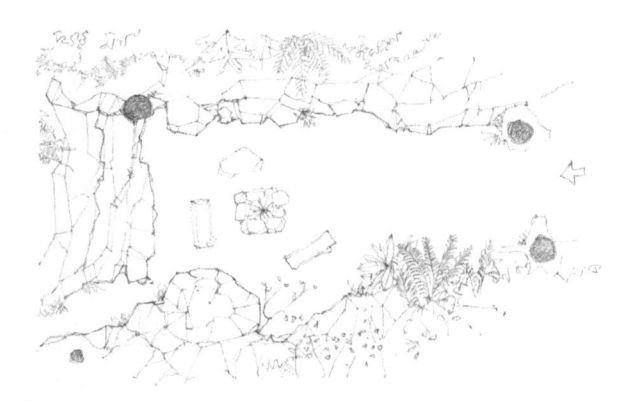

planta

Esta clareira rochosa em um bosque pode ser desenhada como uma planta ou um corte.

Desenhe seu corte acima da planta na mesma escala e voltado para a direção apropriada para que os dois desenhos sejam lidos juntos, compondo uma compreensão tridimensional do lugar na mente de quem os observa. Tente ser o mais preciso possível no que diz respeito ao tamanho e à posição dos elementos mais significativos do lugar.

Outros elementos (os galhos e as folhas das árvores, por exemplo) não precisam ser desenhados com precisão.

Se estiver desenhando um lugar que criou em uma árvore, então talvez seja necessário ser mais preciso em relação aos galhos mais importantes.

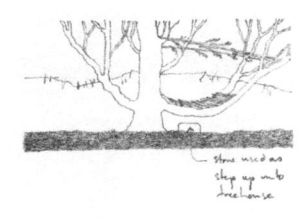

Represente a construção dos elementos que você construiu para definir e estruturar seu lugar.

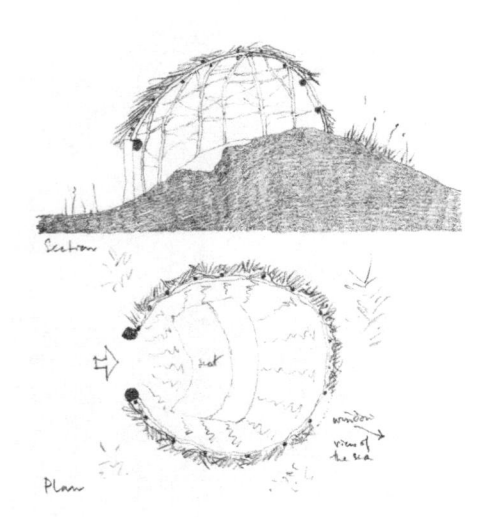

Represente a construção tanto em corte quanto em planta. Novamente, seja preciso em relação a esses elementos importantes e esquemático em relação a outros (como a grama). O solo é um elemento essencial de toda a arquitetura terrestre, então desenhe em seus cortes uma boa quantidade de solo (hachurado) como base para sua construção. Na planta, você pode indicar a inclinação do solo utilizando sombras ou linhas onduladas, como preferir. Algumas anotações podem ser úteis, talvez para indicar a posição do sol ou do mar, ou ainda a direção do vento.

Como sugerido na página 18 de *A Análise da Arquitetura* (Bookman, 2013), você irá procurar um pedaço de papel quadriculado e colocá-lo sob o papel de seu caderno, o que o ajudará a controlar a posição e as escalas de seus desenhos. Isso também ajuda a manter suas notas organizadas e a sombrear áreas de solo, etc. Surpreendentemente, o papel quadriculado é útil para desenhar tanto lugares irregulares quando regulares e, ao desenhar os cortes, ele o lembra constantemente da horizontalidade (relativa) do solo e da verticalidade da gravidade.

Você deve representar o que pode ser visto no pano de fundo. Não desenhe esse fundo em perspectiva, mas na mesma escala; espera-se que você perceba que ele traz informações sobre o caráter do espaço do lugar que criou e sua relação com seu entorno.

O contexto de seu lugar é um ingrediente essencial de sua identidade (acima). Embora você saiba qual é o contexto, isso não é suficiente; também deve representá-lo em seus desenhos, nas plantas e principalmente nos cortes. Seja generoso com a quantidade de informações que representar sobre o contexto em seu corte. Ele é uma parte importante da história de seu lugar. No caso do bosque, é provável que a história fique limitada a uma área bastante pequena, cercada de árvores, mas na praia é provável que seu lugar se relacione, de alguma maneira, com o oceano e o horizonte distante. Talvez você deseje desenhar seu corte em duas escalas diferentes – uma que mostre os detalhes de seu lugar no contexto imediato e um que represente sua relação com o contexto maior.

Com a prática, você deve se esforçar para alcançar em sua mente um estado no qual realmente aprecie a experiência de desenhar, a sensualidade de riscar com um lápis em uma folha de papel, por exemplo; você deve ser cuidadoso quanto ao tipo de lápis, mina de grafite, papel, etc. adequado para cada caso; deve saborear o tempo gasto criando um tom sombreado homogêneo ou desenhando uma árvore.

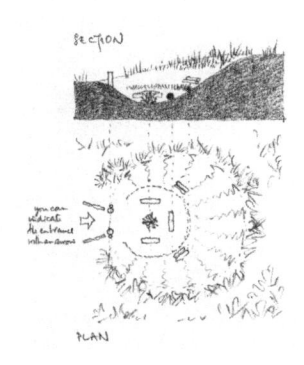

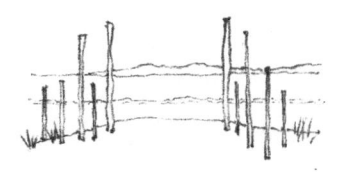

Se a ideia principal de seu lugar está ligada a uma relação com o horizonte, então faça um desenho que ilustre essa ideia (de uma maneira mais poderosa do que poderia ser feita com palavras).

EM SEU CADERNO DE CROQUIS...

Em seu caderno de croquis... procure e desenhe exemplos de edificações que exploram ou atenuam as condições nas quais elas se inserem.

A maioria das edificações se relaciona ativamente, de algum modo, com as condições ambientais nas quais se encontra. Sua tarefa no caderno de croquis é compreender e anotar – desenhando – as maneiras como se dá essa relação.

Os castelos e as fortalezas, por exemplo, exploram o terreno elevado para obter uma vista panorâmica do campo que os cerca, para vigiar possíveis agressores e estabelecer uma presença visível e de autoridade.

Como se fosse uma fortaleza não autoritária, o Condominium One, em Sea Ranch (Moore, Lyndon, Turnbull, Whitaker, 1965, um dos estudos de caso de *Twenty Buildings*), também se relaciona com condições climáticas e ambientais inóspitas. Ele foi implantado na costa rústica e ventosa do norte da Califórnia. Seu terreno é protegido dos ventos incessantes por grandes cercas vivas, mas a própria edificação forma um pátio interno protegido e também permite que cada moradia tenha uma vista para o mar revolto e o pôr do sol ofuscante.

Analise como sua própria casa responde às suas condições. Procure também outros exemplos em revistas e livros. Aprenda sobre como a arquitetura faz a mediação entre a pessoa e o mundo que a cerca.

RESUMO DA SEÇÃO TRÊS

A arquitetura está na mente e também no mundo. Ela depende de ideias, mas as ideias são modificadas pelo que acontece com elas na realidade. Nas duas primeiras seções deste livro, os exercícios eram realizados principalmente em um espaço isolado especial (sua prancheta), uma arena (*chora*) que era uma manifestação do espaço de sua mente. Nesse espaço você construiu maquetes com blocos de construção infantis de geometria retangular e dimensões padronizadas. Esse era o parque infantil de sua imaginação. Do mundo real, apenas a gravidade, a luz e a escala reduzida de um boneco articulado (inanimado e ideal) entraram em sua prancheta. Se você tivesse se prendido aos desenhos, no papel ou no computador, até mesmo estes não afetariam necessariamente os jogos arquitetônicos de sua mente.

Nesta última seção, os exercícios lhe convidaram a levar sua mente para o mundo real e solicitaram que aplicasse suas ideias a materiais reais, com condicionantes reais e a presença de pessoas reais. Ao fazer isso, os exercícios fizeram você se dar conta de que os lugares podem ser identificados por opção e reconhecimento, e podem ser estabelecidos meramente pela ocupação, sem intervenções. A arquitetura é uma questão de modificar lugares que encontramos.

Modificar o mundo para acomodar a vida, os bens, as atividades... envolve explorar os recursos disponíveis (materiais, técnicas, topografia, iluminação solar, ventos...) de acordo com as necessidades humanas e as ameaças condicionantes (ventos frios, chuva forte, animais predadores, inimigos humanos...). A arquitetura também envolve ter sensibilidade às características inerentes dos materiais disponíveis, ter consciência das maneiras como eles têm suas próprias geometrias da construção e capacidades de dar sustentação a si e a outros elementos.

Mas a arquitetura não é apenas pragmática: ela cria atmosferas. Como uma filosofia não verbal, pode estabelecer regras ou diretrizes espaciais para atribuir sentido ao mundo. Como um filme, uma música, uma narrativa, ela pode organizar a experiência e despertar novas emoções.

Em qualquer arte, a qualidade vem com revisão e refinamento progressivos. Reflita sobre o que fez e revise. Se puder, use essa oportunidade para levar em conta sua própria avaliação e as avaliações dos outros e melhore seus lugares (em qualquer aspecto que emergir da avaliação ou de outra maneira). Você já está a caminho de se tornar um arquiteto profissional, comprometido em influenciar o mundo e torná-lo melhor (mais bonito, mais interessante, mais confortável, mais organizado...) aplicando sua ferramenta mais poderosa – sua imaginação bem fundamentada – e a concretização das ideias na forma física.

POSLÚDIO: Desenhando plantas baixas e cortes

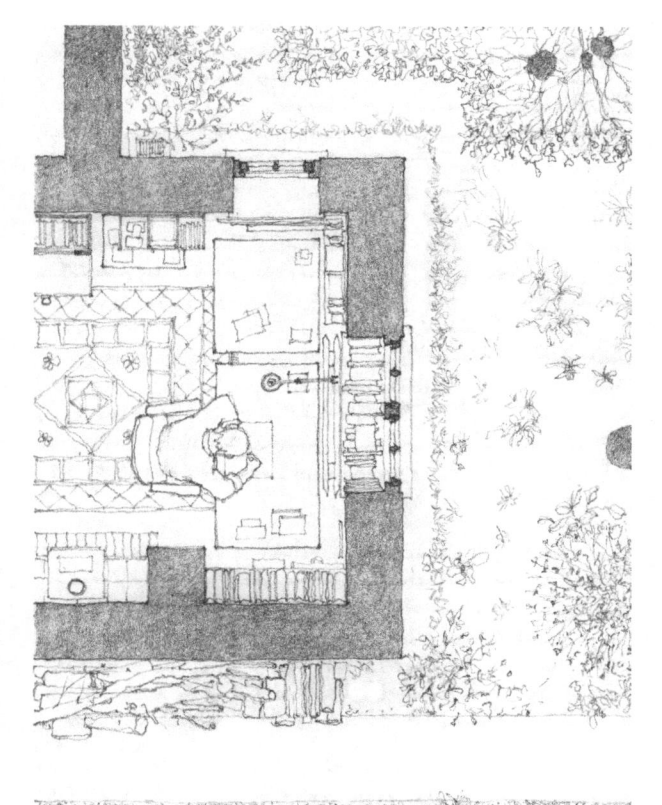

A arquitetura deve ser representada não apenas como a vemos, mas como a concebemos em nossa mente.
Em seu livro Meu nome é vermelho (1998, página 90), o escritor Orhan Pamuk descreve pinturas em miniatura tradicionais:

> "Você conhece aquelas figuras de palácios, banhos turcos e castelos que outrora eram feitas em Tabriz e Shiraz; para que a figura consiga reproduzir o olhar profundo do Glorioso Alá, que tudo vê e entende, o miniaturista representaria o palácio em corte, como se fosse seccionado ao meio com uma enorme lâmina mágica, e pintaria todos os detalhes interiores – que senão jamais poderiam ser vistos pelo lado de fora – até mesmo panelas, pratos, copos, enfeites nas paredes, cortinas, papagaios engaiolados, as quinas mais privadas e os travesseiros sobre os quais deitava uma bela virgem que nunca vira a luz do dia."

Você poderia desenhar uma figura do exterior de sua casa ou de um cômodo interior. Porém, se desenhar um corte e uma planta baixa, pode representar o interior e o exterior ao mesmo tempo. Pode representar como eles se relacionam por meio de janelas e portas, sob as árvores e além das cercas vivas.

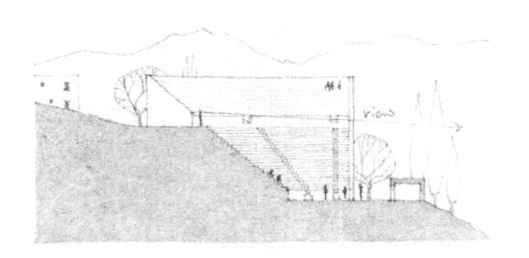

Muitas vezes os lugares na paisagem têm uma relação importante com seu contexto maior. Seus desenhos, especialmente o corte, devem representar isso. No caso do teatro grego em Segesta, na ilha da Sicília, você poderia desenhar um corte através de uma grande área da paisagem para ilustrar a relação entre o teatro e as montanhas que o cercam. O teatro em si pode ser um tanto pequeno em um desenho assim, mas você pode fazer outro corte, em uma escala maior, para representar sua forma.

O banco embaixo da árvore no desenho à esquerda é um lugar agradável para sentar, mas você não estaria contando toda a sua história – sua posição no topo do penhasco, com vista para o mar, mas em contato com a cidade... – se não desenhar um corte generoso. Você deve avaliar o quanto representar para contar na totalidade a história relevante de seu lugar.

SEÇÃO TRÊS – PASSANDO AO MUNDO REAL   **205**

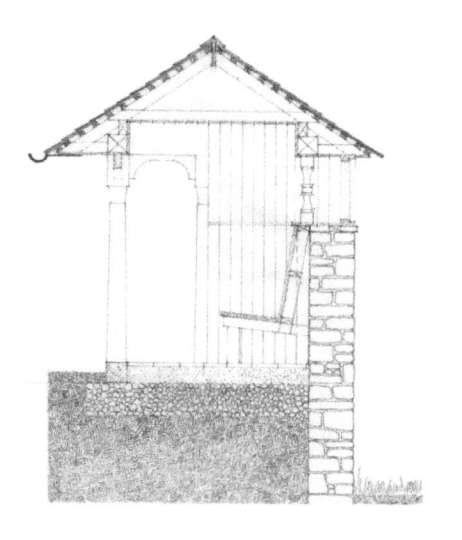

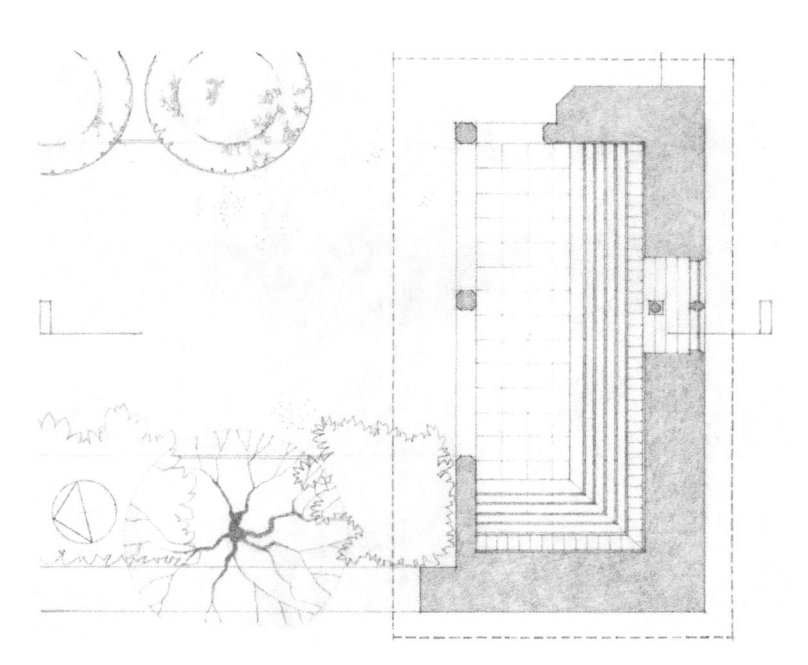

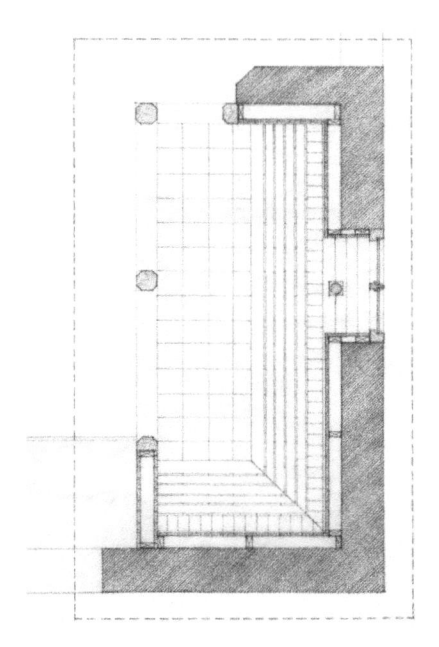

Há dois tipos importantes de desenho de planta e corte: desenhos "executivos" (à direita) e desenhos de desenvolvimento de projeto (à esquerda). Nos desenhos "executivos", sua intenção é representar como a edificação é feita, então você deve incluir os diferentes materiais e as maneiras como eles foram dispostos. Nos desenhos de desenvolvimento de projeto, sua intenção é representar o espaço de seu lugar, o que ele acomoda e como é sua relação com seu contexto, então você não inclui os detalhes constitutivos em corte, mas os materiais maciços cortados – a edificação e o solo – da mesma maneira, sem juntas.

Estes desenhos ilustram uma pequena casa de veraneio projetada no final do século XIX para os jardins de Standen, em Sussex, pelo arquiteto Philip Webb. Medir as edificações e desenhá-las – em plantas e cortes "executivos" e de desenvolvimento de projeto (você precisará fazer algumas suposições sensatas sobre os detalhes constitutivos ocultos) – é uma boa maneira de praticar sua habilidade de desenho e desenvolver sua compreensão da arquitetura, como ela funciona e o que pode fazer com ela. Você pode fazer isso com qualquer meio – papel, caneta, computador... – para estudar qualquer edificação. Se não tiver a oportunidade de medir, pode fazê-lo a partir de obras publicadas.

AGRADECIMENTOS

Agradeço sinceramente a:

John Bush, da Universidade de Huddersfield, por me levar a Peter Brook e suas ideias sobre espaços informais de teatro em seu livro *The Open Circle*.

Tom Killian, de Nova York, por me mandar a descrição do acampamento de Nick, do conto "O Grande Rio de Dois Corações", de Ernest Hemingway.

Jeff Balmer, da Universidade da Carolina do Norte, em Charlotte, por me convidar para a conferência Beginning Design Education, que ocorreu em sua universidade em 2010; e Michael T. Swisher, da mesma universidade, por compartilhar comigo suas ideias sobre o ensino de arquitetura para calouros.

Lisa Landrum, da Universidade de Manitoba Winnipeng, por me apresentar o verbo grego "arquiteturar".

Matthew Brehm, da Universidade de Idaho, por demonstrar interesse pelos meus cadernos de croqui.

Robert Atkinson, do Colégio Richmond upon Thames, de Londres, por me mostrar o trabalho de seus estudantes se preparando para prestar o exame vestibular em arquitetura.

Alan Paddinson, pelo seu relato sobre o dólmen de *La Bajoulière*, na região do Loire, na França.

Fran Ford, Laura Williamson e Alanna Donaldson, de Routledge, pelo seu apoio ao longo de todo o projeto.

Por fim, mas de modo algum com menos importância, às gerações de estudantes que têm aguentado os vários exercícios que lhes propus (por exemplo, no vento e na chuva de praias galesas e escocesas) e que têm se envolvido frequentemente com entusiasmo.

BIBLIOGRAFIA RECOMENDADA

Fundamentos de Arquitetura

Gille Deleuze and Félix Guattari, translated by Massumi – '1837: Of the Refrain', in *A Thousand Plateaus: Capitalism and Schizophrenia* (1980), Continuum, New York, 1987.
Aldo van Eyck – 'Labyrinthian Clarity', in Donat (editor) – *World Architecture 3*, Studio Vista, London, 1966.
Aldo van Eyck – 'Place and Occasion' (1962), in Hertzberger and others – *Aldo van Eyck*, Stichting Wonen, Amsterdam, 1982.
Martin Heidegger, translated by Hofstader – 'Building Dwelling Thinking' and '… poetically man dwells…', in *Poetry, Language and Thought* (1971), Harper and Row, London and New York, 1975.
Dom H. van der Laan, translated by Padovan – *Architectonic Space: Fifteen Lessons on the Disposition of the Human Habitat*, E.J. Brill, Leiden, 1983.
Charles Moore and others – *The Place of Houses*, Holt Rinehart and Winston, New York, 1974.
Christian Norberg-Schulz – *Existence, Space and Architecture*, Studio Vista, London, 1971.
Steen Eiler Rasmussen – *Experiencing Architecture*, MIT Press, Cambridge, Mass., 1959.
August Schmarsow, translated by Mallgrave and Ikonomou – 'The Essence of Architectural Creation' (1893), in Mallgrave and Ikonomou (editors) – *Empathy, Form, and Space*, The Getty Center for the History of Art and the Humanities, Santa Monica, Calif., 1994.
Simon Unwin – *Doorway*, Routledge, Abingdon, 2007.

A Geometria

Werner Blaser – *The Rock is My Home*, WEMA, Zurich, 1976.
James W. P. Campbell and Will Pryce – *Brick: A World History*, Thames and Hudson, London, 2003.
Le Corbusier, translated by de Francia and Bostock – *The Modulor, a Harmonious Measure to the Human Scale Universally Applicable to Architecture and Mechanics*, Faber and Faber, London, 1961.
John Dee – *Mathematicall Praeface to the Elements of Geometrie of Euclid of Megara* (1570), facsimile edition, Kessinger Publishing, Whitefish, MT., undated.
Tore Drange, Hans Olaf Aanensen and Jon Brænne – *Gamle Trehus*, Universitetsforlaget, Oslo, 1980.
Peter Eisenman – *The Formal Basis of Modern Architecture*, Lars MŸller Publishers, Switzerland, 2006.
Suzanne Frank – *Peter Eisenman's House VI: the Client's Response*, Whitney Library of Design, New York, 1994.
Eileen Gray and Jean Badovici – 'De l'électicism au doute' ('From eclecticism to doubt'), in *L'Architecture Vivante*, Winter 1929, p. 19.
Eileen Gray and Jean Badovici – 'Description' (of Villa E.1027), in *L'Architecture Vivante*, Winter 1929, p. 3.
Herb Greene – *Mind and Image*, Granada, London, 1976.
Cecil Hewett – *English Cathedral and Monastic Carpentry*, Phillimore, Chichester, 1985.
Nathaniel Lloyd – *A History of English Brickwork: with examples and notes of the architectural use and manipulation of brick from mediaeval times to the end of the Georgian period* (1925), Antique Collectors' Club Ltd, London, 1999.
Richard Padovan – *Proportion: Science, Philosophy, Architecture*, E. & F.N. Spon, London, 1999.
Colin Rowe – 'The Mathematics of the Ideal Villa' (1947), in *The Mathematics of the Ideal Villa and Other Essays*, MIT Press, Cambridge, Mass., 1976.
Bernard Rudofsky – *Architecture Without Architects*, Academy Editions, London, 1964.
Bernard Rudofsky – *The Prodigious Builders*, Secker and Warburg, London, 1977.
Alison Smithson – 'Beatrix Potter's Places', in *Architectural Design*, Volume 37, December 1967, p. 573.
Alison Smithson, editor – *Team 10 Primer*, MIT Press, Cambridge, Mass., 1968.
Arturo Tedeschi – *Parametric architecture with Grasshopper*, Le Penseur, Italy, 2011.
Rudolf Wittkower – *Architectural Principles in the Age of Humanism*, Tiranti, London, 1952.
Lim Jee Yuan – *The Malay House*, Institut Masyarakat, Malaysia, 1987.

Passando ao Mundo Real

Jay Appleton – *The Experience of Landscape* (1975), Hull University Press/ John Wiley, London, 1986.
Pierre Bourdieu – 'The Berber House', translated in Mary Douglas, editor – *Rules and Meanings*, Penguin, London, 1973, pp. 98-110.
Peter Brook – *The Empty Space*, Penguin, London, 2008.
Antonio Damasio – *The Feeling of What Happens: Body, Emotion and the Making of Consciousness*, Vintage, London, 2000.

Glyn E. Daniel – *Megaliths in History*, Thames and Hudson, London, 1972.
Glyn E. Daniel – *The Prehistoric Chamber Tombs of England and Wales*, Cambridge UP, 1950.
Andrea Deplazes, editor – *Constructing Architecture: Materials, Processes, Structures*, Birkhäuser, Basel, 2005.
I.E.S. Edwards – *The Pyramids of Egypt*, Penguin, London, 1971.
Mircea Eliade, translated by Sheed – 'Sacred Places: Temple, Palace, "Centre of the World" ', chapter in *Patterns in Comparative Religion*, Sheed and Ward, London, 1958.
Mircea Eliade, translated by Trask – 'Sacred Space and Making the World Sacred', chapter in *The Sacred and the Profane: the Nature of Religion*, Harcourt Brace and Company, London, 1958.
Sverre Fehn, edited by Marja-Riitta Norri and Marja Kärkkäinen – *Sverre Fehn: the Poetry of the Straight Line*, Museum of Finnish Architecture, Helsinki, 1992.
Vittorio Gregotti – 'Address to the Architectural League, New York, October 1982', in *Section A*, Volume 1, Number 1, Feb/Mar 1983, p. 8.
Lawrence Halprin – *The Sea Ranch… Diary of an Idea*, Spacemaker Press, Berkeley CA, 2002.
Roger Joussaume, translated by Chippindale – *Dolmens for the Dead: Megalith Building Throughout the World* (1985), Guild Publishing, London, 1988.
Susan Kent, editor – *Domestic Architecture and the Use of Space*, Cambridge University Press, Cambridge, 1990.
R.D. Martienssen – *The Idea of Space in Greek Architecture*, Witwatersrand UP, Johannesburg, 1968.
Ray Mears – *Bushcraft*, Coronet Books, Philadelphia, PA, 2004.
John G. Neihardt – *Black Elk Speaks* (1932), University of Nebraska Press, 1979.
Kevin Nute – *Place, Time and Being in Japanese Architecture*, Routledge, London, 2004.
Amos Rapoport – *House Form and Culture*, Prentice Hall, New Jersey, 1969.
Edward Relph – *Place and Placelessness*, Pion, London, 1976.
Vincent Scully – *The Earth, the Temple, and the Gods; Greek Sacred Architecture*, Yale UP, New Haven and London, 1962.
Gottfried Semper, translated by Mallgrave and Hermann – *The Four Elements of Architecture* (1851), MIT Press, Cambridge MA., 1989.
Baldwin Spencer and F.J. Gillen – *The Native Tribes of Central Australia*, Macmillan, London, 1899.
Henry David Thoreau – *Walden* (1854), Bantam, New York, 1981.
Andrew Todd and Jean-Guy Lecat – *The Open Circle*, Palgrave Macmillan, New York, 2003.
Simon Unwin – 'Architecture as Identification of Place', in *Analysing Architecture*, Routledge, Abingdon, 2009.
Simon Unwin – 'Constructing Place on the Beach', in Menin, editor – *Constructing Place: Mind and Matter*, Routledge, Abingdon, 2003.
Colin St John Wilson – 'Masters of Building: Sigurd Lewerentz', in *Architects Journal*, 13 April, 1988, pp. 31-52.
Colin St John Wilson – 'Sigurd Lewerentz: the Sacred Buildings and the Sacred Sites', in *Architectural Reflections: Studies in the Philosophy and Practice of Architecture* (1992), Manchester UP, 2000, pp. 110-137.
Peter Zumthor – *Thinking Architecture*, Birkhäuser, Basel, 1998.
Peter Zumthor – *Atmospheres*, Birkhäuser, Basel, 2006.

O Desenho

Francis D. Ching – *Architectural Graphics*, John Wiley and Son, New York, 2007.
Francis D. Ching – *Architecture: Form, Space and Order*, John Wiley and Son, New York, 2007.
Robert Chitham – *Measured Drawing for Architects*, Architectural Press, London, 1980.
Norman Crowe and **Paul Laseau** – *Visual Notes for Architects and Designers*, John Wiley and Son, 1986.
Lorraine Farrelly – *Basics Architecture: Representational Techniques*, AVA Publishing, Worthing, 2007.
Paul Laseau – *Freehand Sketching: an Introduction*, W.W. Norton, London, 2004.
Edward Robbins – *Why Architects Draw*, MIT Press, Cambridge, MA, 1994.
Simon Unwin – 'Notebook Architecture', in Wendy Gunn, editor – *Fieldnotes and Sketchbooks*, Peter Lang, Frankfurt, 2009
Lawrence Weschler – *Seeing is Forgetting the Name of the Thing One Sees: a Life of Contemporary Artist Robert Irwin*, University of California Press, Berkeley, 1982.

ÍNDICE

"A Espiral" (Libeskind) 147
Aalto, Alvar 101, 102, 107
Abadia de São Benedito, Vaals (van der Laan) 88
abóbada 82
aborígine, a criação de um espaço 178
Abramovic, Marina 24, 27, 62, 175
abrigo 85, 161, 179
acampamento masai 187
acaso 160
acidente 130
Acrópole, Atenas 54
Adam, William 97
ala de hospital 63
alinhamento 52, 53, 54, 55, 62, 71, 110, 153, 174
alpendre 73, 111, 112, 114, 121
altar 27, 34, 35, 39, 47, 60, 79, 82, 158, 171, 173, 178
amorfo 15, 142
análise 36, 71, 115, 160
âncora 158
ancoragem 161
Ando, Tadao 138, 139, 140
Antígona 191
antropometria 56, 64, 71, 153, 181
aparência 29, 47
aparência externa, arquitetura como 28
Appleton, Jay 163
arco 82, 144
arco de proscênio 61
Arco do Portal, Saint Louis Louis 144
arena 25, 163
arquitetura das bolhas ("blobitecture") 86
"arquiteturando" 3
arrogância 159
árvore 85, 172
Asplund, Erik Gunnar 35, 84, 102, 136
assento 181
assimetria 122, 125, 131, 134, 135
Asymptote Architecture 152
Atena 54
Atenas 191
atmosfera 190
ato político, arquitetura como 19
axis mundi 174

Baillie Scott, M.H. 46
Bajoulière, la (dólmen) 2, 79
Balka, Miroslav 164
Bank of England, Londres (Soane) 101
Basílica Paladiana, Vicenza (Palladio, Fehn) 132
Bawa, Geoffrey 101
Beaux Arts 123
Berlim 175
Bhatia, Gautam 140
Biblioteca Laurenciana, Florença 118
Bienal de Arte de Gwangju, construção extravagante (Architecture Research Unit) 93
"Big Bang" da arquitetura 22
Bihar, enchentes, 170, 187
Black Elk Speaks (Neihardt) 193
Blackwell (Baillie Scott) 46
"blobitecture" [arquitetura das bolhas] 86
bolcos 12, 15, 67, 80, 83, 88, 91, 96, 109, 110, 111, 112, 120, 124, 137, 139, 142, 144, 148, 173, 177, 183
Botta, Mario 131
Bouffes du Nord 21
Boullée, Étienne-Louis 120
Bourdieu, Pierre 193
Brook, Peter 21, 162
Bryggman, Erik 45, 136
Burlington, Lord 123
Bürolandschaft 108

cabana 35
cabeceira da mesa 43
caderno, ter um 8
Cairn O'Get, câmara mortuária 39
cama 26, 32, 56, 60, 122, 128, 149, 168, 180, 189, 190
câmara mortuária 22, 39, 87
campanário 174
canto 42
Capela da Faculdade Fitzwilliam 37
Capela da Ressurreição (Lewerentz) 45
Capela de Ronchamp (Le Corbusier) 55
Capela de São Benedito (Zumthor) 45
Capela do Bosque (Asplund) 35, 56, 84, 136
Capela do Cemitério, Turku (Bryggman) 45, 136

Capela do King's College, Cambridge 89
casa 169
casa 25, 72, 74, 76, 166, 168
Casa Berbere, A (Bourdieu) 193
Casa Carlos Beires (Siza) 141
Casa com Pátio (Mies van der Rohe) 133
Casa Cubista, Yamaguchi (Ogawa) 115
Casa das Mães, Amsterdã (van Eyck) 102
Casa de 50 × 50 Pés (Mies van der Rohe) 107, 133
casa de ardósia, País de Gales 83
casa de argila, Kerala 99, 183
casa de chá japonesa 135
Casa de Dun (Adam) 97
Casa de Remessa Postal da GEG, Kamen 108
casa do capítulo 177
Casa Dom-Ino (Le Corbusier) 81, 104
Casa em Bordeaux (Koolhaas) 107
Casa em Colombo, Sri Lanka (Bawa) 101
Casa em Grelha de Nove Quadrados (Shigeru Ban) 128
Casa em Riva San Vitale (Botta) 131
Casa Esherick (Kahn) 116, 119
Casa Farnsworth (Mies van der Rohe) 74, 103, 116, 133
casa galesa 70
casa japonesa 87
Casa Johnson, Sea Ranch (Turnbull) 137
Casa Martin (Wright) 136
Casa Milà, Barcelona (Gaudí) 145
Casa Möbius, Amsterdã (UN Studio) 148
casa na árvore do Korowai 74
Casa nas Dunas, Thorpeness (Jarmond/Vigsnæs) 103
Casa para o Terceiro Milênio (Ushida Findlay) 147
Casa para um Cavalheiro Inglês (Kerr) 135
Casa Petworth 40
Casa Raybould, Connecticut (Kolatan & MacDonald) 151
Casa Schminke (Scharoun) 101
Casa Torus, New York (Preston Scott Cohen) 151
Casa Tugendhat (Mies van der Rohe) 83
Casa Umemiya (Ando) 138
casas com lojas no pavimento térreo, Malásia 96

Castelvecchio, Verona (Scarpa) 130
catafalco 35, 174
catedral 82
Catedral de Lincoln 99
Catedral de São Pedro, Roma 37
Cathedral de Salisbury 83
caverna 158, 161, 163, 165, 178
cavernas artificiais 23
cela fechada 106
cemitério 63
Cenotáfio de Newton (Boullée) 120
central de atendimento 65, 108
centro 16, 17, 18, 27, 30, 34, 35, 36, 47, 50, 51, 71, 72, 79, 109, 110, 121, 137, 153
Centro de Cultura, Galícia (Eisenman) 91
Centro de Seminários da Minolta, Kobe (Ando) 140
Chalibi Architects 93
chave do arco 82
Child in Time, A (McEwan) 177
Chipperfield, David 93, 102, 130
Chopin, Frédéric 40
chora (arena) 201
chuva 184, 186
Cidade do Motor, Espanha (MVRDV) 143
cilindro 121
círculo 22, 25, 30, 36, 50, 61, 71, 73, 85, 95, 126, 139, 152, 154, 158, 169, 176, 178
círculo de lugar 18, 20, 21, 24, 26, 27, 35, 47, 51, 60, 71, 72, 79, 84, 104, 109, 110, 117, 121, 133, 153, 154, 170, 171, 172, 173, 174, 177, 178, 180
círculo perfeito 109
Cnossos 99, 135
cobertura 26, 68, 72, 77, 80, 82, 84, 104, 158
cobertura plana 106
coluna 35, 41, 75, 81, 84, 104, 106, 107, 118
Conan Doyle, Arthur 9
concha 145, 152
Condomínio UM, Sea Ranch (Moore, Lyndon, Turnbull, Whitaker) 200
conexão 85
conteúdo 18, 158
contexto 18, 157, 184
contrafortes 82
Convento para as Irmãs Dominicanas, Filadélfia (Kahn) 88
Cosi Fan Tutte (Mozart) 9
crânio 163
cravar 182
Crematório do Bosque 35
críquete 192
cubo 109, 113, 114, 115, 124, 154
cúpula 80, 87
cúpula 84
Cúpula da Rocha 37
curva catenária 144, 154
dar sentido 4, 18, 47, 165, 174, 189, 202

Darmstadium (Chalibi Architects) 93
demolição 15
dentro 18, 19, 34, 122, 163, 170, 173, 191
desempenho de papéis 19, 36
desenho 7, 170, 197, 201, 203
Deserto de Gobi 190
destruição 159
deusa 34
Dexter, Colin 9
diagonal 132
dialética entre mente e natureza 86
direções cardeais 51, 117, 174
divisão em quadrantes 31
Dogville (von Trier) 194
dojo 25
domínio 27
Dreamtime 165
duna de areia 85
Dunino Den, Escócia 162, 166

edifício de apartamentos, Tel Aviv (Hecker) 146
Édipo 191
Édipo em Colono (Sófocles) 191
Eisenman, Peter 91
eixo, contradição 44
eixo 29, 30, 34, 35, 36, 38, 41, 43, 71, 107, 110, 122, 123, 135, 153, 173, 174, 177
eixo da porta 30, 41, 42, 44, 47, 61, 79, 98, 99, 109, 122, 131, 153, 173
eixo de simetria 122, 124, 125, 131, 137
eixo dos olhos 30
em reta (alinhamento de portas) 40
Emily Gap, Austrália 178
emoção 19, 29, 36, 62, 170, 196
empatia 17
empilhando 182
enquadramento 18, 27, 31, 47, 50, 62, 63, 65, 73, 82, 158, 167, 171, 189, 190, 191, 198
enquadramento 33
êntase 118
entrada 26
equilíbrio 32
escada de mão 74
escada espiral 146
escavando 182
escolha 160, 201
escultura, arquitetura como 47, 92, 148, 153, 154, 171
esfera 109, 120, 121, 154
esfera de lugar 74
espaço 14, 47
espessura 112, 113, 114, 119, 124, 126, 127, 128
espiral 131, 145, 146, 154
Estação de Bombeiros de Vitra (Zaha Hadid) 142
Estúdio, Helsinque (Aalto) 102
exclusão 19, 27, 29, 48
exorcismo (na Colômbia) 21
experiência 29, 48, 196

exterior 18, 19, 30, 122, 170, 173, 191
faixa de Möbius 148
Featherstone Young 103
fechamento 34, 36, 153
Fehn, Sverre 18, 132, 134, 141, 164, 167
fenomenologia da porta 40
fiadas 66, 72
filosofia, arquitetura como 47, 86
foco 36, 41, 43, 79, 99, 106, 122, 153, 171, 172, 173, 177, 180, 192
fogo 25
fogueira 25, 31, 32, 35, 44, 47, 60, 63, 72, 74, 81, 110, 122, 139, 172, 186, 189
forças que não podem ser controladas 129
forma 12, 14, 19, 23, 26, 36, 47, 121, 124, 152
forma clássica 79, 122
forma transcendente 109
foro 65
Foster, Norman 89
fratura 141
Friedrich, Caspar David 168
futebol 126

Galeria Wilson e Gough (Chipperfield) 102
Gaudí, Antoni 145
Gehry, Frank 91, 151, 152
geometria, conflito 56, 71, 153
geometria 18, 50, 71, 153
geometria complexa 71, 144, 152, 154
geometria da construção 50, 66, 70, 71, 72, 75, 76, 78, 84, 85, 86, 88, 90, 92, 93, 95, 99, 105, 109, 110, 111, 112, 137, 143, 148, 152, 153, 154, 182, 187, 202
geometria da pessoa 50, 51, 52, 53, 71, 99, 153, 168
geometria distorcida 148
geometria do mundo 51, 60, 71, 99, 153
geometria do planejamento 50, 99, 100, 153
geometria dos fractais 152
geometria em camadas 137
geometria estrutural 83
geometria euclidiana 152
geometria ideal 50, 71, 109, 110, 111, 112, 113, 114, 115, 116, 118, 120, 122, 124, 125, 127, 129, 131, 137, 139, 141, 152, 153, 154
geometria ótica 118
geometria social 50, 60, 61, 62, 63, 64, 65, 71, 99, 153, 176, 177
geometrias alinhadas 52
geometrias gerais 50, 109, 149, 154
Gervais, Ricky 9
girar 85
gravidade 51, 52, 66, 89, 120, 121, 144, 149
grelha 104, 107, 128
Group '91 100
guarda de honra 176

Hamlet 130
Häring, Hugo 101

harmonia 32, 50, 71, 72, 87, 99, 112, 117
Hecker, Zvi 146
hélice 146
Hemingway, Ernest 188
hexágono 95
hierarquia 31, 34, 36, 38, 48, 122
Holmes, Sherlock 9
"Homem Vitruviano" (Leonardo) 117
horizontal 66
horizonte 32, 53, 54, 143, 157, 159, 164, 198, 199
Hôtel de Beauvais, Paris 101
Hotel Yas Marina, Abu Dhabi (Asymtote Architecture) 152

ideia 14, 15, 18, 22, 110, 123, 127, 129, 157, 158, 171, 177, 201
identidade 36
identificação do lugar (por um objeto) 16
identificação do lugar (por uma pessoa) 17
identificação do lugar 159, 160, 165, 167, 168
ideologia 37
iglu 183, 190
igreja 40, 55, 79, 122, 173
Igreja de São Pedro, Klippan (Lewerentz) 150
igreja de tabuado de madeira tradicional, Noruega 83
ilha Shetland 190
imaginação 159
impacto 48, 170, 175
ímpeto de fazer arquitetura 2
"Imponderabilia" (Abramovic) 175
incerteza 113
inclusão 29, 48
inconscientemente 160
infinidade 33
instrumento, arquitetura como 7, 19, 43, 63
instrumento de alinhamento, arquitetura como 53, 55
instrumento de associação, arquitetura como 33
Isfahan, Irã 45

Jardins Bomarzo, Itália 143
Jarmond/Vigsnæs Architects 103

Ka'ba, Meca 53
Kahn, Louis 88, 116, 119
Kent, William 123
Kerr, Robert 135
Kolatan & MacDonald 151
Koolhaas, Rem 107
Krzywy Domek (Casa Torta) Sopot, Poland (Szotynscy & Zaleski) 150

labirinto 46, 106, 196
Le Corbusier 55, 81, 104, 106, 107
le Pautre, Antoine 101
"Lei de Deus" 88
Leonardo da Vinci 117
Lewerentz, Sigurd 45, 150
Libeskind, Daniel 147

Life of Pi (Martel) 174
limite 18, 27
limite 19, 26, 27, 29, 30, 34, 36, 39, 41, 43, 47, 48, 167, 170, 173, 178, 192
linguagem, a arquitetura como 2, 5, 12, 27, 43, 104
linha 124, 169
linha de passagem 31, 99
linha de visão 30, 31, 99, 153
Loja de Vinhos da Vinícola de Vauvert (Peraudin) 88
Long, Richard 169
Loos, Adolf 23
lugar 14, 27, 54, 153, 158, 160, 166, 182, 184, 189, 197, 198, 204
lugar e memória 164
lugar e propósito 28
lugar e significado 164
lugar para apresentação 169, 172
luta de sumô 25
luz 27, 61, 84

Maes Howe 87
mágico 193
mar 158, 167, 177
marco 171, 172, 174, 178
Martel, Yann 174
matemática 5, 144, 153
matriz espacial 34, 47, 173, 192
McEwan, Ian 177
Mears, Ray 184
Meca 45, 55, 63, 79
medidas 58, 181
megálito 79
mégaron 81, 100, 106
memória 164
menina vendendo maçãs 4
mesa 27
mesquita 55, 61, 79, 122, 167, 173
Mesquita de Solimão, o Magnífico 88
Meu Nome é Vermelho (Pamuk) 203
Michelangelo 118
Mies van der Rohe 46, 75, 83, 103, 105, 106, 107, 116, 132
mihrab 61, 79
Miralles, Enric 57
miro 165
miserere 64
módulo 109, 110, 111
moldando 182
Moore, Lyndon, Turnbull, Whitaker 200
Morse, Inspector 9
Mozart 9
muezim 167
mundo 153
Museu Britânico, Londres (Foster) 89
Museu Contemporâneo Turner, Margate (Chipperfield) 94
Museu da Literatura, Himeji (Ando) 139
Museu de Arte Guggenheim, Nova York (Wright) 146
Museu de Arte Moderna (Nova York) 27

Museu Guggenheim, Bilbao (Gehry) 91, 151
Museu Nacional de Arquitetura, Oslo (Fehn) 134, 141
música 5, 32
MVRDV 143, 150

natureza 86, 152, 154
Necromanteion, Grécia 123
Neues Museum, Berlim (Chipperfield) 130
Newton, Isaac 121
nicho 63
Nicholson, Harold 136
Ninfa, Itália 130
Nostalgia (Tarkovsky) 9

o acampamento de Nick (Hemingway) 188
"O Artista está Presente" (Abramovic) 27, 62
"O Grande Rio de Dois Corações" (Hemingway) 188
O Monge à Beira-Mar (Friedrich) 168
objeto, a arquitetura como 23, 26, 47, 171
ocas para suar 190
óculo 121
ocupação, a arquitetura como 160
Ogawa, Shinichi 115
olfato 167
olhos 47, 62, 153, 163
ondas 152
ordem 32
orkestra 21, 25, 121, 168
outras pessoas 157, 184, 185

painéis de correr (*shoji*) 87
Palácio de Saint James 40
palco 61, 74
Palladio, Andrea 98, 117, 123, 137
Pamuk, Orhan 203
Panteon, Roma 37, 120, 121
papel quadriculado 124
para-vento 108, 185
parede (ou muro) 34, 41, 43, 53, 66, 67, 110, 127, 128, 132, 134, 149, 158, 175, 177, 179, 182, 185, 192
parede de vidro 133, 138, 140, 141
parede externa de vedação 108, 134, 192
parede *qibla* 79
paredes paralelas 69, 95, 166
Parlamento Escocês (Miralles) 57
Partenon, Atenas 118
pau a pique 85, 182
Pavilhão de Barcelona (Mies van der Rohe) 46, 105, 106
Pavilhão Holandês, Hanover Expo (MVRDV) 150
Peraudin, Gilles 88
percurso 164, 181
percurso 178
perfeição 114, 124, 125, 127, 129, 153
pessoa 13, 17, 18, 23, 35, 36, 38, 47, 50, 58, 73, 79, 107, 114, 117, 125, 135, 136, 149, 153, 154, 159, 164, 170, 171, 174, 191, 196

pessoa como espectador 47
pessoa como um ingrediente da arquitetura 29, 47
pirâmide 23, 35, 54, 117
piso 121, 143, 147, 149, 150
piso de dança 168
pitoresco 130
pixel 124, 126
planta 36, 54, 113, 114, 122, 126, 131
planta livre 104, 106
planty crubs 190
Platão 124
plataforma 74, 158, 170, 178
poderes da arquitetura 2, 19, 27, 159
poesia na arquitetura 9, 35, 88, 130
Polshek Partnership 120
Pompeia 100
ponto de transição 19, 35
porta 25, 26, 27, 35, 36, 40, 43, 44, 48, 53, 61, 62, 67, 71, 72, 79, 80, 106, 110, 111, 121, 131, 132, 134, 149, 161, 163, 167, 173, 174, 175, 176, 177, 180, 181, 195
"*Porta através da qual entrará na escuridão*" (Sottsass) 180
"*Porta através da qual você encontrará seu amor*" (Sottsass) 180
"*Porta através da qual você talvez não passe*" (Sottsass) 180
portal xintoísta 180
portas, sequência de 38-40
posse do espaço 18
postura em relação à geometria 154
posturas em relação à arquitetura 87
praia 108, 168, 194
Prefeitura de Säynätsalo (Aalto) 101
Preston Scott Cohen 151
Price, Cedric 152
Príncipe de Gales 40
prisão 57
privacidade 185
privilégio 19
programa genético, arquitetura como 86
propileu 54
proporção 51, 66, 115, 118
prospecto 167, 189
prospecto e refúgio 163
púlpito 64
púlpito rococó 90

quadrado 109, 110, 111, 115, 117, 118, 123, 124, 126, 127, 128, 132, 137, 138, 152, 154
quadrantes 31
quadratura 73

"razoável", o 86
recipiente 22
refúgio 26, 30, 34, 35, 163, 189
Refúgio das Crianças, Índia (Bhatia) 140
regras para o uso do espaço 192
rei 34
remoto, relação com o 32, 47, 153
restaurante, Kerala 65
retângulo 72, 99, 100, 104, 110, 115, 148

Retângulo Áureo 111, 112, 113, 114, 115, 118, 119, 126, 131, 152, 154
retângulo de 1 x 2 111
retângulo de 2 x 3 111
retângulo de 3 x 2 115
retângulo de 4 x 3 111, 128, 141
retângulo raiz quadrada de dois 111, 115, 116, 117, 119, 154
rito de passagem 39
ritual 179
Rochedo de Ayer 165
Rose Center for Earth and Space, Nova York (Polshek Partnership) 120, 121
rugby 126

saber onde você está 34
Sackville-West, Vita 136
Sagrada Família (Gaudí) 145
sagrado 27
sala de aula 54
sala do trono 34
Salamina 54
salão hipostilo 104
Santa Sofia 88
"santuário protegido" 79
São Marcos, Veneza 150
Scarpa, Carlo 130
Scharoun, Hans 101
seis direções 50
sem sentido 43
sentido 4, 18, 47, 165, 174, 189, 202
Shigeru Ban 128
simetria 122, 123, 125, 131, 135
Sinan 88
sintaxe 32
Sissinghurst 136
sistemas de regras espaciais 26
Siza, Alvaro 141
Soane, John 101
Sófocles 191
software 126, 149, 152, 154
sol 33, 35, 36, 54, 63, 73, 79, 157, 159, 165, 166, 174, 184, 185, 186, 200
solo 51
som 167
sombra 158, 161, 166
"sombra da chuva" 169
Sottsass, Ettore 180
grelha 3 x 3 113, 123, 124, 126, 128
Stonehenge 36
storyboard 195
substância sem substância, a 14, 18, 23, 47
subversão 131
Szotynscy & Zaleski 150

Tarkovsky, Andrei 9
Tarxien, Malta 39
tatames 87, 128
teatro 25, 61, 84, 162
teatro grego 168, 204
teatro grego 21, 25
Telesterion, Eleusis 104
Temple Bar, bairro em Dublin (Group '91) 100

templo 34, 37, 122, 168, 173, 185
Templo de Afaia, Egina 116
Templo de Ammon, Carnac 104
Templo de Osiris Hek-Djet 39
Templo de Ramsés II 40
templo grego 79, 117
templo mortuário 44
"Templos e Cabanas" 100
tempo 195
tênis 126, 192
Termas de Vals (Zumthor) 99
território 108
Tesouro de Atreu, Micenas 80
tijolos 68, 72, 76, 126, 140, 109
Tirana Rocks, projeto, Albânia (MVRDV) 143
Tiringo 100
Topkapi Palace, Istambul 44
topografia 157
torre 15, 16
trançando 85, 182
transição 39, 41, 48
triclinium 62
trono 40, 42
túmulo 171, 178
túmulo 22, 23, 35
Turnbull, William 137
Ty Hedfan (Featherstone Young) 103

Uluru 165
UN Studio 148
Ushida Findlay 147

Valldemossa 40
van Berkel, Ben 148
van der Laan, Dom Hans 88
van Eyck, Aldo 102
variações sobre o mesmo tema 73
vela 20
Velho Castelo Scotney, Kent 130
vento 184, 186
"versos cantados" 165, 178
"vestígio" 164
Vila Chiswick (Burlington e Kent) 123
Vila Mairea (Aalto) 107
Vila Rotonda (Palladio) 37, 98, 117, 123, 137
Vila Savoye (Le Corbusier) 106, 107
Vila Snellman (Asplund) 102
"Você quer dormir...?" (Sottsass) 180
von Trier, Lars 194
VPRO HQ, Hilversum (MVRDV) 150

Webb, Philip 205
Western Wall, Jerusalém 53
Witchetty Grub, tribo 178
Wodehouse, P.G. 9
wok 121
Wooster, Bertie 9
Wordsworth, William 9
Wright, Frank Lloyd 136, 146

Yurt 183

Zaha Hadid 142
Zumthor, Peter 45, 99